U0565948

深圳地名词典
— 系列丛书 —

深圳市南山区标准地名词典

山西出版传媒集团
山西人民出版社

深圳市规划和自然资源局南山管理局 编

图书在版编目（CIP）数据

深圳市南山区标准地名词典 / 深圳市规划和自然资
源局南山管理局编 . -- 太原 : 山西人民出版社 , 2024.
12. -- （深圳地名词典系列丛书）. -- ISBN 978-7-203
-13657-6

Ⅰ . K926.54-61

中国国家版本馆 CIP 数据核字第 202458LV41 号

深圳市南山区标准地名词典
SHENZHEN SHI NANSHAN QU BIAOZHUN DIMING CIDIAN

编　　　者	深圳市规划和自然资源局南山管理局
责任编辑	蔡咏卉
复　　审	武　静
终　　审	梁晋华
装帧设计	深圳市越众文化传播有限公司

出 版 者	山西出版传媒集团 · 山西人民出版社
地　　址	太原市建设南路 21 号
邮　　编	030012
发行营销	0351 – 4922220　4955996　4956039　4922127（传真）
天猫官网	https://sxrmcbs.tmall.com　电话：0351 – 4922159
E—mail	sxskcb@163.com　发行部
	sxskcb@126.com　总编室
网　　址	www.sxskcb.com

经 销 者	山西出版传媒集团 · 山西人民出版社
承 印 厂	深圳市冠杰包装印刷有限公司

开　　本	787mm×1092mm　　1/16
印　　张	16
字　　数	420 千字
版　　次	2024 年 12 月　第 1 版
印　　次	2024 年 12 月　第 1 次印刷
书　　号	ISBN 978-7-203-13657-6
定　　价	90.00 元

如有印装质量问题请与本社联系调换

《深圳市南山区标准地名词典》编委会

主　　编　庄达宇　钟浩彬

副 主 编　王少斌　施　彤

执行主编　吴丽梅

编　　委　曹丽晓　叶　阳　陈素素　刘健翔　程　斯
　　　　　刘士芳　焦　阳　刘子瀚

专家编委　张一兵　廖虹雷　蔡保中　肖更浩　张冬茜

编　　辑　李　腊　陈文婷

凡例
Notes

一、本词典为深圳市规划和自然资源局南山管理局组织编撰的南山区综合性地名词典。

二、本词典以第二次全国地名普查成果为基础，并吸取了有关学科的最新研究成果，由地理、史志、民俗、交通、建筑、旅游、规划等领域的专家、学者以及地名工作者共同努力编撰而成。

三、深圳市在 2013 年至 2014 年进行了第二次全国地名普查试点工作，后于 2015 年至 2018 年开展了第二次全国地名普查试点地区地名补查工作。补查比例尺为 1:10000，标准时点为 2014 年 12 月 31 日。

四、第二次全国地名普查试点普查及补查，共收录南山区地名 4000 余条。普查成果资料包括标准地名、地理位置、地名来历与沿革、地名含义、地理实体概况、多媒体信息等内容。

五、本词典从第二次全国地名普查南山区范围内精选具有历史文化价值和体现改革开放中南山区城市风貌的地名，并补充部分 2014 年 12 月 31 日至 2021 年 12 月 31 日之间出现并使用的具有代表性的南山区新地名，共计收录地名词目释文 925 条、存目 705 条。

六、本词典收录地名的类型有：1. 行政区域及其他区域；2. 自然实体；3. 交通设施；4. 城市公共空间；5. 专业设施；6. 建（构）筑物（群）；7. 其他（含党政机关、事业单位、企业），共七大类。

七、本词典地名词目释文所依据的资料与数据原则上以第二次全国地名普查成果为准，以 2014 年 12 月 31 日为时间截点，数据前不再另外标注时间年份。但，行政区域（区、街道）类型词目释文的资料与数据，根据政府公开资料更新至 2020 年，人口数据更新至 2020 年，其他类型词目释文中涉及行政区划所属的，亦大致同此。其他资料与数据，按释文实际标注的年份为准。

八、本词典地名词目按照分类和分街道相结合的原则编排。先以《深圳市地名分类标准》为依据对地名词目进行分类，同类地名词目再按照南山区8个街道进行编排，同类同街道的词目，依照地名代码升序排列。

九、本词典地名词目释文以国家和广东省地名词典编纂标准为基础，结合深圳市及南山区的实际情况进行编纂。每个地名词目的释文，按照其类别、性质选取适当的自然和人文材料进行编写。

十、本词典地名词目释文主要包括：标准地名、地名拼音、地名代码、分类属性、地名来源、历史沿革、地理位置、自然地理、社会经济文化状况等。根据词目类别、特征各有侧重、详略。

十一、本词典区、街道地名的历史沿革主要围绕地名来源和演变，简要追述以往政区的设废、析并、升降、辖属以及境界较大的变动。

十二、本词典将以"存目地名"的形式，将第二次全国地名普查中已有但本词典未加以详细释文的地名词目罗列于卷末。

目录
C O N T E N T S

南山区（局部）航拍图

扫码观看
720度航拍全景

南头街道（局部）航拍图

扫码观看
720 度航拍全景

南山街道（局部）航拍图

扫码观看
720 度航拍全景

西丽街道（局部）航拍图

扫码观看
720 度航拍全景

沙河街道（局部）航拍图

扫码观看
720 度航拍全景

蛇口街道（局部）航拍图

扫码观看
720度航拍全景

招商街道（局部）航拍图

扫码观看
720 度航拍全景

粤海街道（局部）航拍图

扫码观看
720 度航拍全景

桃源街道（局部）航拍图

扫码观看
720 度航拍全景

后海中心区航拍图

扫码观看
720 度航拍全景

蛇口工业区航拍图

扫码观看
720 度航拍全景

南山区高新技术产业园区航拍图

扫码观看
720 度航拍全景

深圳人才公园航拍图

扫码观看
720 度航拍全景

大铲岛航拍图

扫码观看
720 度航拍全景

第一编
行政区域及
其他区域

一、行政区划

1. 区

南山区
Nánshān Qū

[地名代码] 44030500121400000000

　　属区。在深圳市西南部。东南隔深圳湾与香港元朗比邻，南至南海伶仃洋和大铲岛，西隔珠江口与珠海市相望，北靠阳台山。除陆地外，还有内伶仃岛、大铲岛、深圳孖洲、大矾石、小矾石等岛屿。辖区面积187.53平方千米。截至2020年末，全区常住人口179.58万人，其中户籍人口115万人。2020年地区生产总值6502.22亿元。辖南山、南头、蛇口、招商、粤海、西丽、桃源、沙河8个街道，107个社区居委会。区人民政府驻南头街道桃园路1号。因境内一山位于南头城南面，故名。明天顺《东莞县志》载："城子冈，在东莞场故郡之后坡，势如城，今东莞千户所是也。"清道光《广东通志》又载："南山，在城南七里，高七十丈，周五里，秀拱如屏。"1949年10月，宝安县城解放，南山地域属宝安县，上隶东江专员公署。此后，上隶行政区多变，先后隶珠江专员公署、粤中行政公署、惠阳专区、佛山专区、惠阳地区。1953年，宝安县人民政府考虑到深圳墟连接广九铁路，交通便利，便决定将宝安县城从南头搬到深圳墟。12月，县委和县政府机关从南头迁往深圳墟，深圳墟从此成为宝安县政治中心。1958年南头乡、西乡、石岩乡和蛇口渔民小乡合设超英公社。1959年撤超英公社，设西海水产公社和南头公社。1960年南头公社分设西乡公社，1961年7月南头公社分设石岩公社，1963年1月石岩公社并入南头公社，1975年8月南头公社复分出石岩公社。1979年1月，改宝安县为深圳市，南山地域属深圳市，境内设全国第一个对外经济开发区蛇口工业区。1980年8月设立深圳经济特区，南山地域在深圳经济特区范围内。1981年8月，南山地域属罗湖区，改设罗湖区南头街道。1983年6月，国务院和广东省政府批准设立南头管理区，县级建置，行政区域与今之南山区行政区域相同。1984年8月，经广东省委、省政府批准，划出南头管理区部分地域，设立蛇口管理区。1990年1月，国务院批准设立南山区，管辖原南头管理区与蛇口管理区行政区域，上隶深圳市。是年9月，南山区正式成立。为半岛、海湾地貌带地貌，以台地和平原为主，丘陵和阶地次之。地势北高南低。北部是低矮的丘陵，南部是台地平原和海滩。西丽水库至沙河入海口是一狭长谷地。地面起伏和缓，海岸线长而平直，海滩宽广且扩展较快，是典型的滨海城市。山区主要山丘有阳台山、塘朗山、大南山、小南山等。阳台山海拔587米，为区内最高峰。主要海湾有深圳湾、蛇口湾、赤湾、妈湾、前海湾等。岛屿有内伶仃岛、大铲岛、深圳孖洲、大矾石、小矾石。河流有大沙河、小沙河、双界河等。大沙河是深圳市第二大河流，纵贯全区南北。水库有西丽水库、长岭皮水库。有国家二级重点保护野生植物桫椤、珍稀野生苏铁种群长源苏铁，有鸟类、兽类、爬行类、两栖类野生动物314种。截至2020年末，全区上市企业总数为180家。新入库"四上企业"1562家，国家级高新技术企业3579家。腾讯公司首次跻身世界500强，中兴通讯等9家辖区企业入选中国500强，占全市的30%。除位于辖区的苹果、高通、微软、谷歌等国际创新巨头区域中心、展示中心、体验中心外，ARM（中国）总部、空客（中国）创新中心等重大项目也在区内落户。中国电子、招商银行、万科集团、恒力集团、神州数码等17家总部企业入驻。招商平安资产管理公司、仁和人寿保险等17家持牌金融机构在此设点。雅昌文化、华强方特等5家企业成为年度国家文化出口重点企业。微芯生物、国民技术获中国专利金奖，占全国的十分之一。金融、物流、创意文化、旅游、商业、信息服务业等颇具规模。设于前海的深港现代服务业合作区，具有副省级经济管理权限。拥有世界之窗、欢乐谷、锦绣中华、中山公园、海上世界、南头古城、青青世界等主题公园和著名景点。是深圳市高校集中区，深圳大学、深圳虚拟大学园、深圳高职学院、深港产学研基地等一大批教育科研基地落户区内。北京大学、清华大学、哈尔滨工业大学、中国科学院先进技术研究院等一大批著名高等院校和科研机构入驻区内的深圳大学城。截至2018年末，区内有幼儿园208所、中小学98所、中等职业学校1所。区内有医疗机构550家，其中医院18家。区内有公共图书馆97座，公园135个，社区文化设施426处。

深圳前海深港现代服务业合作区

Shēnzhèn Qiánhǎi Shēngǎng Xiàndài Fúwùyè Hézuòqū

[地名代码] 44030500621741000000

　　属功能区。据清康熙《新安县志·地理志》载："南头海，在南头一里，两粤诸水合珠江，经虎门，绕南山，逶迤而东。"南头海即前海，与后海相背。因该区块所处前海湾，位于南山之西侧，故得名前海。区块范围包括南头半岛西部和宝安中心区，是"珠三角湾区"发展主轴上的重要节点。占地面积120.56平方千米，含前海保税港区3.71平方千米。2010年2月成立深圳市前海深港现代服务业合作区管理局，为市政府直属派出机构，是全国首家区域治理型法定机构，履行前海合作区相

应行政管理和公共服务职责。开发建设前海深港现代服务业合作区（以下简称前海合作区）是支持香港经济社会发展、提升粤港澳合作水平、构建对外开放新格局的重要举措，对推进粤港澳大湾区建设、支持深圳建设中国特色社会主义先行示范区、增强香港同胞对祖国的向心力具有重要意义。2021年，前海合作区实现地区生产总值1755.67亿元、同比增长10.5%；税收收入879.47亿元、同比增长15%；关区进出口总额1.74万亿元、同比增长20.3%；新推出制度创新成果75项、累计685项，新增全国复制推广制度创新成果7项、累计65项。

2. 街道

南头街道

Nántóu Jiēdào

[地名代码] 44030500121500000000

　　属街道。明洪武二十七年（1394），为抵御海盗、倭寇的侵扰，在此建东莞守御千户所，筑城于城子冈，始称南头城，南头街道名称因此而来。1983年10月改称大新街道，1991年2月改大新街道为南头街道。在南山区中西部。东起南海大道，与西丽、粤海街道相连；南至学府路，与南山街道连接；西至前海湾，与宝安区新安街道毗邻；北抵广深高速公路，与西丽街道相接。地处珠江口东岸、南头半岛西北部，为大沙河、西乡河下游台地平原地形，地势东北高、西南低。绝大部分地域海拔在150米以下。辖区面积13.25平方千米。2020年末辖区常住人口25.30万人，其中户籍人口14万人。辖南头城、田厦、大新、大汪山、前海、红花园、南联、马家龙、莲城、星海名城、同乐、安乐12个社区。办事处驻南头街98号。是南山区政府所在地，全区政治、经济、

商贸中心。有马家龙工业区、南头城工业区、田厦产业园等。华康保险代理总部及中海油南方总部、中国中铁南方总部等落户区内。工商、个体及法人企业8000余家。有南山图书馆等公共设施。古迹有南头古城，中山公园、荔香公园等为旅游地。

南山街道
Nánshān Jiēdào

[地名代码] 44030500221500000000

　　属街道。因辖区内有大、小南山和南山村，故名。原属南头公社。1983年10月从南头街道分出，属南头管理区，1990年9月改属南山区，1991年设立南山街道。在南山区南部，南头半岛中部。东至南海大道，西濒珠江口，南接大、小南山，北至学府路。地势东南部较高，为低丘台地地形；西北部地势平坦开阔，属滨海平原地形。东部的大南山是区内最高的山。辖区面积23.90平方千米。2020年末，辖区常住人口30.79万人，其中户籍人口13.34万人。下辖南园、南山、向南、南光、北头、荔芳、荔林、登良、荔湾、月亮湾、风华、阳光棕榈、学府、桂湾14个社区。办事处驻桂庙路5号。地处南山新老城区交会之地。特产有南山荔枝、南山甜桃和南头蚝等。

西丽街道
Xīlì Jiēdào

[地名代码] 44030500921500000000

　　属街道。源于西沥村，后因西沥湖改名为西丽湖，故随之更名。1983年10月设西丽街道，属南头区，1990年8月改属南山区，2002年西丽街道分为桃源街道和西丽街道。在深圳市南山区北部。东起西丽水库、大沙河，邻桃源街道；西邻宝安区新安街道；南起北环路，连南头、粤海街道；北靠阳台山，接宝安区石岩、龙华街道。地势北高南低，北部和东南部

为丘陵地形，中南部属台地地形。辖区面积46.43平方千米，是南山区面积最大的街道，其中西丽水库和铁岗水库一、二级水源保护区面积占一半以上。2020年末辖区常住人口29.35万人，其中户籍人口9万人。辖新围、白芒、麻磡、大磡、西丽、丽湖、丽城、曙光、松坪山、留仙、牛成、阳光12个社区。办事处驻留仙大道。辖区规模以上工业企业以制造业为主，有中兴通讯、TCL、新创维、爱普生、奥林巴斯、海王药业等著名企业，以及十六冶深圳分公司、东部物业、大众物业等。有深圳野生动物园、西丽湖度假村、西丽水库、麒麟山庄、麒麟山疗养院等旅游地。

沙河街道
Shāhé Jiēdào

[地名代码] 44030500321500000000

　　属街道。因西临大沙河，原为沙河华侨农场，故名。1991年设立，在南山区东部。东邻福田区香蜜湖街道，西临大沙河，南起深圳湾，北至北环大道。靠山面海，地势北高南低。北部为低丘台地区，有安托山、燕晗山，南部为滨海平原区，地势平坦。辖区面积25.23平方千米。2020年末辖区常住人口19.14万人，其中户籍人口8.52万人。辖中新、光华、香山、文昌、华夏、沙河、星河、明珠、白石洲东、白石洲西、高发、东方、新塘、白石洲、上白石、下白石、新华17个社区。办事处驻华侨城中新路18号。有华侨城集团、沙河集团等知名企业。是深圳著名旅游景点聚集地，有锦绣中华、民俗文化村、世界之窗、欢乐谷四大主题公园。沿海有十里观海长堤，有华侨城高尔夫俱乐部、名商高尔夫球会、沙河高尔夫球会等三大球会。有威尼斯酒店、华侨城大酒店等五星级酒店。有沃尔玛、益田假日、京基百纳等购物广场。

蛇口街道

Shékǒu Jiēdào

[地名代码] 44030500521500000000

属街道。因南头半岛南高宽、北低窄，东侧山嘴像张开的蛇口，故名。原属南头区，1984年8月设蛇口区，改称蛇口镇，属蛇口区。1990年9月蛇口区并入南山区，1991年蛇口改设街道，称蛇口街道。在南山区南头半岛南端。由陆地、海岛两部分组成。东临深圳后海湾，南望伶仃洋，西濒珠江口，北接南山街道。地势平坦开阔，属深圳市西南部滨海台地平原地形，有内伶仃岛、大铲岛和深圳孖洲三个海岛。位于东南海滨的蛇口山，为区内陆上最高点。位于内伶仃岛上的尖峰山，为辖区内海拔最高点。辖区面积15.94平方千米，其中内陆面积6.23平方千米。2020年末辖区常住人口17.43万人，其中户籍人口6.61万人。辖渔一、渔二、湾厦、海湾、南水、大铲、海滨、雷岭、海昌、东角头、围仔、内伶仃岛、深圳湾口岸13个社区。办事处驻石云路44号。有各类工商企业（含个体工商户）2500多家。蛇口工业区是深圳市开发最早的工业开发区，曾是我国改革开放的"第一窗口"，创造过"时间就是金钱，效率就是生命"的蛇口精神。

招商街道

Zhāoshāng Jiēdào

[地名代码] 44030500621500000000

属街道。因辖区内有招商局蛇口工业区，故名。清代为新安县典史管属地，民国属第一区南屏乡，1949年10月地属莲城十约南屏人民联乡，1970年归蛇口公社管辖，1979年1月地属招商局蛇口工业区、南头公社南山大队赤湾生产队，1984年8月地属蛇口区、南头区南山街道，1991年2月成立水湾街道，隶属于深圳市南山区，1993年11月更名为招商街道。在南山区南头半岛南部。东、南临深圳湾，与香港新界隔水相望，西接南山街道，北邻粤海街道。地势东北部较低，属滨海台地平原地形；西南部较高，属低丘台地地形。位于西部边界的南山，为区内最高峰。辖区面积20.14平方千米。2020年末辖区常住人口13.60万人，其中户籍人口11.50万人。辖四海、海月、花果山、五湾、水湾、赤湾、兰园、桂园、桃花园、文竹园、沿山11个社区。办事处驻荔园路118号蛇口大厦。有招商局蛇口工业区、南山开发（集团）股份有限公司等企业。是多元化海滨旅游度假区，有新时代广场、海上世界广场、赤湾天后宫、宋少帝陵等游览地。

粤海街道

Yuèhǎi Jiēdào

[地名代码] 44030500721500000000

属街道。因辖区内有地处海滨的粤海门村，故名。清代为新安县属下大涌村、后海村。民国时期属宝安县第一区十约镇、向南乡（后为南园乡）。1949年10月属宝安县莲城十约南屏人民联乡。1958年先后属南头乡、超英公社。1959年属南头公社。1979年3月宝安县改为深圳市，分属南头公社大冲大队、向南大队（部分）、蛇口公社后海大队。1990年9月属南山区南山街道，1991年2月分设粤海街道，属南山区。在南山区中部。东临沙河街道，西接南头、南山街道，南邻招商街道，北至西丽街道。地势平坦开阔，濒临深圳湾，属滨海台地平原地形。辖区面积20.99平方千米。2020年末辖区常住人口21.59万人，其中户籍人口39.17万人。辖大冲、后海、南油、科技园、龙城、深大、名海、京光、创业路、粤桂、高新区、海珠、麻岭、滨海、蔚蓝海岸、铜鼓16个社区。办事处驻南海大道2618号。是南山区科技、教育、文化、商业的核心地带。辖区内有深圳高新技术产业园区、深圳大学、南山商业文化中心区、深圳湾体育中心、深圳湾公园、深圳湾科技生态园、后海总部经济圈等。特产蚝。名胜古迹众多，有后海天后庙、大冲大王古庙、大冲郑氏宗祠。

桃源街道
Táoyuán Jiēdào

[地名代码] 44030500821500000000

　　属街道。因辖区内有桃源村，故名。原属西丽街道。2002年6月从西丽街道分出设立。在南山区东北部。东至塘朗山；西邻西丽水库、大沙河，与西丽街道接壤；南至北环路，与沙河街道毗邻；北靠阳台山，与龙华街道、石岩街道连接。地势北高南低，北部和东南部属丘陵地形，中部属台地地形。大沙河、长岭皮河等流经。辖区面积35平方千米。2020年末辖区常住人口27万人，其中户籍人口11.22万人。辖龙光、珠光、平山、塘朗、福光、长源、桃源、龙辉、龙联、大学城、峰景、龙珠12个社区。办事处驻丽山路51号。深圳大学城坐落于此，大学城内有清华大学研究生院、北京大学研究生院、哈尔滨工业大学研究生院以及南方科技大学等。

二、群众自治组织

社区居民委员会

田厦社区居民委员会

Tiánxià Shèqū Jūmínwěiyuánhuì

[地名代码] 44030500121620000001

  属社区居民委员会。因辖区内有田厦村，故名。曾用名荔苑居委会、田厦居委会。2001年设立。属南头街道。东起南山大道，西邻南新路，南起学府路，北靠南头街。辖多个住宅小区，及荔香中学、南山区图书馆、南山区人民医院等机关、企事业单位。占地面积0.71平方千米。截至2020年末，常住人口2.62万人。

南头城社区居民委员会

Nántóuchéng Shèqū Jūmínwěiyuánhuì

[地名代码] 44030500121620000002

  属社区居民委员会。因辖区内有南头古城（又称"南头城"），故名。自东晋起至民国时期为宝安县县治所在地。2001年设立社区居委会。属南头街道。东起南山大道，西起深南大道与北环快速干道西段，南起深南大道，北靠北环大道。占地面积1.15平方千米。截至2020年末，常住人口2.63万人。该社区内现存1处广东省文物保护单位（南头古城垣）、5处深圳市级文物保护单位（东莞会馆、信国公文氏祠、育婴堂、解放内伶仃岛纪念碑、南头村碉堡）和34处历史建筑（新安县衙、新安监狱、海防公署等）。

前海社区居民委员会

Qiánhǎi Shèqū Jūmínwěiyuánhuì

[地名代码] 44030500121620000003

  属社区居民委员会。因是前海湾填海建成的社区，故名。2001年设立。属南头街道。东起前海路，西邻月亮湾大道，南连学府路，北靠前星路。占地面积2.10平方千米。截至2020年末，常住人口2.23万人。

大新社区居民委员会

Dàxīn Shèqū Jūmínwěiyuánhuì

[地名代码] 44030500121620000004

  属社区居民委员会。原为大新村，社区沿用村名。2001年设立。属南头街道。东起南新路，西邻前海路，南起学府路，北靠南头街。占地面积0.68平方千米。截至2020年末，常住人口2.14万人。该社区内的涌下郑氏宗祠是中共第一届宝安县委所在地和宝安县农民自卫军模范训练班的开办地，同时也是深圳历史上第一个党支部的诞生地。

南联社区居民委员会

Nánlián Shèqū Jūmínwěiyuánhuì

[地名代码] 44030500121620000005

  属社区居民委员会。因地处南头联检站而得名。辖区内居民多为南头边防检查站及南头口岸管理处干部、战士，少部分为当地人。2001年设立。属南头街道。东起中山园路转南山大道与北环大道交界处，西邻南宝线，南起北环大道，北靠同乐村河沟。占地面积1.80平方千米。截至2020年末，常住人口1.74万人。

马家龙社区居民委员会

Mǎjiālóng Shèqū Jūmínwěiyuánhuì

[地名代码] 44030500121620000006

  属社区居民委员会。因驻地在马家龙工业区，寓意龙马精神，故名。2001年设立。属南头街道。东起南海大道，西邻南山大道，南连玉泉路，北靠北环大道。占地面积0.89平方千米。截至2020年末，常住人口3.17万人。

大汪山社区居民委员会

Dàwāngshān Shèqū Jūmínwěiyuánhuì

[地名代码] 44030500121620000007

属社区居民委员会。因原居委会办公地在大汪山，故名。2001年设立。属南头街道。东起南海大道，西邻南光路转南头街至南山大道，南起学府路，北靠深南大道。占地面积2平方千米。截至2020年末，常住人口1.56万人。

星海名城社区居民委员会

Xīnghǎi Míngchéng Shèqū Jūmínwěiyuánhuì

[地名代码] 44030500121620000008

属社区居民委员会。因辖区内有星海名城住宅小区，故名。2001年设立。属南头街道。东起前海路，西邻月亮湾大道，南起前星路，北靠北环立交桥。占地面积1.20平方千米。截至2020年末，常住人口2.07万人。

莲城社区居民委员会

Liánchéng Shèqū Jūmínwěiyuánhuì

[地名代码] 44030500121620000009

属社区居民委员会。因辖区内有莲城花园，故名。2001年设立。属南头街道。东起南海大道，西邻南山大道，南起深南大道，北靠玉泉路。占地面积0.78平方千米。截至2020年末，常住人口2.43万人。

红花园社区居民委员会

Hónghuāyuán Shèqū Jūmínwěiyuánhuì

[地名代码] 44030500121620000010

属社区居民委员会。因辖区内有红花园住宅小区，故名。曾用名南头公社大新大队、南头区委大新居民委员会、红花园居民委员会等。2001年设立。属南头街道。东起南光路，西邻前海路，南起南头街，北靠深南大道。占地面积0.81平方千米。截至2020年末，常住人

口3.13万人。

同乐社区居民委员会

Tónglè Shèqū Jūmínwěiyuánhuì

[地名代码] 44030500121620000011

属社区居民委员会。因辖区内有同乐村，故名。曾用名建工村、南联居委会。2004年设立。属南头街道。东起南海大道，西邻同乐村河沟转中山园路接南山大道，南起北环大道，北靠广深高速转南宝线。占地面积2.09平方千米。截至2020年末，常住人口1.48万人。

安乐社区居民委员会

Ānlè Shèqū Jūmínwěiyuánhuì

[地名代码] 44030500121620000012

属社区居民委员会。因寓意辖区内的居民生活安安乐乐，故名。2004年设立。属南头街道。东起前海路转月亮湾大道，西邻宝安大道，南至宝安大道与月亮湾大道交界处，北靠南宝线。占地面积2.63平方千米。截至2020年末，常住人口0.37万人。

荔芳社区居民委员会

Lìfāng Shèqū Jūmínwěiyuánhuì

[地名代码] 44030500221620000001

属社区居民委员会。因社区内有一栋名为"荔芳邨"的建筑物，故名。2001年设立。属南山街道。东起南山大道，西邻南新路，南起桂庙路，北靠学府路。占地面积0.35平方千米。截至2020年末，常住人口0.97万人。

风华社区居民委员会

Fēnghuá Shèqū Jūmínwěiyuánhuì

[地名代码] 44030500221620000002

属社区居民委员会。因辖区内有鼎太风华小区，故名。2004年设立。属南山街道。东至前海路，西邻鲤鱼门沿海，南连东滨路，北

靠桂庙路。占地面积6平方千米。截至2020年末，常住人口1.65万人。

学府社区居民委员会
Xuéfǔ Shèqū Jūmínwěiyuánhuì

[地名代码] 44030500221620000003

属社区居民委员会。因辖区内有学府花园和学府路，故名。2004年设立。属南山街道。东至南光路，西邻南山大道，南连桂庙路，北靠学府路。占地面积0.35平方千米。截至2020年末，常住人口1.62万人。

南园社区居民委员会
Nányuán Shèqū Jūmínwěiyuánhuì

[地名代码] 44030500221620000004

属社区居民委员会。原为南园村，社区沿用村名。建于南宋孝宗乾道四年（1168）前后，时任内廷翰林吴洪渊以讲书宣游到此建村。2001年设立社区居委会。属南山街道。东至登良社区，西邻风华社区，南连南山社区，北靠北头社区。占地面积0.50平方千米。截至2020年末，常住人口3.59万人。该社区现存日昌押、德馨楼两座碉楼，以及吴氏宗祠、解元祠、双洲吴公祠、镇国将军祠等四座宗祠。非物质文化遗产有南园吴氏祭祖及南园舞狮。

北头社区居民委员会
Běitóu Shèqū Jūmínwěiyuánhuì

[地名代码] 44030500221620000005

属社区居民委员会。因辖区内有北头村，故名。曾用名北头村、北头村委会、北头居委会、华联居委会等。2001年设立。属南山街道。东起南新路转海德二道至南山大道，西邻前海路，南起南山区北头村三坊，北靠桂庙路。占地面积0.50平方千米。截至2020年末，常住人口1.30万人。该社区内存有侯王古庙一座。侯王祭祀日为农历四月二十三日侯王诞辰日，

春节期间也有祭祀活动。祭祀之日，村民抬金猪等祭祀品前往古庙，舞龙舞狮，鸣炮庆贺，叩头祭拜，求得来年风调雨顺、人丁安康。

荔湾社区居民委员会
Lìwān Shèqū Jūmínwěiyuánhuì

[地名代码] 44030500221620000006

属社区居民委员会。因辖区内原有荔湾路（现并入前海路），故名。2001年设立。属南山街道。东起荔林公园，西至妈湾大道、鲤鱼门，南起月亮湾社区，北至东滨路。占地面积10.00平方千米。截至2020年末，常住人口4.76万人。

荔林社区居民委员会
Lìlín Shèqū Jūmínwěiyuánhuì

[地名代码] 44030500221620000007

属社区居民委员会。因此地原为南山脚下的荔枝林，故名。曾用名南福居委会。2001年设立。属南山街道。东起南海大道，西邻公角山路，南起东滨路南面水沟至大南山分水岭，北靠东滨路。占地面积2.50平方千米。截至2020年末，常住人口2.38万人。

阳光棕榈社区居民委员会
Yángguāng Zōnglǘ Shèqū Jūmínwěiyuánhuì

[地名代码] 44030500221620000008

属社区居民委员会。因辖区内有阳光棕榈园住宅小区，故名。2004年设立。属南山街道。东起前海路，西邻前海海岸线，南起桂庙路，北靠学府路。毗邻火车西站。占地面积约1平方千米。截至2020年末，常住人口1.19万人。

登良社区居民委员会
Dēngliáng Shèqū Jūmínwěiyuánhuì

[地名代码] 44030500221620000009

属社区居民委员会。因登良路而得名。2001年设立。属南山街道。东起登良社区（南海大道以西为界），西邻南山社区（南山大道以东为界），南起荔林社区（东滨路以北为界），北靠南光社区（创业路以南为界）。占地面积1.85平方千米。截至2020年末，常住人口2.60万人。

区，西、南邻北头社区，北靠荔芳社区；第二部分：东起荔芳社区，西至阳光棕榈社区，南起北头社区，北至大新社区。占地面积0.80平方千米。截至2020年末，常住人口3.60万人。该社区主要历史遗迹为建于清代的向南侯王古庙，市级非物质文化遗产有向南侯王诞祭典、向南醒狮等。

南光社区居民委员会
Nánguāng Shèqū Jūmínwěiyuánhuì

[地名代码] 44030500221620000010

属社区居民委员会。因辖区主要为原南光村范围，故名。2001年，由原农城化南光居委会与海王居委会合并为南光社区居委会，名称沿用至今。属南山街道。东起南海大道，西邻南山大道，南连创业路，北靠学府路。占地面积1.10平方千米。截至2020年末，常住人口4.12万人。

南山社区居民委员会
Nánshān Shèqū Jūmínwěiyuánhuì

[地名代码] 44030500221620000013

属社区居民委员会。原为南山村，社区沿用村名。2001年设立。属南山街道。东临南山大道，西连前海路，南靠东滨路，北接南园社区。占地面积0.85平方千米。截至2020年末，常住人口2.61万人。该社区有区级文物保护单位春牛堂及炮楼一座。现存宗祠有陈氏宗祠、兰所陈公祠两座。

月亮湾社区居民委员会
Yuèliàngwān Shèqū Jūmínwěiyuánhuì

[地名代码] 44030500221620000011

属社区居民委员会。因辖区内有月亮湾山庄，故名。2001年由月亮湾南区居委会和月亮湾北区居委会合并而成。属南山街道。东起兴海大道，西濒深圳妈湾海岸线，南起小南山分水岭接右炮台以西，北靠月亮湾大道。占地面积3.57平方千米。截至2020年末，常住人口2.65万人。

桂湾社区居民委员会
Guìwān Shèqū Jūmínwěiyuánhuì

[地名代码] 44030500221620000014

属社区居民委员会。属南山街道，前海自贸区内。2017年设立。东至月亮湾大道，西至前海湾海岸线，南至滨海大道，北至宝安大道转南宝线。占地面积4.70平方千米。截至2020年末，常住人口3.80万人。

新围社区居民委员会
Xīnwéi Shèqū Jūmínwěiyuánhuì

[地名代码] 44030500092162000006

属社区居民委员会。因由新围村改制设立，故名。2001年设立。先后称南头公社新围大队、新围村委会、新围居委会等。属西丽街道。东临大沙河，西邻留仙洞关外工业区，南起留仙大道，北靠西丽水库。占地面积6.40平方千米。截至2020年末，常住人口6.78万人。

向南社区居民委员会
Xiàngnán Shèqū Jūmínwěiyuánhuì

[地名代码] 44030500221620000012

属社区居民委员会。原为向南村，社区沿用村名。由原向南居委会与墩头居委会合并而成。2001年设立。属南山街道。向南社区管辖范围由两部分组成。第一部分：东起南光社该社区有刘氏祠堂一座，至今已有 600 多年历史。

白芒社区居民委员会
Báimáng Shèqū Jūmínwěiyuánhuì

[地名代码]　44030500921620000007

属社区居民委员会。1615年，张统公夫妇南迁至此，繁衍生息，始有白芒村，社区沿用村名。2001年设立。属西丽街道。东起米长坑到王里果场，西邻石发路到宝石路，南起西丽果场至十八中队驻地交界，北与白芒检查站为界。占地面积9.45平方千米。截至2020年末，常住人口2.34万人。该社区有不可移动文物多处，如张氏宗祠、永安炮楼、永乐炮楼、张统墓、张母宋氏墓、叶禹山等家族墓、白芒村西遗址、白芒村西南遗址等。

麻磡社区居民委员会
Mákàn Shèqū Jūmínwěiyuánhuì

[地名代码]　44030500921620000004

属社区居民委员会。因由麻磡村改制设立，故名。曾用名南头公社白芒大队麻岕小队、西丽镇麻岕村委会、西丽镇麻磡居委会。2001年设立。属西丽街道。东起宝安区应人石村，西邻大磡社区，南起白芒社区，北靠阳台山自然风景区。占地面积9.60平方千米。截至2020年末，常住人口1.07万人。该社区有碉楼4座，保存完好。有两处遗址：木船岗遗址，定为东周前后；麻磡河口遗址，定为西周晚至春秋前后。

大磡社区居民委员会
Dàkàn Shèqū Jūmínwěiyuánhuì

[地名代码]　44030500921620000010

属社区居民委员会。清朝道光年间，现居民的祖先詹姓、杨姓和林姓三家人从龙岗搬迁至现在的大磡开荒垦地定居，20世纪70年代初成立大磡村，社区沿用村名。2001年设立。属西丽街道。东起塘朗山沿山脊线至丽康路，西起南龙线沿阳台山山脊线至西丽水库东北角，南起共发达文化产业园北侧接丽康路，北靠阳台山森林公园。占地面积8.90平方千米。截至2020年末，常住人口4.15万人。

西丽社区居民委员会
Xīlì Shèqū Jūmínwěiyuánhuì

[地名代码]　44030500921620000008

属社区居民委员会。因西丽水库而得名。2001年设立。属西丽街道。东起大沙河，西邻白芒检查站，南起曙光社区，北靠留仙大道。占地面积约3平方千米。截至2020年末，常住人口3.79万人。

牛成社区居民委员会
Niúchéng Shèqū Jūmínwěiyuánhuì

[地名代码]　44030500921620000001

属社区居民委员会。清朝嘉庆至道光年间建立牛成村，社区沿用村名。2007年设立。属西丽街道。东起沙河西路，西邻宝石公路，南起西丽果场与十八中队交界，北靠石壁龙社区。占地面积3.30平方千米。截至2020年末，常住人口0.68万人。

曙光社区居民委员会
Shǔguāng Shèqū Jūmínwěiyuánhuì

[地名代码]　44030500921620000002

属社区居民委员会。因"曙光"喻指美好的明天，故以此命名。2001年设立。属西丽街道。东起沙河西路，西邻隆昌路，南起南坪大道，北靠打石一路。占地面积3.70平方千米。截至2020年末，常住人口2.58万人。

松坪山社区居民委员会
Sōngpíngshān Shèqū Jūmínwěiyuánhuì

[地名代码] 44030500921620000003

　　属社区居民委员会。因辖区内有松坪村住宅小区，故名。2001年设立。属西丽街道。东起大沙河，西邻南海大道，南起北环路，北靠广深高速公路。占地面积3.60平方千米。截至2020年末，常住人口4.15万人。

阳光社区居民委员会
Yángguāng Shèqū Jūmínwěiyuánhuì

[地名代码] 44030500921620000005

　　属社区居民委员会。因成立初期管辖范围的中心地带及人口密集区域为阳光工业区，故名。2004年设立。属西丽街道。东起苏联坑，西邻米坑石场，南起白芒检查站，北靠应人石沙坑石场。占地面积2.46平方千米。截至2020年末，常住人口1.28万人。

留仙社区居民委员会
Liúxiān Shèqū Jūmínwěiyuánhuì

[地名代码] 44030500921620000009

　　属社区居民委员会。社区沿用村名。其村名来历已难考证，没有村史记载，或缘于传说。据传说，清朝时期，有一段时间，每天傍晚时分，村中都会出现一名年轻女子，她用两枚铜钱向村民购买灯油，然后走入村外的一片竹林，便消失不见。后来，村中人遍寻无果，认为是神仙下凡显灵，于是在竹林里建起一座古庙，即留仙洞龙母古庙，留仙洞的地名可能与此有关。2004年设立。属西丽街道。东起高新路，西邻新围社区，南起留仙大道，北靠沙河西路。占地面积3平方千米。截至2020年末，常住人口2.32万人。

丽城社区居民委员会
Lìchéng Shèqū Jūmínwěiyuánhuì

[地名代码] 44030500921620000011

　　属社区居民委员会。因位于西丽，辖区内有南国丽城花园，故名。2004年设立。属西丽街道。东起大沙河，西邻沙河西路，南起沙河西路西丽桥，北靠九祥岭南面小路。占地面积约0.30平方千米。截至2020年末，常住人口0.64万人。

丽湖社区居民委员会
Lìhú Shèqū Jūmínwěiyuánhuì

[地名代码] 44030500921620000012

　　属社区居民委员会。因辖区内有西丽湖，故名。2001年设立。属西丽街道。东沿山脊线转西丽乡村高尔夫俱乐部边界到春园路，西邻沙河西路，南起西丽湖路转丽水路，北接西丽水库到共发达文化产业园。占地面积7.23平方千米。截至2020年末，常住人口0.64万人。

新华社区居民委员会
Xīnhuá Shèqū Jūmínwěiyuánhuì

[地名代码] 44030400521620000001

　　属社区居民委员会。取"新塘繁华"之意，故名。2007年设立。属沙河街道。东起福田区新洲二街，西邻福田区新洲四街，南起福田区新洲九街，北靠北环大道。占地面积0.15平方千米。截至2020年末，常住人口0.23万人。

文昌街社区居民委员会
Wénchāngjiē Shèqū Jūmínwěiyuánhuì

[地名代码] 44030500321620000001

　　属社区居民委员会。因辖区内有文昌街，故名。由原香山社区居委会划分而成，2001年设立。属沙河街道。东起杜鹃山东街，西邻潮州街、华厦路、沙河东路，南起侨城西街、荔北路、北缘路，北靠侨城北路北环大道。占地面积3.50平方千米。截至2020年末，常住人口2.66万人。

东方社区居民委员会
Dōngfāng Shèqū Jūmínwěiyuánhuì

[地名代码] 44030500321620000002

　　属社区居民委员会。因辖区内有东方花园住宅小区，故名。曾用名中新社区、锦绣社区、中新街社区、中新社区居委会。2004年设立。属沙河街道。辖区内有世界之窗、中国民俗文化村和锦绣中华民俗村三大景区。东起锦绣中华东侧与福田区交界处，西到世界之窗西侧与白石洲交界处，南起深圳湾，北到深南大道。占地面积3.12平方千米。截至2020年末，常住人口0.93万人。

光华街社区居民委员会
Guānghuájiē Shèqū Jūmínwěiyuánhuì

[地名代码] 44030500321620000003

　　属社区居民委员会。因辖区内有光华街，故名。先后称前港居委会、光华街居委会、光侨街居委会，2001年由光华街居委会和光侨街居委会合并设立。属沙河街道。东起沙河东路，西邻大沙河，南起深南大道，北靠北环大道。占地面积1.80平方千米。截至2020年末，常住人口1.60万人。

明珠街社区居民委员会
Míngzhūjiē Shèqū Jūmínwěiyuánhuì

[地名代码] 44030500321620000004

　　属社区居民委员会。因辖区内有明珠花园小区，故名。曾用名沙河社区居委会。2001年设立。属沙河街道。东起沙河大街、沙河东路，西邻大冲河，南起深南大道，北靠新塘街、北环大道。占地面积1.90平方千米。截至2020年末，常住人口1.38万人。

白石洲社区居民委员会
Báishízhōu Shèqū Jūmínwěiyuánhuì

[地名代码]44030599927620000002

　　属社区居民委员会。"海湾沙洲，山顶白石"，因村前小山顶悬立的一块大白石头而得名。2001年设立白石洲社区居委会，后于2005年改称为白石洲东社区居委会。2007年从白石洲东社区居委会分设白石洲社区居委会，名称沿用至今。属沙河街道。东起世界之窗，西到石洲中路，南起红树街，北靠深南大道。占地面积0.60平方公里。截至2020年末，常住人口3.58万人。

白石洲东社区居民委员会
Báishízhōu Dōng Shèqū Jūmínwěiyuánhuì

[地名代码] 44030500321620000005

　　属社区居民委员会。因位于白石洲村东部，故名。1995年由沙河街居委会分设，建立白石洲居委会。2001年改为白石洲社区居委会。2005年按照石洲中路东、西侧分别划分成立白石洲东社区、白石洲西社区，设立白石洲东社区居民委员会。属沙河街道。东与世界之窗交界，西邻石洲中路，南起深圳湾，北靠深南大道。占地面积0.70平方千米。截至2020年末，常住人口0.28万人。

新塘社区居民委员会
Xīntáng Shèqū Jūmínwěiyuánhuì

[地名代码] 44030500321620000006

　　属社区居民委员会。因由新塘村改制设立，故名。曾用名新塘村。2005年设立。属沙河街道。东起文昌街社区，西邻沙河东路、沙河街，南起沙河街社区，北靠香山西街。占地面积0.08平方千米。截至2020年末，常住人口0.15万人。

中新街社区居民委员会
Zhōngxīnjiē Shèqū Jūmínwěiyuánhuì

[地名代码] 44030500321620000007

　　属社区居民委员会。因辖区内有中新街，故名。曾用名中新街居委会、锦绣居委会。

2001年设立。属沙河街道。东起兴隆街，西邻侨城西街，南起深南大道，北靠侨城西街。占地面积1.20平方千米。截至2020年末，常住人口0.92万人。

高发社区居民委员会
Gāofā Shèqū Jūmínwěiyuánhuì

[地名代码] 44030500321620000008

　　属社区居民委员会。曾用名香山社区居委会。因辖区内的东方科技园工业区是由高速公路发展有限公司开发，故名。2004年由原香山社区居委会划分设立。属沙河街道。东起侨城东路，西、北靠北环大道与侨香路交会处，南连侨香北路。占地面积2.10平方千米。截至2020年末，常住人口1.77万人。

香山街社区居民委员会
Xiāngshānjiē Shèqū Jūmínwěiyuánhuì

[地名代码] 44030500321620000009

　　属社区居民委员会。因辖区内有香山街，故名。2001年设立。属沙河街道。东起侨城东路（与福田区交界）、汕头街，西邻杜鹃山东街，南起侨城东街，北靠侨香路。占地面积1.30平方千米。截至2020年末，常住人口1.26万人。

华夏街社区居民委员会
Huáxiàjiē Shèqū Jūmínwěiyuánhuì

[地名代码] 44030500321620000010

　　属社区居民委员会。因由原星河居委会分离出来，以华夏街为界，故名。2001年设立。属沙河街道。东起杜鹃西街，西邻金河路，南起侨城西街、深南大道，北靠公安部南方研究所。占地面积1.40平方千米。截至2020年末，常住人口1.10万人。

星河街社区居民委员会
Xīnghéjiē Shèqū Jūmínwěiyuánhuì

[地名代码] 44030500321620000011

　　属社区居民委员会。因辖区内有星河街，故名。曾用名星河街居委会。2001年设立。属沙河街道。东起文昌街和华夏街社区，西邻沙河街社区，南起深南大道，北靠沙河小学。占地面积0.20平方千米。截至2020年末，常住人口0.15万人。

白石洲西社区居民委员会
Báishízhōu Xī Shèqū Jūmínwěiyuánhuì

[地名代码] 44030500321620000012

　　属社区居民委员会。因社区位于白石中路以西，故名。曾用名白石洲、白石洲社区、白石洲西社区。2005年设立。属沙河街道。东起石洲中路接深湾一路至深圳湾海岸线，西邻大沙河，南起深圳湾，北靠深南大道。占地面积2.10平方千米。截至2020年末，常住人口1.61万人。

上白石社区居民委员会
Shàngbáishí Shèqū Jūmínwěiyuánhuì

[地名代码] 44030500321620000013

　　属社区居民委员会。因位于上白石路，故名。2007年设立。属沙河街道。东起南山区上白石四坊，西邻南山区上白石二坊，南起南山区上白石三坊，北靠白石洲工业区。占地面积0.11平方千米。截至2020年末，常住人口0.13万人。

下白石社区居民委员会
Xiàbáishí Shèqū Jūmínwěiyuánhuì

[地名代码] 44030500321620000015

　　属社区居民委员会。因位于下白石路，故名。2007年设立。属沙河街道。东起南山区塘头村二坊，西邻南山区沙河街，南起南山区下白石一坊，北至天河路。占地面积0.12平方千米。截至2020年末，常住人口0.10万人。

塘头社区居民委员会

Tángtóu Shèqū Jūmínwěiyuánhuì

[地名代码] 44030500321620000016

属社区居民委员会。相传池姓祖先来此地安家，考虑姓氏为"池"，与水有关，故名"塘头"。2007年设立。属沙河街道。东接金河路，西邻沙河街，南连银河路，北靠天河路。占地面积0.60平方千米。截至2020年末，常住人口0.76万人。

围仔社区居民委员会

Wéizǎi Shèqū Jūmínwěiyuánhuì

[地名代码] 44030500521620000001

属社区居民委员会。因辖区内有围仔西村，故名。曾用名围仔西居委会。2004年设立。属蛇口街道。辖区内有蛇口学校、蛇口汽车站等行政事业单位。东起湾厦山公园西侧转蛇口学校北侧转湾厦路，西邻花果路，南起花果路与湾厦路交会处，北靠招商路。占地面积0.11平方千米。截至2020年末，常住人口1.07万人。

南水社区居民委员会

Nánshuǐ Shèqū Jūmínwěiyuánhuì

[地名代码] 44030500521620000002

属社区居民委员会。原为南水村，社区沿用村名。2001年设立。属蛇口街道。东起公园南路转蛇口新街，西邻水湾路，南起南水路，北靠招商路。占地面积0.12平方千米。截至2020年末，常住人口1.31万人。该社区的客家山歌和姊妹节入选南山区区级非物质文化遗产名录。

湾厦社区居民委员会

Wānxià Shèqū Jūmínwěiyuánhuì

[地名代码] 44030500521620000003

属社区居民委员会。原为湾厦村，社区沿用村名。2001年设立。属蛇口街道。东起后海大道，西邻湾厦山公园西侧转湾厦村西侧，南起湾厦村南侧转湾厦路沿泰福苑至蓝天路，北至湾厦旧村中间边界。占地面积0.15平方千米。截至2020年末，常住人口1.93万人。该社区现存樊氏宗祠、刘氏宗祠两座。另存天后庙一座，清康熙年间始建，天后娘娘诞辰日有祭祀典礼。

内伶仃岛社区居民委员会

Nèilíngdīngdǎo Shèqū Jūmínwěiyuánhuì

[地名代码] 44030500521620000004

属社区居民委员会。因管辖内伶仃岛及其移民居住区，故名。2004年设立。属蛇口街道。东距香港9千米，西邻珠江口伶仃洋、距珠海30千米，北距深圳蛇口17千米。占地面积6.51平方千米。截至2020年末，常住人口0.49万人。

渔二社区居民委员会

Yú'èr Shèqū Jūmínwěiyuánhuì

[地名代码] 44030500521620000005

属社区居民委员会。因由渔二村改制设立，故名。曾用名渔二村、渔二居委会。2001年设立。属蛇口街道。东起金世纪路至南海玫瑰花园东侧，西沿渔村路转蛇口老街转望海路至蛇口渔港，南起海岸线，北靠蛇口新街。占地面积0.28平方千米。截至2020年末，常住人口0.96万人。该社区有深圳市非物质文化遗产"开丁节"，节期在每年农历正月十三日。

东角头社区居民委员会

Dōngjiǎotóu Shèqū Jūmínwěiyuánhuì

[地名代码] 44030500521620000006

属社区居民委员会。因位于蛇口东南角，故名。2001年设立。属蛇口街道。东起后海大道广物花园至东角头港之间海边，西邻世纪路和后海大道，南起东角头港至世纪路之间，北靠广物花园和东港路。占地面积1.36平方千米。截至2020年末，常住人口2.86万人。

海滨社区居民委员会
Hǎibīn Shèqū Jūmínwěiyuánhuì

[地名代码] 44030500521620000007

属社区居民委员会。因位于蛇口半岛，东滨蛇口湾，故名。2001年设立。属蛇口街道。东起渔村路至深圳湾公园G区，西起石云路转蛇口步行街至公园南路，南起深圳湾公园G区，北至蛇口新街。占地面积0.16平方千米。截至2020年末，常住人口0.87万人。

海湾社区居民委员会
Hǎiwān Shèqū Jūmínwěiyuánhuì

[地名代码] 44030500521620000008

属社区居民委员会。因由海湾村改制设立，故名。2001年设立。属蛇口街道。东起后海大道，西邻爱榕路，南起湾厦旧村中间分界处，北靠工业七路。占地面积0.16平方千米。截至2020年末，常住人口1.10万人。

雷岭社区居民委员会
Léilǐng Shèqū Jūmínwěiyuánhuì

[地名代码] 44030500521620000009

属社区居民委员会。因辖区内有一小山头称雷公岭，故名。2001年设立。属蛇口街道。东起爱榕路，西邻花果路，南起招商路，北靠工业七路。占地面积0.17平方千米。截至2020年末，常住人口1.36万人。

海昌社区居民委员会
Hǎichāng Shèqū Jūmínwěiyuánhuì

[地名代码] 44030500521620000010

属社区居民委员会。因位于蛇口海昌街，故名。2001年设立。属蛇口街道。东起公园南路转望海路向东至深圳湾公园，西沿水湾路向

西转福湾路至防波堤公园，南起防波堤公园，北靠蛇口步行街。占地面积0.32平方千米。截至2020年末，常住人口1.64万人。

大铲社区居民委员会
Dàchǎn Shèqū Jūmínwěiyuánhuì

[地名代码] 44030500521620000011

属社区居民委员会。因由大铲村改制设立，故名。曾用名大铲居委会。2001年设立。属蛇口街道。东起湾厦路以西，西邻公园南路，南起蛇口新街，北靠招商东路和花果路以南。占地面积0.10平方千米。截至2020年末，常住人口0.46万人。

渔一社区居民委员会
Yúyī Shèqū Jūmínwěiyuánhuì

[地名代码] 44030500521620000012

属社区居民委员会。沿用村名成今名。曾用名渔一居委会。2001年设立。属蛇口街道。东起后海大道，西邻湾厦路，南起蛇口新街，北靠湾厦路转蓝天路。占地面积0.15平方千米。截至2020年末，常住人口0.96万人。

深圳湾社区居民委员会
Shēnzhènwān Shèqū Jūmínwěiyuánhuì

[地名代码] 44030599927620000001

属社区居民委员会。因地处深圳湾片区而得名。2013年设立。属蛇口街道。东起深圳湾公园，西邻后海滨路，南起深圳湾运动公园，北至东滨路。占地面积3.20平方千米。截至2020年末，常住人口2.36万人。

桂园社区居民委员会
Guìyuán Shèqū Jūmínwěiyuánhuì

[地名代码] 44030500621620000001

属社区居民委员会。因辖区内有桂园小区而得名。2001年设立。先后称爱榕园居委会、

桂园居委会等。属招商街道。东起后海大道，西靠爱榕路，南临工业八路，北靠东滨路。占地面积约1.20平方千米。截至2020年末，常住人口1.01万人。

沿山社区居民委员会

Yánshān Shèqū Jūmínwěiyuánhuì

[地名代码] 44030500621620000002

　　属社区居民委员会。因整个社区沿着南山脚下延伸，呈长条形，故名。2001年设立。属招商街道。东起南海大道与工业八路交会处，西起东滨隧道与工业八路交界处沿山脊线至大南山，南起大南山山脊线沿鲸山别墅边界至南海大道，北靠工业八路。占地面积3.06平方千米。截至2020年末，常住人口1.73万人。

文竹园社区居民委员会

Wénzhúyuán Shèqū Jūmínwěiyuánhuì

[地名代码] 44030500621620000003

　　属社区居民委员会。因辖区内有文竹园小区而得名。2001年设立。属招商街道。东起后海大道，西邻公园路，南起工业七路，北靠工业八路。占地面积1.20平方千米。截至2020年末，常住人口1.85万人。

赤湾社区居民委员会

Chìwān Shèqū Jūmínwěiyuánhuì

[地名代码] 44030500621620000004

　　属社区居民委员会。因居委会办公地点位于赤湾，故名。由原赤湾居委会、港湾居委会合并而成。2001年设立。属招商街道。东起文天祥纪念公园至天祥路，西起妈湾大道转妈湾电厂南侧至海岸线，南起赤湾集装箱码头沿港口至左炮台南侧，北起小南山山脊线转少帝路转鼎海科创港北侧。占地面积3.50平方千米。截至2020年末，常住人口1.41万人。该社区古迹甚多，有天后庙、宋少帝陵及左、右炮台，

是著名的"新安八景"之一。特色民俗"辞沙"祭妈祖大典为省级非物质文化遗产。

桃花园社区居民委员会

Táohuāyuán Shèqū Jūmínwěiyuánhuì

[地名代码] 44030500621620000005

　　属社区居民委员会。因辖区内有招商桃花园住宅区，故名。2001年设立。属招商街道。东起南海大道，西、南临工业八路，北靠东滨路。占地面积0.29平方千米。截至2020年末，常住人口0.77万人。

四海社区居民委员会

Sìhǎi Shèqū Jūmínwěiyuánhuì

[地名代码] 44030500621620000006

　　属社区居民委员会。因辖区内有四海小区，故名。2001年设立。属招商街道。东起南海大道，西邻四海路，南起工业八路，北靠东滨路。占地面积0.23平方千米。截至2020年末，常住人口0.83万人。

水湾社区居民委员会

Shuǐwān Shèqū Jūmínwěiyuánhuì

[地名代码] 44030500621620000007

　　属社区居民委员会。因辖区内有水湾小区，故名。先后称街西村、前卫村、水湾，社区沿用村名。2001年设立。属招商街道。东起水湾路向西转福湾路至防波堤公园，西至南海大道，南起源海路接微波山至深圳湾游艇会，北靠工业六路。占地面积2.89平方千米。截至2020年末，常住人口0.73万人。

花果山社区居民委员会

Huāguǒshān Shèqū Jūmínwěiyuánhuì

[地名代码] 44030500621620000008

　　属社区居民委员会。因辖区内有花果路，故名。2001年设立。属招商街道。东起公园路

转工业七路转花果路，西至南海大道转工业六路转水湾路，南起招商路，北靠工业八路。占地面积1.06平方千米。截至2020年末，常住人口1.52万人。

海月社区居民委员会

Hǎiyuè Shèqū Jūmínwěiyuánhuì

[地名代码] 44030500621620000009

属社区居民委员会。因辖区内有海月花园住宅小区，故名。2001年设立。属招商街道。东起后海滨路，西至后海大道，南起工业七路，北至东滨路。占地面积1.02平方千米。截至2020年末，常住人口1.86万人。

五湾社区居民委员会

Wǔwān Shèqū Jūmínwěiyuánhuì

[地名代码] 44030500621620000010

属社区居民委员会。因辖区邻近赤湾、妈湾等五个海湾，故名。2001年设立。属招商街道。东起大南山山脊线和工业大道南，西临南海边和左炮台，南靠海边，北接大南山山脊线和平南铁路蛇口站。占地面积5平方千米。截至2020年末，常住人口1.03万人。

兰园社区居民委员会

Lányuán Shèqū Jūmínwěiyuánhuì

[地名代码] 44030500621620000011

属社区居民委员会。因辖区内有兰园小区，故名。曾用名兰园居委会。2001年设立。属招商街道。东起爱榕路，西邻四海路，南起工业八路，北靠东滨路。占地面积0.70平方千米。截至2020年末，常住人口0.84万人。

名海社区居民委员会

Mínghǎi Shèqū Jūmínwěiyuánhuì

[地名代码] 44030500721620000001

属社区居民委员会。因辖区内有招商名

仕花园及蔚蓝海岸（四期），各取一字命名。2001年设立。属粤海街道。东起电力花园至后海大道，沿文德福花园东侧至东滨路；西邻后海大道；南起东滨路；北靠创业路。占地面积1.20平方千米。截至2020年末，常住人口0.98万人。

南油社区居民委员会

Nányóu Shèqū Jūmínwěiyuánhuì

[地名代码] 44030500721620000002

属社区居民委员会。因辖区内有南油工业区，故名。2001年设立。属粤海街道。东起华兴北街，西邻南海大道，南起东滨路，北靠登良路转南商路转龙商街。占地面积1.20平方千米。截至2020年末，常住人口2.40万人。

深圳大学社区居民委员会

Shēnzhèn Dàxué Shèqū Jūmínwěiyuánhuì

[地名代码] 44030500721620000003

属社区居民委员会。因位于深圳大学校园内，故名。2001年设立。属粤海街道。东起科苑南路，西临南海大道，南起深圳大学西边界转白石路转高新南十道，北靠深南大道。占地面积1.73平方千米。截至2020年末，常住人口2.40万人。

铜鼓社区居民委员会

Tónggǔ Shèqū Jūmínwěiyuánhuì

[地名代码] 44030500721620000004

属社区居民委员会。因辖区内有铜鼓路和铜鼓山，故名。由原有的大冲社区分划而成，2004年设立。属粤海街道。东起大沙河，西邻铜鼓路转文华路至水务集团大冲水厂宿舍，南起水务集团大冲水厂宿舍接大冲六路，北靠北环大道。占地面积0.60平方千米。截至2020年末，常住人口1.30万人。

麻岭社区居民委员会

Málǐng Shèqū Jūmínwěiyuánhuì

[地名代码] 44030500721620000006

　　属社区居民委员会。因辖区内有山称麻雀岭，故名。曾用名麻岭居委会。2001年设立。属粤海街道。东起科技中三路，西邻南海大道，南靠深南大道，北接北环大道。占地面积1.40平方千米。截至2020年末，常住人口1.46万人。

创业路社区居民委员会

Chuàngyèlù Shèqū Jūmínwěiyuánhuì

[地名代码] 44030500721620000007

　　属社区居民委员会。因辖区内有创业路，故名。2001年设立。属粤海街道。东起后海大道，西邻南海大道，南起粤海龙城路，北靠创业路，与粤海街道办事处相邻。占地面积0.42平方千米。截至2020年末，常住人口1.11万人。

高新区社区居民委员会

Gāoxīnqū Shèqū Jūmínwěiyuánhuì

[地名代码] 44030500721620000008

　　属社区居民委员会。因位于深圳市高新技术产业园区，故名。2001年设立。属粤海街道。东起大沙河，西接科苑南路，南起滨海大道，北靠深南大道。占地面积3.20平方千米。截至2020年末，常住人口4万人。

海珠社区居民委员会

Hǎizhū Shèqū Jūmínwěiyuánhuì

[地名代码] 44030500721620000009

　　属社区居民委员会。曾用名桂庙居委会。2001年设立。属粤海街道。东起深圳湾，西邻南海大道，南起创业路，北至滨海大道。占地面积3.20平方千米。截至2020年末，常住人口3.20万人。

后海社区居民委员会

Hòuhǎi Shèqū Jūmínwěiyuánhuì

[地名代码] 44030500721620000010

　　属社区居民委员会。原为后海村，社区沿用村名。2001年设立。属粤海街道。东起后海大道，西起华兴北街后海路转华明路怡海花园东侧，南起海逸苑北侧，北靠龙商街沿龙滨花园转后海花园南侧。占地面积0.60平方千米。截至2020年末，常住人口1.20万人。

科技园社区居民委员会

Kējìyuán Shèqū Jūmínwěiyuánhuì

[地名代码] 44030500721620000011

　　属社区居民委员会。因辖区内有科技园，故名。2001年设立。属粤海街道。东起铜鼓路至科发路，西邻科技中三路，南起深南大道，北靠北环大道。占地面积1.10平方千米。截至2020年末，常住人口2.50万人。

京光社区居民委员会

Jīngguāng Shèqū Jūmínwěiyuánhuì

[地名代码] 44030500721620000012

　　属社区居民委员会。因辖区内有京光海景花园，故名。曾用名京光海景花园、京光居委会。2001年设立。属粤海街道。东起后海大道，西至兴南路，南起东滨路，北至华明路。占地面积0.32平方千米。截至2020年末，常住人口0.61万人。

蔚蓝海岸社区居民委员会

Wèilán Hǎi'àn Shèqū Jūmínwěiyuánhuì

[地名代码] 44030500721620000013

　　属社区居民委员会。因辖区内有蔚蓝海岸住宅小区，故名。2004年设立。属粤海街道。东起深圳湾，西至浪琴屿花园西侧沿北师大附中西侧至东滨路，南起东滨路，北靠创业路。占地面积9.12平方千米。截至2020年末，常住人口1.91万人。

龙城社区居民委员会
Lóngchéng Shèqū Jūmínwěiyuánhuì

[地名代码] 44030500721620000014

属社区居民委员会。因辖区内有龙城花园住宅小区，故名。曾用名龙城居委会。2001年设立。属粤海街道。东起后海大道，西邻南海大道，南起登良路，北靠粤海龙城路。占地面积0.35平方千米。截至2020年末，常住人口1.05万人。

粤桂社区居民委员会
Yuèguì Shèqū Jūmínwěiyuánhuì

[地名代码] 44030500721620000015

属社区居民委员会。因由原粤海门居委会和桂庙居委会合并成立，故各取首字命名。其中桂庙村建于清代，为南山区最早建立的村落之一，又名"红花园村"。2001年，原粤海门居委会和桂庙居委会合并，设立粤桂社区居委会。属粤海街道。含两个区域：一是学府路以北、白石路以西、深圳大学围墙以南区域，主要为桂庙新村、厚德品园、南山征兵办等；二是科技南路以西、白石路以北、深大东路以南区域，主要为阳光粤海花园。占地面积0.35平方千米。截至2020年末，常住人口1.17万人。

大冲社区居民委员会
Dàchōng Shèqū Jūmínwěiyuánhuì

[地名代码] 44030500721620000016

属社区居民委员会。原为大冲村，社区沿用村名。2001年设立。属粤海街道。东起大沙河，西至水厂路转科发路转科技路，南起深南大道，北靠深圳水务集团大冲水厂宿舍接大冲六路。占地面积0.68平方千米。截至2020年末，常住人口2.50万人。

滨海社区居民委员会
Bīnhǎi Shèqū Jūmínwěiyuánhuì

[地名代码] 44030800121620000002

属社区居民委员会。因滨海大道从社区南部穿过，故名。2004年设立。属粤海街道。东起科苑南路，西邻南海大道，南起滨海大道，北靠学府路接高新南十道。占地面积0.70平方千米。截至2020年末，常住人口1.05万人。

龙辉社区居民委员会
Lónghuī Shèqū Jūmínwěiyuánhuì

[地名代码] 44030500821620000001

属社区居民委员会。因办公地在龙辉花园小区，故名。曾用名龙辉居委会。2001年设立。属桃源街道。东起龙珠四路，西邻龙井路与龙珠大道交会处，南起龙光社区，北靠龙珠大道。占地面积1.14平方千米。截至2020年末，常住人口1.12万人。

大学城社区居民委员会
Dàxuéchéng Shèqū Jūmínwěiyuánhuì

[地名代码] 44030500821620000002

属社区居民委员会。因辖区内有大学城，故名。大学城创建于2000年，内有南方科技大学、清华大学深圳国际研究生院、北京大学深圳研究生院、哈尔滨工业大学（深圳）、中国科学院深圳先进技术研究院等高等院校。2004年设立。属桃源街道。东北起丽水路，西北靠西丽湖路，西邻西丽水库排洪渠，南连大学城西校、中国科学院、高尔夫球会。占地面积5.40平方千米。截至2020年末，常住人口1.71万人。

峰景社区居民委员会
Fēngjǐng Shèqū Jūmínwěiyuánhuì

[地名代码] 44030500821620000003

属社区居民委员会。因辖区内有天地峰景

园小区，故名。2007年设立。属桃源街道。东起南山区与福田区交界处，西至龙联社区，南起龙珠大道，北至塘朗山脚。占地面积2.57平方千米。截至2020年末，常住人口2.51万人。

塘朗社区居民委员会
Tánglǎng Shèqū Jūmínwěiyuánhuì

[地名代码] 44030500821620000004

属社区居民委员会。原为塘朗村，社区沿用村名。2001年设立。属桃源街道。东至福光居委会，西至丽水路，南至塘朗山北面，北至大古石。占地面积3.70平方千米。截至2020年末，常住人口3.48万人。该社区有悦富郑公祠、彤管生辉祠（女祠），均为区级文物保护单位。

龙光社区居民委员会
Lóngguāng Shèqū Jūmínwěiyuánhuì

[地名代码] 44030500821620000005

属社区居民委员会。因由龙井村委会与光前村委会联合而成，各取首字，故名，社区沿用村名。2001年设立。属桃源街道。东起桃源村，西至龙井西路，南起龙井路，北至龙珠大道。占地面积约1.50平方千米。截至2020年末，常住人口2.58万人。

龙联社区居民委员会
Lónglián Shèqū Jūmínwěiyuánhuì

[地名代码] 44030500821620000006

属社区居民委员会。因辖区内有龙联花园，故名。2001年设立。属桃源街道。东起国家工商行政管理学院，西邻大沙河，南起龙珠大道，北靠珠光路。占地面积0.36平方千米。截至2020年末，常住人口1.12万人。

长源社区居民委员会
Chángyuán Shèqū Jūmínwěiyuánhuì

[地名代码] 44030500821620000007

属社区居民委员会。因辖区内有长源村，故名。2001年设立。属桃源街道。东、北起龙华街道，毗邻游览胜地西丽湖度假村、动物园、西丽高尔夫球场和麒麟山庄；西临深圳大学城和中国科学院深圳先进技术研究院；南连南坪大道。占地面积6.80平方千米。截至2020年末，常住人口0.52万人。长源社区是著名的革命老区，在抗日战争和解放战争时期，长源社区及周边是东江纵队革命志士的活动区域，具有深厚的爱国主义根基。

福光社区居民委员会
Fúguāng Shèqū Jūmínwěiyuánhuì

[地名代码] 44030500821620000008

属社区居民委员会。因社区由上面光、杨屋、福林三个自然村合并组成，故名。2001年设立。属桃源街道。东起南蛇龙顶山，与长源社区相邻；西邻西丽高尔夫球场，与平山社区相邻；南起塘朗山，与塘朗社区相邻；北以三坑为界，与宝安龙华镇相邻。占地面积5.80平方千米。截至2020年末，常住人口3.18万人。

桃源社区居民委员会
Táoyuán Shèqū Jūmínwěiyuánhuì

[地名代码] 44030500821620000009

属社区居民委员会。因辖区内有桃源小区，故名。2001年设立。属桃源街道。东起龙珠八路，毗邻桃源村三期；西邻龙珠四路；南起北环大道，与龙井村交界；北靠龙珠大道。占地面积0.36平方千米。截至2020年末，常住人口2.93万人。

珠光社区居民委员会
Zhūguāng Shèqū Jūmínwěiyuánhuì

[地名代码] 44030500821620000010

属社区居民委员会。因由珠光村改制而来，故名。2001年设立。属桃源街道。东起新屋村沿山脊线至新屋隧道上方，西邻珠光路，南起珠光路，北临圳宝花园南侧沿山脊线过红花岭至新屋隧道上方。占地面积约0.30平方千米。截至2020年末，常住人口2.90万人。

龙珠社区居民委员会
Lóngzhū Shèqū Jūmínwěiyuánhuì

[地名代码] 44030500821620000011

属社区居民委员会。因辖区内有龙珠花园，故名。2009年设立。属桃源街道。东起龙珠大道与北环大道交界处，西邻龙珠八路，南起北环大道，北靠龙珠大道。占地面积0.32平方千米。截至2020年末，常住人口1.04万人。

平山社区居民委员会
Píngshān Shèqū Jūmínwěiyuánhuì

[地名代码] 44030500821620000012

属社区居民委员会。明弘治三年（1490），东明公创建平山村，社区沿用村名。2001年设立。属桃源街道。东起塘朗山脚；西邻沙河西路；南靠红花岭工业区；北临深圳野生动物园，与深圳大学城接壤。占地面积约1.20平方千米。截至2020年末，常住人口3.54万人。

三、非行政区

1. 农林牧渔区

西丽果场
Xīlì Guǒchǎng

[地名代码] 44030500921722000002

属林区。因地处西丽，以出产荔枝、芒果、龙眼等水果驰名，故名。1989年1月创办。位于西丽街道。东、西、南三面被西丽水库围绕，北至广州芳村花场。占地面积2.87平方千米。荔枝种植面积达2平方千米，芒果和龙眼的种植面积各占0.33平方千米。已发展为现代"三高"农业示范基地，出产的水果销往国内外。

芳村花场
Fāngcūn Huāchǎng

[地名代码] 44030500921722000003

属林区。因地处芳村，且为养殖花草的农场，故名。位于西丽街道。东临麻磡村，西至沙河西路，南起西丽湖，北至白芒村。占地面积0.35平方千米。主要从事苗圃种植。

2. 工业区、开发区

深圳市高新技术产业园区南山园区
Shēnzhèn Shì Gāoxīn Jìshù Chǎnyè Yuánqū Nánshān Yuánqū

[地名代码] 44030500721732000002

属开发区。1996年9月建成。位于粤海街道。东起沙河西路，西至南海大道，南起滨海大道，北至广深高速公路。占地面积11.50平方

千米。有电子信息、生物工程、新材料、光机电一体化四大产业。入驻高校有清华大学、北京大学、武汉大学、中国地质大学、香港大学等。入驻高新技术企业有中兴、联想、长城、TCL、创维、迈瑞、奥林巴斯、爱普生等。为全国"建设世界一流高科技园区"的六家试点园区之一。是"国家知识产权试点园区"和"国家高新技术产业标准化示范区"。

深圳湾超级总部基地
Shēnzhènwān Chāojí Zǒngbù Jīdì

[地名代码] 44030599921770000006

属开发区。因位于深圳湾，是全球500强企业和行业内领头企业的超级总部基地，故名。位于沙河街道，与香港隔海相望。东接华侨城欢乐海岸，西靠沙河高尔夫球场，南望深圳湾滨海带，北临华侨城内湖湿地。深圳湾超级总部基地规划面积1.17万平方千米，分47个地块，总建筑面积约520万平方米。基地内有招商银行、中国电子、万科集团等世界500强企业总部，以及中信证券、碳云智能、OPPO、中兴通讯等金融、通信、生命科技行业的龙头企业总部。

留仙洞总部基地
Liúxiāndòng Zǒngbù Jīdì

[地名代码] 44030599921770000005

属开发区。因地处留仙洞，是深圳六大总部基地和15个重点开发建设区域之一，故名。位于西丽街道中心区。东接深圳大学城，西邻中兴通讯工业园，南靠高新区深圳湾园区。留仙洞总部基地占地面积1.35平方千米。由留仙大道、创科路、茶光路、石鼓路合围而成，建筑面积500万至600万平方米。总部基地以绿廊、主要道路为界，将片区划分为7个"街坊"、103个地块。留仙洞总部基地的总体定位为"战略性新兴产业总部基地"，是集合了战

略性新兴产业特征和企业总部特征的新一代产业园区，引导入驻的产业类型包括生物、新能源、互联网、新材料、新一代信息技术、文化创意六大类战略性新兴产业。

安乐工业区
Ānlè Gōngyèqū

[地名代码] 44030500121731000001

属工业区。因地处安乐社区，故名。1992年建成。位于南头街道。东起深南大道，西至宝安大道107公路，南起深圳火车西站，北至关口二路。占地面积0.18平方千米。工业区内入驻企业90余家，包括新安长盛电子厂、华丽美工艺品有限公司、北霸微电子有限公司等，主要从事电子产品制造、工艺品制作、探测器生产等业务。

兴业工业区
Xīngyè Gōngyèqū

[地名代码] 44030500121731000002

属工业区。因由深圳外贸兴业贸易公司投资兴建，故名。1984年始建。位于南头街道。东起同乐学校，西至边检路，南起同安路，北至同乐村。占地面积0.06平方千米。入驻企业主要从事模具加工、电子、汽车配件等行业。

马家龙工业区
Mǎjiālóng Gōngyèqū

[地名代码] 44030500121731000004

属工业区。因地处马家龙片区，故名。1985年6月建成。位于南头街道。东起南海大道，西至中山公园，南起玉泉路，北至北环大道。占地面积0.50平方千米。入驻企业有深圳太平洋机械有限公司、大族控股集团有限公司、得理电子有限公司等，主要生产五金、电器、工艺品、服装、化工等产品，产品大部分外销。

南园工业园
Nányuán Gōngyèyuán

[地名代码] 44030500221731000001

属工业区。因位于南园村附近，故名。位于南山街道。东起南山大道，西至德源花园，南起南园新园路，北至海润公司主厂房。占地面积0.01平方千米。入驻企业主要从事服饰生产、贸易等业务。

南油工业区
Nányóu Gōngyèqū

[地名代码] 44030500221731000002

属工业区。因由南油集团开发和管理，故名。1984年始建。位于南山街道。东起南海大道，西至南山大道，南起东滨路，北至登良路。占地面积0.10平方千米。分为第一、二、三工业区管理区域。入驻企业3000余家，包括锦都服装城、泰荣服装城等著名企业，主要从事电子电器、石油化工、服装批发等行业。

荔山工业区
Lìshān Gōngyèqū

[地名代码] 44030500221731000003

属工业区。位于南山街道。东起大林坑，西至荔湾沿山路，南起兴海大道，北至荔枝林。占地面积0.09平方千米。入驻企业主要从事科技、服装、光学器材等业务。

南油天安工业村
Nányóu Tiān'ān Gōngyècūn

[地名代码] 44030500221731000004

属工业区。由天安实业发展有限公司建成，故名。位于南山街道。东起向南路，西至南光路，南起粤海路，北至登良路。占地面积0.04平方千米。入驻企业主要从事服装批发业务。

西丽阳光工业区

Xīlì Yángguāng Gōngyèqū

[地名代码] 44030500921731000008

属工业区。因位于阳光社区，故名。位于西丽街道。东起松旺二路，西至松旺四路，南起松白路，北至松旺五路。占地面积0.07平方千米。入驻企业主要从事信息技术、科技、教育等业务。

大磡东工业区

Dàkǎn Dōng Gōngyèqū

[地名代码] 44030500921731000005

属工业区。因邻近大磡村，故名。位于西丽街道。东起鹤前排山，西至永桦农产品厂，南起跌死狗山，北至旺达彩印厂。占地面积0.10平方千米。入驻企业主要从事生产、制造业。

中兴通讯工业园

Zhōngxīng Tōngxùn Gōngyèyuán

[地名代码] 44030500921731000006

属工业区。因由中兴通讯投资兴建，故名。2008年建成。位于西丽街道。东邻西丽第二中学，西至同乐路，南起深圳市第二高级中学，北至留仙大道。占地面积0.44平方千米。是集生产与科研于一体的综合性园区。

南山智园

Nánshān zhìyuán

[地名代码] 44030500926100000089

属工业区。位于西丽街道西丽学苑路、留仙大道与塘长路相交形成的三角地带。占地面积0.14平方千米。园区主要进驻有互联网、新一代信息技术、节能环保、新能源、新材料、智能交通和智能电网等产业。

白石洲工业区

Báishízhōu Gōngyèqū

[地名代码] 44030500321731000003

属工业区。因地处白石洲，故名。前身为1958年成立的沙河华侨农场。1992年更为今名。2009年正式设立。位于沙河街道。东起华侨城交界线，西至沙河东路，南临新中路，北靠新塘路。占地面积0.05平方千米。入驻企业多从事来料加工。

中航沙河工业区

Zhōngháng Shāhé Gōngyèqū

[地名代码] 44030500321731000004

属工业区。因地处沙河街道，且为中航工业集团所有，故名。东、西、南起侨香路，北接侨航路。占地面积0.02平方千米。入驻企业主要从事农业科技、生物科技、电子贸易等业务。

荣村工业区

Róngcūn Gōngyèqū

[地名代码] 44030500521731000001

属工业区。因邻近蛇口荣村，故名。位于蛇口街道。东起石云路，西至公园南路，南起蛇口老街，北至蛇口步行街。占地面积0.02平方千米。入驻企业主要从事电子科技、家居用品等业务。

兴华工业区

Xīnghuá Gōngyèqū

[地名代码] 44030500621731000001

属工业区。位于招商街道。东起荔园路，西至南海大道，南起工业六路，北至工业七路。占地面积0.05平方千米。入驻企业主要从事电子科技、汽车科技等业务。

蛇口工业区

Shékǒu Gōngyèqū

[地名代码] 44030500621731000002

属工业区。因地处原蛇口镇，故名。1979

年由交通部与香港招商局联合兴建。位于招商街道。东临深圳湾，西依珠江口，与香港新界的元朗和流浮山隔海相望。占地面积10.85平方千米。区内企业经营行业涉及港口、运输、仓储、房地产、石油液化气储运与销售、通信、金融、证券、商贸、加工制造、旅游、酒店管理等，知名企业有中国国际海运集装箱（集团）股份有限公司、招商港务（深圳）有限公司、中国南玻集团股份有限公司等。

塘朗工业区
Tánglǎng Gōngyèqū

[地名代码]　44030500821731000001

　　属工业区。因地处塘朗村，故名。1984年始建。位于桃源街道。东起塘朗村，西至丽水路，南起留仙大道，北至学苑大道。占地面积0.25平方千米。入驻企业主要从事五金加工、制造等行业，包括盛华玻璃有限公司、朗天通信设备有限公司、博康保健品有限公司等企业。

珠光村工业区
Zhūguāngcūn Gōngyèqū

[地名代码]　44030500821731000005

　　属工业区。因地处珠光村，故名。1981年始建。1983年5月第一批标准工业厂房竣工。位于桃源街道。东起坪南铁路，西至大沙河，南起珠光路，北至平山工业区。占地面积0.03平方千米。入驻企业200余家。

众冠红花岭工业区
Zhòngguàn Hónghuālǐng Gōngyèqū

[地名代码]　44030500821731000007

　　属工业区。因由众冠股份有限公司投资兴建，故名。1994年始建。位于桃源街道。东起红花四路，西至红花北路，南起红花一路，北至留仙大道。占地面积0.20平方千米。入驻企业有深圳市泰恒兴厨房设备有限公司、新智

德精密零件（深圳）有限公司、普耐光电科技有限公司等，主要从事厨房设备、精密零件、LED光电产品等行业。

西部物流中心
Xībù Wùliú Zhōngxīn

[地名代码]　44030500221732000001

　　属开发区。因地处深圳西部，主要从事物流运输业务，故名。2003年建成。位于南山街道。东起兴海大道，西至妈湾大道，南起月亮湾大道，北至临海大道。占地面积0.38平方千米。区内入驻企业主要从事仓储、货物配送、普通货运、国内集装箱运输、集装箱堆存等业务。

保利佐川物流中心
Bǎolì Zuǒchuān Wùliú Zhōngxīn

[地名代码]　44030500221732000002

　　属开发区。因由保利佐川物流有限公司投资建设，故名。位于南山街道。东起妈湾大道，西临前海湾，南起赤湾集装箱码头有限公司，北至月亮湾大道。占地面积0.05平方千米。入驻企业主要从事第三方物流、国际快递、国内运输等产业。

南油保税仓
Nányóu Bǎoshuìcāng

[地名代码]　44030500221732000003

　　属开发区。因是南油集团港口仓库，故名。位于南山街道。东起龙盛物流园和海星港口发展有限公司，西至妈湾大道，南起蛇口诚意机电设备有限公司，北至临海大道。占地面积0.02平方千米。

白沙物流园
Báishā Wùliúyuán

[地名代码]　44030500921732000001

　　属开发区。因是白沙物流有限公司仓库，

故名。位于西丽街道。东起沙河西路，西至创盛路，南起广深高速公路，北至深圳市粮食集团仓储公司。占地面积0.03平方千米。

深圳集成电路产业园
Shēnzhèn Jíchéng Diànlù Chǎnyèyuán

[地名代码] 44030500921732000003

　　属开发区。因是与集成电路相关的产业园，故名。前身为2009年建设的鼎盛物流园，2010年更为今名并投入运营。位于西丽街道。东起深圳市烟草物流中心仓库，西至西丽路，南起平南铁路，北至茶光路。占地面积0.02平方千米。入驻有大中型企业，主要从事集成电路相关行业。

波顿科技园
Bōdùn Kējìyuán

[地名代码] 44030500921732000004

　　属开发区。因由深圳波顿香料有限公司投资兴建，故名。2012年建成。位于西丽街道。东起乾丰三路，西至南光高速公路，南起西丽火车站，北至茶光大道。占地面积0.08平方千米。主要产业为生物工程、香精香料。

茂硕科技园
Màoshuò Kējìyuán

[地名代码] 44030500921732000005

　　属开发区。因入驻企业为茂硕电源科技股份有限公司，故名。位于西丽街道。东起松白路，西、南临棺材石，北接宝安区石岩街道。占地面积0.01平方千米。主要产业为LED驱动电源、光伏电器。

紫光信息港
Zǐguāng Xìnxīgǎng

[地名代码] 44030500921732000006

　　属开发区。由清华紫光集团开发，故名。

位于西丽街道。东起同方信息港，西至朗丰路，南邻高新北六道，北至朗山路。占地面积0.01平方千米。主要用于商业服务。

同方信息港
Tóngfāng Xìnxīgǎng

[地名代码] 44030500921732000007

　　属开发区。因由深圳清华同方股份有限公司投资兴建，故名。2004年5月始建，2005年6月建成。位于西丽街道。东起乌石头路，西至紫光信息港，南临凹仔山，北靠朗山路。占地面积0.01平方千米。主要用于办公。

清华信息港
Qīnghuá Xìnxīgǎng

[地名代码] 44030500921732000008

　　属开发区。因是清华大学在深圳地区建立的产业基地，故名。2002年4月始建，2003年4月建成。位于西丽街道。东、北起高新北六道，西至科苑北路，南临北环大道。占地面积0.01平方千米。入驻企业包括软件、电子信息、生物医药、咨询服务等行业。

创意文化园
Chuàngyì Wénhuàyuán

[地名代码] 44030500321732000001

　　属开发区。因政府为推动文化和创意产业发展而建立，故名。2004年始建，2006年建成。位于沙河街道。东起侨城东路，西至康佳集团股份有限公司，南起深南大道，北至侨香路。占地面积0.15平方千米。园区将旧厂房改造为创意产业工作室，引进艺术设计、摄影、动漫创作、教育培训等一系列文化创意行业。

东方科技园
Dōngfāng Kējìyuán

[地名代码] 44030500321732000002

属开发区。因地处南山区东面，故名。2002年建成。位于沙河街道。东起天虹商场物流中心，西至侨城坊，南起侨深路，北至广深高速公路。占地面积0.04平方千米。主要产业有制造、研发、电子、服装等。

南山蛇口网谷

Nánshān Shékǒu Wǎnggǔ

[地名代码] 44030500621732000001

属开发区。因其为融合高科技与文化产业的互联网及电子商务产业基地，故名。位于招商街道。东起南海大道，西至沿山路，南起工业五路，北至中建工业大厦。占地面积0.05平方千米。

鹏基时代创业园

Péngjī Shídài Chuàngyèyuán

[地名代码] 44030500621732000002

属开发区。因地处鹏基龙电工业城内，故名。位于招商街道。东、南起龙电生活小区，西至沿山路，北靠东滨隧道。占地面积0.01平方千米。园区主要用于工业，入驻单位有鹏基龙电工业城等。

深圳湾科技生态园

Shēnzhènwān Kējì Shēngtàiyuán

[地名代码] 44030500721732000001

属开发区。因地处深圳湾，故名。2011年建成。位于粤海街道。东起沙河西路，西至高新南环路，南起高新南十道，北至高新南九道。占地面积0.05平方千米。入驻企业包括高科技上市公司总部和研发基地、战略性新兴产业培育发展平台、创新型中小企业孵化器、国家级低碳生态示范园、深圳高新区南区配套服务中心等。

深圳国际软件园

Shēnzhèn Guójì Ruǎnjiànyuán

[地名代码] 44030500721732000003

属开发区。因入驻企业多为软件企业，故名。位于粤海街道。东起科技中三路，西至科技中二路，南起高新中三道，北至高新中二道。占地面积0.06平方千米。

威新软件科技园

Wēixīn Ruǎnjiàn Kējìyuán

[地名代码] 44030500721732000004

属开发区。由新加坡星狮地产（中国）有限公司投资兴建，故名。位于粤海街道。东起高新南环路，西至科技南路，南起高新南十道，北至高新南环路。占地面积0.06平方千米。是集总部基地、研发办公为一体的综合性高新产业集群地。

深圳市软件产业基地

Shēnzhèn Shì Ruǎnjiàn Chǎnyè Jīdì

[地名代码] 44030500721732000005

属开发区。因入驻企业以软件企业为主，故名。位于粤海街道。东起海云路，西至白石路，南起滨海大道，北至高新南十道。占地面积0.22平方千米。主要功能为软件信息企业全方位服务平台。

深圳市数字技术园

Shēnzhèn Shì Shùzì Jìshùyuán

[地名代码] 44030500721732000006

属开发区。因园区主要聚集电子信息、通信、集成电路、软件开发等产业，故名。位于粤海街道。东起科苑南路，西至科技南路，南起高新南四道，北至白石路。占地面积0.05平方千米。为甲级科研办公园区。

科兴科学园

Kēxīng Kēxuéyuán

[地名代码] 44030500726100000043

属开发区。因位于科兴生物谷，由深圳科兴生物工程有限公司开发建设，故名。2010年始建。位于粤海街道。占地面积0.09平方千米。园区由14栋生态写字楼集群呈"U"字形半合围而成，主要为金融科技、互联网软件及新一代信息技术等产业。

深圳动漫园
Shēnzhèn Dòngmànyuán

[地名代码]　44030500721732000007

属开发区。因深圳市政府为大力推广动漫文化而投资兴建，故名。2008年建成。位于粤海街道。入园企业经营范围涵盖动漫游戏创意设计、数字技术应用、工业设计、服装设计、广告传媒、互联网服务、软件研发、电子商务等多个领域。

南海意库
Nánhǎi Yìkù

[地名代码]　44030500626100000078

属工业区。位于招商街道，蛇口兴华路6号。为招商局科技集团投资建设的集动漫游戏、创意设计等多个行业于一体的文化产业基地。其火炬创业大厦于2005年投入使用，多家知名动漫游戏、创意设计企业入驻。

3. 口岸

妈湾口岸
Māwān Kǒu'àn

[地名代码]　44030500221742000000

属口岸。因地处妈湾港，故名。1987年开始建设，1990年7月建成第一个3.50万吨级多用途泊位，位于南山街道。地处珠江口东岸、南头半岛西侧。东接赤湾港，南临伶仃洋，与珠江口

主航道对接，西邻深圳机场，北以南山半岛为腹地。规划面积3.37平方千米。妈湾港区进港航道和港池水深常年保持在12米以下，可停靠10万吨级以上货轮。拥有岸线3818米，后方有填海形成的纵深285米至450米的陆域。规划建设生产性泊位18个，其中深水泊位12个。通过能力为1450万吨，其中煤炭、水泥及油气品分别为540万吨、100万吨和320万吨。是深圳西部港口群中地理条件最为优越的深水码头之一，主要为深圳西部临海工业和城市建设物资以及珠江三角洲地区部分水运物资提供中转服务。

深圳湾口岸
Shēnzhènwān Kǒu'àn

[地名代码]　44030599921742000000

属口岸。因地处深圳湾，故名。1997年12月立项，属国家"十五"重点建设项目。2003年8月开工建设，2007年7月1日正式开通。位于蛇口街道。与香港鳌勘石连接。由深圳湾公路大桥、深港"一地两检"口岸和深圳侧接线三大部分组成。口岸工程由深、港两地政府投资，港方口岸部分由香港特别行政区政府委托深圳市政府与深方口岸同步建设。总占地面积1.18平方千米，其中深方口岸占地面积0.76平方千米。设有117条验放通道，其中人工验放通道32条、自助查验通道85条，另设有28条海关出境检查通道。24小时通关，采取"一地两检"模式运作。是迄今为止世界同类口岸中最大的现代化、智能化口岸。

蛇口口岸
Shékǒu Kǒu'àn

[地名代码]　44030500621742000002

属口岸。因地处蛇口，故名。1979年8月29日动工兴建，1981年8月建成并对外开放。1999年8月15日开通蛇口客运码头至香港的夜航并延长口岸开放时间。位于招商街道。地处珠

江口东岸、南头半岛南端。东临深圳湾，西邻珠海、澳门及深圳机场，南与香港隔海相望，北靠南山内陆腹地。规划面积2.89平方千米。蛇口港货运码头进港航道及港池水深10.70米，10万吨级货轮可自由进港。目前建成并投入使用的泊位共41个，其中集装箱专用泊位10个、货运泊位11个、港澳线客运泊位6个、邮轮泊位2个、客滚船泊位1个、国内线泊位6个、油品泊位2个、修船专用泊位3个。年设计吞吐量：货物1000万吨，集装箱360万标箱，旅客500万人次。

赤湾口岸
Chìwān Kǒu'àn

[地名代码] 44030500621742000001

属口岸。因口岸地处赤湾，故名。1982年8月动工兴建，由我国第一家中外合资企业中国南山开发股份有限公司建设和经营，1984年5月25日建成并对外开放。位于招商街道。地处珠江口东岸、深圳市南头半岛西南端，东临赤湾一路，西临赤湾港七路。规划面积2.19平方千米。航道水深为10.60米，10万吨级货轮可自由进出港。现码头岸线总长4210米，已建成大、小型泊位17个，其中万吨级以上多用途泊位11个、5万吨级以上集装箱专用泊位6个，港区周围锚地可同时停泊10艘万吨级以上货轮。是重要的深水中转港区和南海石油后勤服务基地，也是中国主要的散装化肥及粮油进出口中转基地之一。

4. 其他

南头
Nántóu

[地名代码] 44030500121770000000

属区片。明洪武二十七年（1394），为抵御海盗、倭寇侵扰，在此建东莞守御千户所，筑城于城子冈，始称南头城，"南头"区片名由此而来。位于南头街道。东起南海大道，与西丽、粤海街道相连；西至前海湾，与宝安区新安街道毗邻；南至学府路，与南山街道接壤；北抵广深高速公路，与西丽街道相接。占地面积16.80平方千米。区片内有南头古城、前海花园、星海名城等区域。

蛇口
Shékǒu

[地名代码] 44030599921770000002

属区片。因位于半岛南端，形似蛇口，故名。位于招商街道。地处深圳南头半岛东南部，东临深圳湾，西依珠江口，与香港新界的元朗和流浮山隔海相望。占地面积10.85平方千米。区片内包含蛇口码头、蛇口工业区和蛇口海上世界。

后海
Hòuhǎi

[地名代码] 44030599921770000004

属区片。位于南山蛇口东部、深圳湾与珠江出海口交汇处，由后海滨路以东、滨海大道以南和深圳湾围合而成。处于滨海大道、后海滨路、东滨路、科苑南路、沙河西路合围之地。后海全部由填海造陆而成，地势平坦，比较方正，大致呈东西长、南北短的长方形，面积2.26平方千米。后海是粤港澳大湾区重要节点、深圳市双中心战略和金融商务总部的重要组成部分，承担重要的区域级中心区职能以及国际创新门户展示功能。

赤湾
Chìwān

[地名代码] 44030599921770000003

属区片。位于深圳蛇口半岛的最南端,三面环山,背面是赤湾山,左面是狮山,右面是牛羊山。东有后海,西有前海,南有伶仃洋,与内伶仃岛相望,风光秀丽、地势险要,是地铁2号线的终点站。位于蛇口街道。赤湾区片规划面积15.21平方千米。包括赤湾股份公司用地、蛇口集装箱码头用地、小南山、妈湾港和内伶仃岛。功能包括公园绿地、自然保护区和港口、仓储及临港工业区,含部分配套居住区。

华侨城
Huáqiáochéng

[地名代码] 44030500321770000000

属区片。因由华侨城集团连片开发,故名。自1994年起,华侨城集团先后在此投资建设世界之窗、锦绣中华民俗村、中国民俗文化村、欢乐谷、华侨城锦绣花园等一系列旅游文化设施,逐渐形成"华侨城"这一具有企业特色的区片。位于沙河街道。东起侨城东路,西靠望楼山,南起深南大道,北至侨香路。占地面积4.80平方千米。区片内有东方花园、海景花园、湖滨花园等高档小区以及华侨城小学、华侨城中学等教育设施。

深圳大学城
Shēnzhèn Dàxuéchéng

[地名代码] 44030500821770000000

属区片。深圳大学城创建于2000年,占地面积1.54平方公里,是我国唯一经教育部批准、由地方政府携手一流大学共同举办、以培养全日制研究生为主的研究型大学群。位于桃源街道。内有清华大学深圳国际研究生院、北京大学深圳研究生院和哈尔滨工业大学(深圳)等高等院校。

深圳前海综合保税区
Shēnzhèn Qiánhǎi Zōnghé BǎoShuìqū

[地名代码] 44030500221741000000

属区片。深圳前海综合保税区位于前海蛇口自贸片区及前海深港现代服务业合作区妈湾片区,由前海湾保税港区整合优化而来。2008年10月18日,国务院批复设立深圳前海湾保税港区,2009年7月一期通过验收,12月正式封关运作。2016年9月,保税港区规划面积调整为2.90平方公里。2020年7月,国务院批复同意深圳前海湾保税港区整合优化为深圳前海综合保税区。作为前海蛇口自贸片区、前海深港合作区的重要组成部分,在持续保持外贸进出口增长、为全市全省外贸稳增长做出应有贡献的同时,前海综合保税区依托前海独特的国家重大战略平台优势,在市委、市政府的正确领导下,在前海管理局、深圳海关以及省市有关部门的共同努力下,以"保税+"为基础的创新型贸易业态集聚发展,实现进出口贸易快速增长。

深圳前海深港基金小镇
Shēnzhèn Qiánhǎi Shēngǎng Jījīn Xiǎozhèn

[地名代码] 44030599921770000007

属区片。位于南头街道前海深港合作区桂湾五路。占地面积约9.50万平方米,建筑面积近8.50万平方米,办公面积约6.20万平方米,由28栋低密度、高品质的别墅组成。分为资管A区、资管B区、对冲基金中心、创投基金中心四大区域。含路演大厅、投资人俱乐部、高端餐饮设施、员工餐厅等综合配套服务设施。2016年10月,前海深港基金小镇项目正式对外发布。2018年11月正式开园。

前海深港青年梦工场
Qiánhǎi Shēngǎng Qīngnián Mènggōngchǎng

[地名代码] 44030500121770000001

属区片。前海深港青年梦工场分为中区、北区、南区。中区位于前海合作区前湾片区;

北区位于前海合作区桂湾片区；南区位于前海合作区前湾片区，紧靠沿江高速和听海大道。前海深港青年梦工场首期规划面积38万平方米，总投资46.30亿元人民币。前海深港青年梦工场中区定位为深港青年创新创业圆梦起步区，主要为深港初创企业提供培育空间，是"从0到1"梦起步阶段。占地面积约5.80万平方米，建筑面积约4.70万平方米，总投资约4.30亿元。前海深港青年梦工场北区定位为深港青年创新创业圆梦加速区，主要为成长性好、创新性强、发展佳、潜力大的企业及顶级科研机构的成果转化和具有良好社会效应的项目提供空间，促进科研成果市场化和产业化，展示创业成功样板，为深港青年发展提供成功经验和路径，是"从1到10"梦加速阶段。占地面积约9万平方米，建筑面积约14.40万平方米，总投资约14亿元。项目分两期开发，其中一期已于2014年底正式启用，二期计划于2023年第三季度竣工交付。前海深港青年梦工场南区定位为深港青年创新创业圆梦示范区，主要为行业细分龙头、隐形冠军等企业提供服务空间，推进特定领域产业上、中、下游产业链的形成，促进特定领域产业的技术整合，形成区域优势产业，是"从10到100、1000、10000"梦示范阶段。占地面积约2.10万平方米，建筑面积约19万平方米，总投资约28亿元，将于2026年竣工。

032 | 深圳市南山区标准地名词典 *Dictionary of Standard Geographic Names in Shenzhen Nanshan*

第二编
自然实体

一、陆地地形

丘陵山地

阳台山
Yángtái Shān

[地名代码] 44030601213450000026

　　属山。明天顺《东莞旧志》载："阳台山，在县西南一百二十里。"明嘉靖《广东通志·东莞县》又载："西南五里曰阳台山，山巅之南稍平，形若几案。"位于宝安区、龙华区和南山区的交界地带。东、北临嫩七娘峒，西、南至芋荷塘。山体大致呈三角形，东南一西北走向，为深圳市西北部最高山。长0.93千米，宽0.78千米，海拔587.34米，面积约30平方千米。抗日战争时期为东江纵队三支队根据地，因此被称为"英雄山"，是深圳市革命老区之一。山体基岩由花岗岩组成，岩石裸露较多，表层土壤为赤红壤。山高林密，主要有松树、杂树，山坡多种植荔枝、菠萝等果树。为大沙河的发源地。

塘朗山
Tánglǎng Shān

[地名代码] 44030500813450000029

　　属山。因其地处塘朗村边，故名。位于桃源街道。东起望天螺，西至红坭尖，南连上高凹，北靠黄牛勘尾。山体呈东西走向。长0.46千米，宽0.24千米，海拔430.74米，面积约7平方千米。山体基岩由花岗岩构成，表层土壤为赤红壤。山顶长有少量杂树、灌木，山坡上种有大片荔枝树，生物资源丰富。

大南山
Dànán Shān

[地名代码] 44030500613450000006

　　属山。因其邻近南山村，故名。位于招商街道。东靠南山公园，西至大南山紫园，南连龟山，北靠坑尾山。长0.35千米，宽0.26千米，海拔336米，面积约3.52平方千米。南北走向。山体基岩由花岗岩组成，表层土壤为赤红壤。植被大部分为松树，其余为杂树。

小南山
Xiǎonán Shān

[地名代码] 44030500213450000006

　　属山。因与东侧大南山对应，故名。位于招商街道、大南山西侧，属南山区第二组山丘。东起兴海大道，西至妈湾大道，南接牛羊山，北邻深坑。山体呈东西走向。长0.27千米，宽0.12千米，海拔287米，面积约0.10平方千米，坡度25°～34°。山顶有一烽火台（建于明末清初）和一测量控制点。山体基岩由花岗岩组成，表层土壤为赤红壤。植被以松树为主。

大牛仔
Dàniúzǎi

[地名代码] 44030500213450000003

　　属山。因山体形似牛，且为小山，故名。位于南山街道。东起少帝路，西靠小南山，南连烽台路，北望汉京半山公馆。长0.31千米，宽0.21千米，海拔285米。植被以杂树为主。

麒麟山
Qílín Shān

[地名代码] 44030500913450000019

　　属山。因山体似麒麟状，故名。位于西丽街道。东起春园路，西至沁园路，南连转坑，北靠麒麟山庄。山体呈南北走向。长0.56千米，宽0.31千米，海拔123.60米，面积约0.12平方千米。山体基岩由花岗岩组成，表层土壤为赤红壤。长有松树、杂树。

莺歌山
Yīnggē Shān

[地名代码] 44030500913450000022

属山。因山上原有许多黄鹂，黄鹂也叫黄莺，故名。位于西丽街道。东起芋荷塘、西邻上寨，南连马骝，北靠宝安区大浪街道。南北走向，长条状。长0.42千米，宽0.35千米，海拔444.30米，面积约为0.12平方千米。山体基岩由花岗岩构成，表层土壤为赤红壤。长有松树、杂树。

七娘顶
Qīniáng Dǐng

[地名代码] 44030500913450000033

属山。相传从前此地常有海妖兴风作浪，有七位仙女登上此山以舞姿迷惑妖怪并将其刺杀，后人为示纪念，故名。位于西丽街道。东起海龙王山，西至宝岩路，南连海龙王山，北靠背带石。山体呈长条形，南北走向。长0.42千米，宽0.31千米，海拔124.20米，面积约0.09平方千米。山体基岩由花岗岩构成，表层土壤为赤红壤。长有松树、杂树。

望楼山
Wànglóu Shān

[地名代码] 44030500313450000005

属山。因站在山顶能远眺附近高楼，故名。位于沙河街道，东起杜鹃山东街，西至欢乐谷，南连侨城西街，北接瓦窑头。山体呈椭圆形，南北走向。长0.53千米，宽0.24千米，海拔56.90米，面积约0.09平方千米。山体基岩由花岗岩组成，表层土壤为赤红壤。种有簕杜鹃等植被。

北洲山
Běizhōu Shān

[地名代码] 44030500313450000008

属山。因其地处南山区北侧，且四面环水，故名。位于沙河街道。长0.58千米，宽0.26千米，海拔20米。山体四面被湖水包围。

崖鹰山
Yáyīng Shān

[地名代码] 44030500313450000009

属山。因山体形似一只鹰立于悬崖之上，故名。位于沙河街道。东起云浩路，西至小沙河，南连白石路，北靠深南大道。长0.34千米，宽0.26千米，海拔20米。

蛇口山
Shékǒu Shān

[地名代码] 44030500513450000006

属山。因地处蛇口，故名。位于蛇口街道。东邻深岩燃气有限公司，西至金世纪路，南临望海路，北靠蛇口新街。山体呈椭圆形，东西走向。长1.04千米，宽0.65千米，海拔87.60米，面积约0.58平方千米。山体基岩由砂砾岩组成，表层土壤为赤红壤。植被以人工种植林为主。

马鞍山
Mǎ'ān Shān

[地名代码] 44030500213450000001

属山。因山体形似马鞍，故名。位于招商街道。东、南连龟山，北靠大林坑，西至崎山。长0.15千米，宽0.11千米，海拔270米。

狮山
Shī Shān

[地名代码] 44030500613450000001

属山。因山体形如狮头，故名。位于招商街道。东起天祥路，西、北与赤湾一路相连，南靠一湾油气库码头。山体呈椭圆形，南北走向。长0.53千米，宽0.38千米，海拔300米，面积约0.15平方千米。山上有左炮台（六门生铁火炮）、林则徐纪念像。山体基岩由花岗岩组成，表层土壤为赤红壤。植被以人工种植林为主。

赤湾山

Chìwān Shān

[地名代码] 44030500613450000002

属山。因其地处赤湾片区，故名。位于招商街道。东起兴海大道，西、北至左炮台路，南临赤湾路。长0.21千米，宽0.11千米，海拔213米，面积不足1平方千米。山体坡度超过65°，无植被覆盖。

虎地

Hǔdì

[地名代码] 44030500613450000004

属山。相传原有老虎出没于此，故名。位于招商街道。东起南海大道，西至蛇口鲸山别墅，南连蛇口变电站，北靠泰格公寓。长0.24千米，宽0.17千米，海拔100米。

尖山

Jiān Shān

[地名代码] 44030500613450000005

属山。因山顶高而尖，故名。位于招商街道。东起鲸山别墅，西至兴海大道，南连蛇口车辆段，北接龟山。山体呈椭圆形，南北走向。长0.15千米，宽0.09千米，海拔116.70米，面积约0.02平方千米。山体基岩由花岗岩组成，表层土壤为赤红壤。植被以人工种植林为主。

独立山

Dúlì Shān

[地名代码] 44030500613450000007

属山。因其为一独立小山体，故名。位于招商街道。东、南起海滨路，西至南海大道，

北靠工业一路。山体呈四方形，东西走向。长0.18千米，宽0.14千米，海拔40.66米，面积约0.02平方千米。山顶有蛇口电视台、微波山钟塔。山体基岩由花岗岩组成，表层土壤为赤红壤。植被多为松树，部分为灌木丛。

三棱山

Sānléng Shān

[地名代码] 44030500613450000008

属山。因山体呈三棱形，故名。位于招商街道。东、北接赤湾山，西连左炮台路，南临赤湾路。山体呈东南—西北走向。长0.51千米，宽0.30千米，海拔93.20米，面积约0.13平方千米。山体基岩由花岗岩组成，表层土壤为赤红壤。

东角山

Dōngjiǎo Shān

[地名代码] 44030500513450000004

属山。因其地处伶仃岛东侧，故名。位于粤海街道。东面临海，西、南接捕狗仔山，北至铜锣排。长0.27千米，宽0.20千米，海拔30米。

茅竹坜顶

Máozhúlì Dǐng

[地名代码] 44030500813450000008

属山。因山顶原长竹，故名。位于桃源街道。东起塘朗山顶，西至红坭尖，南连缺牙岜，北靠求雨墩。东西走向，长条形。长0.88千米，宽0.64千米，海拔399.20米，面积约为0.40平方千米。山体基岩由花岗岩构成，表层土壤为赤红壤。长有灌木、杂草。

望天螺

Wàngtiānluó

[地名代码] 44030500813450000013

属山。山顶有石，像海螺，故名。位于桃源街道。东望昂掌坪，西至石头排，南连象公，北靠南坪大道。东西走向，椭圆形。长0.34千米，宽0.14千米，海拔343.60米，面积约0.04平方千米。山体基岩由花岗岩构成，表层土壤为赤红壤。长有杂树、灌木。

大山
Dà Shān

[地名代码] 44030500813450000034

属山。因山体较大，故名。位于桃源街道。东起大沙河，西、南连丽康路，北靠三坑村。长0.47千米，宽0.31千米，海拔100米。山上树木林立。

红花岭
Hónghuā Lǐng

[地名代码] 44030500813450000039

属山。因山上多开红色野花，故名。位于桃源街道。东起平南铁路，西至南坪大道，南连平南铁路，北望留仙大道。长0.49千米，宽0.40千米，海拔210.04米，面积约0.15平方千米。山体基岩由砂页岩组成，表层土壤为赤红壤。植被以荔枝树为主。

大林坑
Dàlín Kēng

[地名代码] 44030500213420000001

属山谷、谷地。因是大山之间的一低凹坑，故名。位于南山街道。东起南山公园，西至荔山工业区，南连马鞍山，北靠青青世界。东西走向，东高西低。长344.23米，平均宽度189.42米，面积约0.04平方千米，相对高差80米。大部分生长松树，其余为杂树。

深坑
Shēn Kēng

[地名代码] 44030500213420000002

属山谷、谷地。因谷地较深，故名。位于南山街道。东接香格名苑，西至妈湾大道，南邻小南山，北靠月亮湾燃机电厂。南北走向，南高北低。长78.26米，平均宽度62.27米，面积约4000平方米，相对高差40米。两侧山体由花岗岩组成，土壤为赤红壤。大部分种植松树，还有部分荔枝树。

必石窝
Bìshí Wō

[地名代码] 44030500913420000004

属山谷、谷地。因山体多石而其形状似巢，故名。位于西丽街道。东、北连大石山，西临宝安区石岩街道，南接西丽鸽场。西北—东南走向，长条形。长766.27米，平均宽度468.33米，面积约0.21平方千米，相对高差50米。两侧山体由花岗岩构成，土壤为赤红壤。种植有荔枝树。

米长坑
Mǐcháng Kēng

[地名代码] 44030500913420000007

属山谷、谷地。因山谷整体像大米粒一样瘦长，故名。位于西丽街道。东连鱼仔坑，西、南接背夫山，北至跌死狗。西北—东南走向。长810.34米，平均宽度290.33米，面积约0.20平方千米，相对高差100米。谷底呈"U"字形。谷体由花岗岩构成，土壤为赤红壤。种有荔枝、芒果、李子等果树。

鱼仔坑
Yúzǎi Kēng

[地名代码] 44030500913420000008

属山谷、谷地。因山谷中有水沟，沟中有较多塘虱鱼等小鱼，故名。位于西丽街道。东起扑船岗，西至米长坑，南连珠山吓，北至丽康路。西北—东南走向，长条状，谷底呈"U"字形。长481.49米，平均宽度369.18米，面积约0.14平方千米，相对高差60米。谷体由花岗岩构成，土壤为赤红壤。种有荔枝、芒果、菠萝等果树。

伏堂背
Fútáng Bèi

[地名代码] 44030500913420000030

属山谷、谷地。位于西丽街道。东起沙河西路，西至打石山，南连白石光，北至芳村花场。山谷呈长条形，西北—东南走向，谷底较平坦，呈"U"字形。长1002米，宽452.42米，面积约0.30平方千米，相对高差40米。两侧山体由花岗岩构成，土壤为赤红壤。种植有荔枝树、芒果树。

跌死马坳
Diēsǐmǎ Ào

[地名代码] 44030500913420000031

属山谷、谷地。位于西丽街道。东、北起沙河西路，西至报恩福地墓园，南临深圳职业技术学院。山谷呈不规则形状，南北走向。长935.96米，宽754.21米，面积约0.47平方千米，相对高差120米。两侧山体由花岗岩组成，土壤为赤红壤。植被以人工种植林为主。

东背坳
Dōngbèi Ào

[地名代码] 44030500513420000001

属山谷、谷地。位于蛇口街道。东起东背角，西、北临海，南至东湾村。东西走向。长187.87米，平均宽度131.11米，相对高差60米。在内伶仃岛上，四面环海。

石头尾
Shítóu Wěi

[地名代码] 44030500813420000001

属山谷、谷地。因位于打石岭边，故名。位于桃源街道。东起石头排，西至禾叉坜，南望蕉坜山，北临打石岭。南北走向，长条形，呈"U"字形。长470.24米，平均宽度390.53米，面积约0.16平方千米，相对高差240米。两侧山体由花岗岩构成，土壤为赤红壤。长有杂树、灌木。

石头排
Shítóu Pái

[地名代码] 44030500813420000002

属山谷、谷地。因谷内石壁兀立，故名。位于桃源街道。东临望天螺，西至石头尾，南连站人石坑，北望大石岭。南北走向。长530.05米，平均宽度321.87米，面积约0.12平方千米，相对高差210米。两侧山体由花岗岩构成，土壤为赤红壤。长有杂树。

昂掌坪
Ángzhǎng Píng

[地名代码] 44030500813420000003

属山谷、谷地。因谷内有坪地，似掌状，故名。位于桃源街道。东临交椅山，西至望天螺，南连福田区梅林街道，北望长源公园。东西走向。长271.07米，平均宽度204.64米，面积约0.05平方千米，相对高差100米。长条形，谷底呈"U"字形。两侧山体由花岗岩构成，土壤为赤红壤。种有荔枝树。

站人石坑
Zhànrén Shíkēng

[地名代码] 44030500813420000004

属山谷、谷地。因山谷内有一突兀的石岩，上面较平，可站人，故名。位于桃源街道。南至深云水库，北至象地沥，西邻蕉坜山，东望象公。东北—西南走向。长223.28

米，平均宽度177.52米，面积约0.03平方千米，相对高差70米。谷底呈"V"字形。两侧山体由花岗岩构成，土壤为赤红壤。长有杂树。

龙眼园

Lóngyǎn Yuán

[地名代码] 44030500813420000007

属山谷、谷地。此处原种有较多龙眼树，故名。位于桃源街道。东起龙华区民治街道，南至打鼓石顶，北接南坪大道，西望福龙路。南北走向，长条形。长307.77米，平均宽度211.48米，面积约0.05平方千米，相对高差110米。谷底呈"U"字形。两侧山体由花岗岩构成，土壤为赤红壤。种有龙眼树、荔枝树、芒果树。

犁头凹

Lítóu Āo

[地名代码] 44030500813420000008

属山谷、谷地。因形似犁头，故名。位于桃源街道。东临坑尾，南连求雨墩，北临南坪大道，西至绿平二路。东南—西北走向，长412.85米，平均宽度257米，面积约0.01平方千米，相对高差70米。谷底呈"U"字形。两侧山体由花岗岩构成，土壤为赤红壤。种有荔枝树。

象地沥

Xiàngdì Lì

[地名代码] 44030500813420000009

属山谷、谷地。因位于象公、象峒山下，故名。位于桃源街道。东起象公，西至深云水库，南靠虎坑，北接站人石坑。东西走向，长条形。长312.20米，平均宽度160.88米，面积约0.03平方千米，相对高差40米。谷底呈"V"字形。两侧山体由花岗岩构成，土壤为赤红壤。

长有杂树。

鸭嫲咀

Yānǎ Zuǐ

[地名代码] 44030500813420000012

属山谷、谷地。因谷底呈鸭嘴形，故名。位于桃源街道。东临南坪大道，西、南连下高凹，北邻上高凹。东南—西北走向，长条形。长401.74米，平均宽度227.01米，面积0.07平方千米，相对高差140米。谷底呈"V"字形。两侧山体由花岗岩构成，土壤为赤红壤。种有荔枝树、柑橘树。

禾田尾

Hétián Wěi

[地名代码] 44030500813420000013

属山谷、谷地。因此处原有稻田，故名。位于桃源街道。东临石坑，南接禾叉坜，西、北达南坪大道。南北走向。长272.66米，平均宽度215.77米，面积约0.05平方千米，相对高差50米。长条形，谷底呈"U"字形。两侧山体由花岗岩构成，土壤为赤红壤。种有荔枝树。

塘圣

Tángshèng

[地名代码] 44030500813420000016

属山谷、谷地。山谷中原有大山塘，故名。位于桃源街道。东连竹筒尾山，西、北至秋实路，南临留仙大道。南北走向。长442.43米，平均宽度178.22米，面积约0.04平方千米，相对高差为30米。长条形，呈"U"字形。两侧山体由花岗岩构成，土壤为赤红壤。种有荔枝树。

记山

Jì Shān

[地名代码] 44030500813420000017

属山谷、谷地。因山谷形似笔架，故名。位于桃源街道。东起龙华区民治街道，西至龙井山，北临双丫山，南接长源村东厂房。东西走向。长189.63米，平均宽度122.41米，面积约0.02平方千米，相对高差为40米。长条形，谷底呈"U"字形。两侧山体由花岗岩构成，土壤为赤红壤。种植有荔枝树。

张坑

Zhāng Kēng

[地名代码] 44030500813420000018

属山谷、谷地。新中国成立之前是张姓人家的山地，故名。位于桃源街道。东起大沥口，西至虎地岭，南邻十五峰花园，北望红圳尖。南北走向，长方形。长626.29米，平均宽度235.12米，面积为0.08平方千米，相对高差为160米。谷底呈"V"字形，南面部分开采。两侧山体由花岗岩构成，土壤为赤红壤。种植有荔枝树。

大沥口

Dàlì Kǒu

[地名代码] 44030500813420000020

属山谷、谷地。谷口较开阔，故名。位于桃源街道。东连上高凹，西临张坑，南邻龙珠六路，北靠红圳尖。东北—西南走向。长255.23米，平均宽度154.90米，面积约0.02平方千米，相对高差60米。长条形，谷底呈"V"字形，南部已开采。两侧山体由花岗岩构成，土壤为赤红壤。种植有荔枝树。

糙米坑

Cāomǐ Kēng

[地名代码] 44030500813420000021

属山谷、谷地。因谷内原有水田，产出稻米较差，故名。位于桃源街道。东临丽康路，西至丽荫二路，南邻大鼓石，北靠麒麟生态园。东西走向，长条形。长280.82米，平均宽度206.82米，面积约0.04平方千米，相对高差20米。谷底平坦。两侧山体由花岗岩构成，赤红壤分布。种有荔枝树。

麻坑窝

Mákēng Wō

[地名代码] 44030500813420000026

属山谷、谷地。因山上坑坑洼洼，故名。位于桃源街道。东起丽康路，西至南方科技大学体育场，南起大沙河，北至丽康路。南北走向，长方形。长760.59米，平均宽度441.18米，面积约0.18平方千米，相对高差40米。两侧山体由花岗岩构成，土壤为赤红壤。种有荔枝树。

吃水山

Chīshuǐ Shān

[地名代码] 44030500813420000029

属山谷、谷地。位于桃源街道。东连求雨墩，西至横排路，南临红圳尖，北至牛腿山。东西走向。长230.80米，平均宽度163.20米，面积约0.30平方千米，相对高差80米。谷底呈"V"字形。两侧山体由花岗岩构成，土壤为赤红壤。种有荔枝树。

蕉圻坑

Jiāolì Kēng

[地名代码] 44030500813420000031

属山谷、谷地。因其地处蕉圻山下，故名。位于桃源街道。东、北至蕉圻山，西至南坪大道，南至深云水库。山谷呈长条形，南北走向，谷底呈"V"字形。长1072.73米，宽673.66米，面积约0.45平方千米，相对高差170米。两侧山体由花岗岩构成，土壤为赤红壤。长有松树、灌木。

二、陆地水系

1. 河流

大沙河
Dàshā Hé

[地名代码] 44030599912100000006

属河流。因流经花岗岩地带，石英砂粒被水流带入河中，河床及两岸粗砂较多，且流经面积相对于小沙河较大，故名。为外流河、地上河、常年河，属海湾水系干流。位于南山区中北部，自北向南流，发源于阳台山南麓的尖山，流经南山区桃源、西丽、沙河、粤海街道，流入深圳湾。是南山区主要河流，被称为南山区的"母亲河"。干流河长13.70千米，流域面积92.99平方千米，防洪标准为100～200年一遇。主要支流有寄山沟、老虎岩河、长岭皮水库排洪河、清泉渠、西丽水库排洪河、龙井河、白石洲排洪渠等。主要流经桥梁有南科一路桥、丽水路桥、丽山路桥、留仙大道桥、茶光路桥、北环大道桥、深南大道、滨海大道桥等。主要起疏导泄洪作用。

小沙河
Xiǎoshā Hé

[地名代码] 44030599912100000001

属河流。因流经花岗岩地带，风化后长石溶解于水流失，石英砂粒随水带入河中，河床及两岸粗砂较多，且相对于大沙河流经面积较小，故名。位于南山区东部，地属沙河街道，属海湾水系的干流河。为外流河、地下河、常年河。自北向南流，河口位置在深圳湾，干流经南山区沙河街道，流入深圳湾。河道总长2.62千米，流域面积3平方千米。

双界河
Shuāngjiè Hé

[地名代码] 44030599912100000005

属河流。因其地处原特区内与特区外交界处，故名。为外流河、地上河、常年河，属珠江口水系干流。跨南山区、宝安区，自东北向西南流，发源于南山区北部群山中的铁屎岭南麓，汇入珠江口前海湾。干流河长3.50千米，其中南山区段1.75千米，流域面积5.75平方千米，防洪标准为50年一遇。

中心河
Zhōngxīn Hé

[地名代码] 44030599912100000007

属河流。位于南山区南部。属深圳湾水系的干流河，为外流河、地上河、常年河。自北向南流，分为南北两段：南段流经蛇口街道，全长2.15千米，流域面积3.90平方千米；北段流经粤海街道，全长1.39千米，流域面积3平方千米。

新圳河
Xīnzhèn Hé

[地名代码] 44030599912100000002

属河流。位于南山区西部，属珠江口水系的干流河，为外流河、地上河、常年河。自东北向西南流，干流流经宝安区新安街道和南山区西丽街道。河流长度为7.80千米，其中南山区段0.83千米，流域面积14.58平方千米。

桂庙渠
Guìmiào Qú

[地名代码] 44030599912100000003

属河流。因穿过桂庙新村，故名。为外流河、地上河、常年河，属珠江口水系干流。位于南山区，自东向西流，流经南山区南山街道、前海合作区。干流河长2.21千米，流域面积11.63平方千米。

2. 湿地

华侨城国家湿地公园
Huáqiáochéng Guójiā Shīdì Gōngyuán

[地名代码] 44030500313510000000

　　属湿地。因其由华侨城集团管理，故名。位于沙河街道。东至云天路，西连边防四中队，南邻白石路，北靠华侨城世界之窗、锦绣中华民俗村。长约2千米，南北跨度约0.40千米，平均水深0.80～1.20米，面积0.69平方千米，总蓄水量56～70万立方米。主要湿地类型为近海和海岸湿地。拥有近5万平方米红树林景观和100多种珍稀鸟类，其中涉禽40余种，是深圳湾涉禽等鸟类重要的栖居地，被称为"中国唯一地处现代化大都市腹地的滨海红树林湿地"。主要景点有红树林、芦苇荡、观鸟屋等。

三、海域

1. 海湾

深圳湾
Shēnzhèn Wān

[地名代码] 44030599911300000001

  属海湾。深圳湾原名"后海湾"。旧时，县城所在的南头以南有一个半岛，半岛东西各有一较大海湾。半岛西部海湾背靠南头，面向伶仃洋，称"前海湾"。半岛东部海湾原名"后海湾"，据清代康熙年间的《新安县志》记载："后海，距县城五里，通于海，自西而东，北接梧桐山，绕护县城。"后来因为湾顶有深圳河注入，遂改名为深圳湾。位于深圳河河口以西、蛇口以东，是深圳市与香港西部交界处海域的一个海湾。北岸是深圳市福田区、南山区，南岸是香港的元朗区。注入深圳湾的河流主要有大沙河、深圳河、香港锦田河。其为珠江河口伶仃洋东侧的河口湾，是深圳河的重要泄洪通道，具有泄洪纳潮、港口运输、航运、调节生态环境等多方面功能。深圳湾岸边建有深圳湾体育中心、深圳湾口岸、深圳湾公园等。

伶仃洋
Língdīng Yáng

[地名代码] 44030699911300000001

  属海湾。原名零丁洋，因零丁山而得名。清初屈大均《广东新语》载："秀山之东，有山在赤湾之前，为零丁山，其内洋曰小零丁洋，外洋曰大零丁洋。文丞相诗所云'零丁洋里叹零丁'是也。"后零丁山易名内伶仃岛，零丁洋随之易名为伶仃洋。位于珠江口东部，深圳市宝安区、南山区西面。东起深圳赤湾，西到珠海淇澳岛，北起虎门，南达香港特别行政区。呈喇叭形，分为内伶仃洋和外伶仃洋，主要岛屿有内伶仃岛和外伶仃岛。伶仃洋水道是大型船只进出珠江口的主要航道之一。

2. 海岛

内伶仃岛
Nèilíngdīng Dǎo

[地名代码] 44030500711560000001

  属岛屿。因孤悬于伶仃洋中，又与珠海外伶仃岛相区别，故名。曾名零丁山、伶仃山。是深圳市海域中最大的岛屿。位于深圳湾湾口，近陆距离8.21千米，岸线长12.09千米，陆域面积4.80平方千米，最高点高程340.90米。为基岩岛，呈西北—东南走向。由砂页岩和花岗闪长岩构成，表层为黄褐色泥砂土及黑土。沿岸多为沙岸、磊石岸，近岸多礁。岛上大部为丘陵地，东南高、西北低，悬崖峭壁，多岩洞。植被覆盖率达93%，多为乔灌丛林、马尾松和台湾相思树等。1984年被列为广东省省级自然保护区，有猕猴8群（约200只），此外还有水獭、穿山甲、黑耳鸢、蟒蛇和虎纹蛙等重点保护动物。岛上北湾和东湾各建有码头，有部队营房、航标灯、水文站等，南湾一带有洁白的沙质海滩。

大铲岛
Dàchǎn Dǎo

[地名代码] 44030601711560000003

  属岛屿。曾名大伞、大山。属南山区。位于内伶仃岛北，近陆距离1.11千米，岸线长4.89千米，陆域面积0.97平方千米，最高点高程112.80米。为基岩、沙泥岛，略呈长方形，西北—东南走向。地表有较浅的基岩风化层覆盖,大部分为花岗岩,表层为赤红壤。植被覆盖率较高,灌丛和台湾相思树最为普遍。岛上原有大铲村,1979年村民迁移至蛇口定居。岛上建有深圳前湾燃机电厂和大铲海关。

深圳孖洲
Shēnzhèn Māzhōu
[地名代码] 44030500611560000001

属岛屿。因由两个小岛以沙带和石排连接而成,故名。曾名"孖洲"。原为基岩岛,近陆距离1.78千米,岸线长2.42千米,陆域面积0.22平方千米,最高点高程50.20米。现已填海、推平。招商局的友联船厂在推平的原岛址上建成修船厂。

大矾石
Dàfánshí
[地名代码] 44030500611560000002

属岛屿。曾名矾石屿。矾石有"白色石头"的意思。在英文地图中,此处多标注为"WHITE ROCK"。属南山区。近陆距离5.73千米,岸线长0.10千米,陆域面积约700平方米,最高点高程17.80米。为基岩岛。由棕红色砂质砾岩组成,表层为红黏土。植被有小棕树、东风橘、杂草和小灌木。

小矾石
Xiǎofánshí
[地名代码]

属岛屿。曾名白石。因岛靠近大矾石,且比大矾石小,故名小矾石。近陆距离6.19千米,岸线长83米,陆域面积473平方米,最高点高程8.20米。为基岩岛。位于矾石浅滩中,距矾石水道1.30公里。由棕红色砂质土组成。表层长有少量灌木。周围水深4.10米~4.50米。属未开发无居民海岛。

内伶仃东岛
Nèilíngdīng Dōngdǎo
[地名代码] 44030599911500000003

属海岛。位于内伶仃岛的东面,故名。2011年,全国海域海岛地名普查将其界定为独立海岛,名称标准化处理为内伶仃东岛。近陆距离8.27千米,岸线长度45米,陆域面积133平方米,最高点高程4米。为基岩岛。岛上无植被。属未开发无居民海岛。

内伶仃南岛
Nèilíngdīng NánDǎo
[地名代码] 44030599911500000008

属岛屿。位于内伶仃岛的南面,故名。近陆距离10.04千米,岸线长40米,陆域面积113平方米,最高点高程3米。为基岩岛。岛上无植被。属未开发无居民海岛。

深圳铜锣排
Shēnzhèn Tóngluó Pái
[地名代码] 44030500513450000008

属岛屿。因岛形似若干大小不同的圆形铜锣,故名。近陆距离8.08千米,岸线长40米,岛长0.33千米,宽0.24千米,海拔20米,陆域面积113平方米,最高点高程1.50米。为基岩岛,由中粒斑状花岗岩组成。周围水深1.70米~3.50米。岛上无植被。属未开发无居民海岛。

第三编
交通设施

一、城镇交通运输

1. 城市道路

滨海大道
Bīnhǎi Dàdào

[地名代码] 44030499923511000002（福田区）
44030599923511000002（南山区）

属快速路。因道路靠近海岸，故名。1999年始建，当年9月建成。跨福田区、南山区。主道双向8车道，辅道双向6车道。东西走向，起于南海大道，止于广深高速公路。路长12743米，标准路宽102米。途经深圳湾体育中心、福田红树林自然保护区等。

北环大道
Běihuán Dàdào

[地名代码] 44030599923511000004（南山区）
44030499923511000003（福田区）

属快速路。因位于原深圳经济特区北部，且横贯东部、西部，故名。1993年始建，1994年建成。跨南山区、福田区、罗湖区。双向8车道。东西走向，起于月亮湾大道，止于泥岗西路。路长19354米，标准路宽115米。途经梅林水厂、莲花北村、笔架山等。

南坪大道
Nánpíng Dàdào

[地名代码] 44030599923511000001（南山区）
44030699923511000003（龙华区）
44030799923511000001（龙岗区）

属快速路。因道路起于南山区，止于坪山区，故名。2005年12月始建，2007年10月建成。跨南山区、龙华区、龙岗区、坪山区。双向6车道。东西走向，起于南光高速公

路，止于水官高速公路。路长24030米，标准路宽60米。途经雅宝水库、白沙物流园、星河丹堤花园等，相交道路有玉龙路、坂雪岗大道等。

沙河西路
Shāhé Xīlù

[地名代码] 44030599923511000003

属快速路。因位于大沙河西侧，故名。1994年1月始建，1996年建成。位于南山区。双向8车道。南北走向，起于望海路，止于松白路。路长14380米，标准路宽51米。途经深圳湾公路大桥、白芒检查站、阳光带海滨城等。

月亮湾大道
Yuèliàngwān Dàdào

[地名代码] 44030599923511000005

属快速路。因是月亮湾片区的主要道路，故名。1993年建成，2004年原港湾大道与月亮湾大道合并。位于南山区。双向8车道。东北—西南走向，起于妈湾大道，止于北环大道。路长8220米，标准路宽68米。途经鲤鱼门、月亮湾公交综合车场等。

深南大道
Shēnnán Dàdào

[地名代码] 44030499923512000008（福田区）
44030599923512000008（南山区）

属主干路。因建设之初为从深圳镇通往南头的道路，故称"深南路"。后经过多次改造升级，改称"深南大道"。1979年7月始建，1993年全线贯通。1997年从上海宾馆往西拓宽车道并在路两侧增加绿化，2006年与宝安大道连接，2014年实施交通改善工程。跨福田区与南山区。双向10车道。东西走向，起于原南头检查站，止于皇岗南路。路长25877米，标准路宽100米。途经市民中心广场、福田CBD、深圳

大学、南头古城等，相交道路有新洲路、南山大道、宝安大道等。

南山大道
Nánshān Dàdào

[地名代码] 44030599923512000012

　　属主干路。因是纵贯南山区的主干道，故名。1985年建成。位于南山区。双向6车道。南北走向，起于中山园路，止于东滨路。路长5662米，标准路宽50米。途经南山公安分局、南山区人民医院、南山肉联厂等。

南海大道
Nánhǎi Dàdào

[地名代码] 44030599923512000011

　　属主干路。2004年麒麟路、南油大道、工业大道合并，称"南海大道"。位于南山区。双向6车道。南北走向，起于港湾大道，止于广深高速公路。路长9910米，标准路宽64米。途经红珠岭、南油大厦、龙城花园等。

妈湾大道
Māwān Dàdào

[地名代码] 44030599923512000010

　　属主干路。因邻近妈湾，故名。位于南山区。双向4车道。南北走向，起于听海路，止于右炮台路。路长5370米，标准路宽37米。途经赤湾集装箱码头有限公司、妈湾油库、右炮台。

后海大道
Hòuhǎi Dàdào

[地名代码] 44030599923512000003

　　属主干路。因是后海片区的主要道路，故名。位于南山区。双向6车道。南北走向，起于白石路，止于科苑南路。路长4520米，标准路宽60米。途经后海村、深圳市南山区后海小学等。

龙珠大道
Lóngzhū Dàdào

[地名代码] 44030500823512000000

　　属主干路。因连接龙井村与珠光村，故名。位于南山区。双向6车道。东南—西北走向，起于沙河西路，止于北环大道。路长4270米，标准路宽62米。途经龙联花园、香榭峰景苑、深圳大学城桃苑实验学校等。

松白路
Sōngbái Lù

[地名代码] 44030599923512000005（南山区）
　　　　　 44030699923512000021（宝安区）

　　属主干路。因道路北起松岗、南至白芒，故名。1995年建成，2008年起先后进行两次改造工程，2013年改造完成。跨南山区与宝安区。双向8车道。东南—西北走向，起于沙河西路，止于广深路。路长24380米，标准路宽64米。途经宏发科技园、石岩社区公园等，相交道路有松明大道、松岗大道等。

白石路
Báishí Lù

[地名代码] 44030499923512000002（福田区）
　　　　　 44030599923512000006（南山区）

　　属主干路。因道路经过白石洲，故名。1993年始建，1996年建成。跨福田区和南山区。双向8车道。东西走向，起于后海大道，止于欢乐海岸。路长11902米，标准路宽54米。途经桂庙新村、欢乐海岸等。

侨香路
Qiáoxiāng Lù

[地名代码] 44030499923512000005（福田区）
　　　　　 44030500323512000002（南山区）

属主干路。因道路连接华侨城与香蜜湖，故名。1980年建成。跨福田区与南山区。双向6车道。东西走向，起于北环大道，止于香梅路。路长7168米，标准路宽90米。途经沙河工业区、深圳市人民警察学校等，相交道路有香蜜湖路、北环大道等。

深云路
Shēnyún Lù

[地名代码] 44030599923512000002

属主干路。因邻近深云石场，故名。1995年建成。位于南山区。双向6车道。南北走向，起于龙苑路，止于侨香路。路长1620米，标准路宽45米。途经北环龙珠立交桥等。

粤海创业路
Yuèhǎi Chuàngyè Lù

[地名代码] 44030599923512000004

属主干路。1988年始建，1989年建成。位于南山区。双向6车道。东西走向，起于南山大道，止于科苑南路。路长2900米，标准路宽42米。途经怡海广场、海王大厦等。

科苑北路
Kēyuàn Běilù

[地名代码] 44030599923512000007

属主干路。因是科技园片区主干路北段，故名。1987年始建，1991年建成。位于南山区。南北走向，起于深南大道，止于宝深路。路长2400米，标准路宽42米。途经北环科苑立交桥、深南花园、科技园金融基地等。

科苑南路
Kēyuàn Nánlù

[地名代码] 44030599923512000009

属主干路。因是科技园片区主干路南段，故名。位于南山区。双向6车道。南北走向，

起于深南大道，止于一号仓库。路长6480米，标准路宽52米。途经鸿威海怡湾、三湘海尚花园、浅水湾花园等。

东滨路
Dōngbīn Lù

[地名代码] 44030599923512000013

属主干路。原称"工业十路"，2004年改为"东滨路"。位于南山区。双向8车道。东西走向，起于沙河西路，止于月亮湾大道。路长7450米，标准路宽48米。途经濠盛商务中心、深圳市南山区后海小学等。

留仙大道
Liúxiān Dàdào

[地名代码]　44030599923513000009（南山区）
　　　　　　44030699923513000020（宝安区）

属次干路。因道路途经留仙洞，故名。跨南山区、宝安区、龙华区。双向10车道。东西走向，起于龙华大道，止于留仙三路。路长12978米，标准路宽70米。途经石塘、深圳北站、天辅星大厦等，相交道路有福龙路、致远中路、梅龙大道等。

港湾大道
Gǎngwān Dàdào

[地名代码] 44030500623513000001

属次干路。因是位于沿海港湾的主要道路，故名。1981年5月建成。属招商街道。双向4车道。东北—西南走向，起于兴海大道，止于南海大道。路长1460米，路宽17米。途经蛇口工业区、大成食品有限公司等。

学苑大道
Xuéyuàn Dàdào

[地名代码] 44030500823513000001

属次干路。因邻近深圳大学城，故名。

位于南山区。双向4车道。东西走向，起于留仙大道西，止于留仙大道东。路长5890米，标准路宽31米。途经桃源街道、塘朗工业区等。

茶光大道
Cháguāng Dàdào

[地名代码] 44030500923513000005

属次干路。因邻近茶光社区，故名。位于南山区。双向8车道。东西走向，起于同乐路，止于沙河西路。路长2170米，标准路宽74米。途经深圳集成电路产业园、文光村等。

兴海大道
Xīnghǎi Dàdào

[地名代码] 44030599923513000011

属次干路。位于南山区。双向6车道。东南—西北走向，起于蛇口码头，止于航海路。路长8082米，标准路宽100米。途经蛇口工业区、月亮湾小学、蛇口海关查验中心等。

桃园路
Táoyuán Lù

[地名代码] 44030500123513000001

属次干路。1991年7月建成。位于南山区。双向4车道。东西走向，起于月亮湾大道，止于南海大道。路长3080米，标准路宽36米。途经前海花园、大新村、南山区人民医院等。

玉泉路
Yùquán Lù

[地名代码] 44030500123513000003

属次干路。因玉泉园艺植物育苗场而得名。1994年4月建成。位于南头街道。双向6车道。东西走向，起于南山大道，止于南海大道。路长1050米，路宽15米。途经马家龙工业区、南山区人民法院、南山区国家税务局等。

临海大道
Línhǎi Dàdào

[地名代码] 44030500223513000001

属次干路。因道路临近大海，故名。位于南山街道。双向6车道。东北—西南走向。起于妈湾大道，止于兴海大道。路长1450米，路宽30米。途经蛇口海关查验中心等。

桂庙路
Guìmiào Lù

[地名代码] 44030500223513000003

属次干路。因邻近桂庙社区，故名。1993年始建，2000年建成。位于南山区。双向8车道。东西走向，起于月亮湾大道，止于南海大道。路长2070米，标准路宽56米。途经向南西海花园、桂珠苑等。

石洲中路
Shízhōu Zhōnglù

[地名代码] 44030500323513000001

属次干路。因位于白石洲东与白石洲西之间，故名。1994年始建，1995年建成。属沙河街道。双向4车道。南北走向，起于深南大道，止于白石路。路长980米，路宽15米。途经博耐建材家具广场、南山中英文学校、吉洲大楼、京基百纳广场等。

香山西街
Xiāngshān Xījiē

[地名代码] 44030500323513000002

属次干路。因位于香山之西，故名。1998年建成。属沙河街道。双向4车道。东西走向，起于沙河东路，止于侨香路。路长1520米，路宽15米。途经纯水岸、华侨城高尔夫俱乐部、首地容御、南山第二实验学校等。

公园路
Gōngyuán Lù

[地名代码] 44030500623513000002

　　属次干路。因途经四海公园，故名。1985年建成。属招商街道。双向4车道。南北走向，起于招商路，止于工业八路。路长1010米，路宽15米。途经招商路居民委员会、深圳平安保险公司蛇口证券营业部、蛇口体育中心、蛇口文化广场等。

太子路
Tàizǐ Lù

[地名代码] 44030500623513000003

　　属次干路。取自黄庭坚的诗《颜阖》中"起作太子客"一句，故名。1985年建成。属招商街道。双向4车道。南北走向，起于工业一路，止于南水路。路长1120米，路宽16米。途经发胜大楼、海洋石油大厦、金融中心、中国海洋石油等。

铜鼓路
Tónggǔ Lù

[地名代码] 44030500723513000004

　　属次干路。因位于原铜鼓岭旁，故名。属粤海街道。双向4车道。南北走向，起于深南大道，止于北环大道。路长1400米，路宽12米。途经深圳市南山外国语学校（集团）总部及下属文华学校、大冲村、科苑学里揽翠居等。

高新南十道
Gāoxīn Nánshídào

[地名代码] 44030500723513000007

　　属次干路。位于南山区。双向4车道。东西走向，起于白石路，止于沙河西路。路长2090米，标准路宽25米。途经桂庙新村、卓越浅水湾花园、中地大楼等。

科发路
Kēfā Lù

[地名代码] 44030500723513000008

　　属次干路。因寓意"科技工业园不断发展，不断壮大"，故名。1986年2月建成。属粤海街道。双向4车道。东西走向，起于科苑路，止于铜鼓路。路长870米，路宽15米。途经中国长城计算机集团公司大厦、科技园总公司大厦、深圳康泰生物制品有限公司1号楼、维用科技大厦等。

科技南路
Kējì Nánlù

[地名代码] 44030500723513000010

　　属次干路。因位于科技园南区，故名。位于南山区。双向4车道。南北走向，起于滨海大道，止于深南大道。路长2070米，标准路宽36米。途经阳光带海滨城、留学生创业大厦、滨福世纪广场等。

科丰路
Kēfēng Lù

[地名代码] 44030500723513000014

　　属次干路。因位于科技园，意为科学研究硕果累累，故名。1993年建成。属粤海街道。双向2车道。东西走向，起于科苑路，止于铜鼓路。路长850米，路宽8米。途经特发信息科技大厦、金达公司大厦、翠岭居小区、科苑学里揽翠居等。

龙井路
Lóngjǐng Lù

[地名代码] 44030500823513000004

　　属次干路。因邻近龙井村，故名。1956年建成，1988年改造完成。位于南山区。双向4车道。东南—西北走向，起于龙珠一路，止于龙珠八路。路长3610米，标准路宽35米。途经桃源村、龙辉花园、光前村、龙井村等。

宝深路
Bǎoshēn Lù

[地名代码] 44030500923513000001

　　属次干路。原为宝安至深圳的公路，故名。1991年建成。位于南山区。双向4车道。东西走向，起于科技北一路，止于沙河西路。路长2210米，标准路宽26米。途经航天微电机大厦、松坪山第五工业村、松坪学校等。

同乐路
Tónglè Lù

[地名代码] 44030500923513000002

　　属次干路。因通往同乐社区，故名。位于南山区。双向6车道。南北走向，起于南海大道，止于沙河西路。路长5160米，标准路宽62米。途经留仙小学、留仙洞等。

朗山路
Lǎngshān Lù

[地名代码] 44030500923513000003

　　属次干路。位于南山区。双向4车道。东西走向，起于南海大道，止于沙河西路。路长2480米，标准路宽35米。途经松坪山公交综合车场、奥林巴斯产业园等。

石鼓路
Shígǔ Lù

[地名代码] 44030500923513000004

　　属次干路。因道路经过石鼓花园，故名。属西丽街道。双向6车道。南北走向。起于茶光大道，止于官龙路。路长1910米，路宽28米。途经深圳市南山区南方科技大学医院、深圳市南山区西丽第二小学、石鼓花园、深圳市西丽第二中学等。

动物园路
Dòngwùyuán Lù

[地名代码] 44030599923513000001

　　属次干路。原西丽湖路。位于南山区。双向4车道。东北—西南走向，起于沙河西路，止于沁园路。路长2210米，标准路宽31米。途经深圳野生动物园。

中山园路
Zhōngshānyuán Lù

[地名代码] 44030599923513000004

　　属次干路。因途经中山公园，故名。位于南山区。双向6车道。东北—西南走向，起于同乐路，止于南山大道。路长2310米，标准路宽56米。途经南山肉联厂、君翔达大楼等。

工业七路
Gōngyè Qīlù

[地名代码] 44030599923513000005

　　属次干路。1993年建成。位于南山区。双向4车道。东西走向，起于沿山路，止于后海滨路。路长2170米，标准路宽32米。途经龙尾村、卓越维港名苑、四海公园等。

望海路
Wànghǎi Lù

[地名代码] 44030599923513000006

　　属次干路。因紧邻深圳湾、临海而建，故名。位于南山区。双向6车道。东西走向，起于工业一路，止于沙河西路。路长6390米，标准路宽37米。途经蛇口广场、蛇口海关缉私大楼、海湾小学等。

后海滨路
Hòuhǎibīn Lù

[地名代码] 44030599923513000007

属次干路。位于南山区。双向8车道。南北走向，起于滨海大道，止于科苑南路。路长3890米，标准路宽57米。途经深圳市南山区第二外国语学校（集团）、保利文化广场、君汇新天花园等。

南光路
Nánguāng Lù

[地名代码] 44030599923513000008

属次干路。1990年建成。位于南山区。双向4车道。南北走向，起于深南大道，止于东滨路。路长3750米，标准路宽15米。途经南苑小区、正龙村、荔香公园等。

沙河东路
Shāhé Dōnglù

[地名代码] 44030599923513000010

属次干路。因位于大沙河东侧，故名。位于南山区。双向8车道。南北走向，起于龙井路，止于滨海大道。路长4740米，标准路宽55米。途经中信红树湾花城、信鹏大楼、中侨花园等。

南新路
Nánxīn Lù

[地名代码] 44030599923513000013

属次干路。1994年建成。位于南山区。双向6车道。南北走向，起于深南大道，止于东滨路。路长3410米，标准路宽34米。途经南山村、德源花园、南山区人民法院等。

登良路
Dēngliáng Lù

[地名代码] 44030599923513000014

属次干路。为纪念吴登良而命名。1986年建成。位于南山区。双向4车道。东西走向，起于南新路，止于后海滨路。路长2350米，标

准路宽20米。途经后海村、登良花园、蔚蓝海岸社区、南油大厦等。

前海路
Qiánhǎi Lù

[地名代码] 44030599923513000015

属次干路。1996年建成。位于南山区。双向6车道。东北—西南走向，起于深南大道，止于兴海大道。路长7250米，标准路宽52米。途经深圳大学师范学院附属中学、诺德假日花园、大新村等。

南德街
Nándé Jiē

[地名代码] 44030500123514000005

属支路。由原中山东街、中山西街更名，又因位于南头古城，寓意古城人民有仁德之心，故名。位于南头街道。东西走向，起于南头文化街，止于南山大道。路长528米，路宽6米。途经南中工业大厦等。

大新路
Dàxīn Lù

[地名代码] 44030500123514000032

属支路。由原虹发路与大新路合并更名为大新路。位于南头街道。东西走向，起于南山大道，止于南海大道。路长1068米，路宽9米。途经马家龙社区居委会、创新大厦、祥泰公寓、万利加大楼等。

南头街
Nántóu Jiē

[地名代码] 44030500123514000037

属支路。因位于南头，且是该地区一条主要道路，故名。位于南头街道。东西走向，起于前海路，止于南光路。路长1273米，路宽12米。途经深圳市南山实验教育集团南头小学

分部、深圳市南山区大新小学、深圳市南山区人民法院等。

粤海路
Yuèhǎi Lù

[地名代码] 44030500223514000003

　　属支路。因靠近粤海小区，故名。位于南山街道。东南—西北走向，起于南光路，止于南海大道。路长565米，路宽8米。途经融汇楼、金晖大厦等。

向南路
Xiàngnán Lù

[地名代码] 44030500223514000009

　　属支路。因位于向南村，故名。属南山街道。双向2车道，东北—西南走向，与登良路、东滨路相接。路长1121米，路宽10米。途经福满园、西通口和谐社区公园、汉京大厦等。

右炮台路
Yòupàotái Lù

[地名代码] 44030500223514000010

　　属支路。因道路途经右炮台，故名。属南山街道。双向4车道。东北—西南走向，起于赤湾四路，止于妈湾大道。路长615米，标准路宽21米。

前湾四路
Qiánwān Sìlù

[地名代码] 44030500223514000026

　　属支路。位于南山区。双向6车道。东南—西北走向，起于听海路，止于振海路。路长2003米，标准路宽43米。

听海路
Tīnghǎi Lù

[地名代码] 44030500223514000031

　　属支路。位于南山区。双向6车道。东西走向，起于前湾四路，止于妈湾大道。路长1619米，标准路宽43米。途经招商物流园等，相交道路有通海路、妈湾二路等。

听海大道
Tīnghǎi Dàdào

[地名代码] 44030500223514000033

　　属支路。原航海路。位于南山区。双向4车道。东西走向，起于前湾四路，止于妈湾大道。路长1836米，标准路宽38米。

石洲北路
Shízhōu Běilù

[地名代码] 44030500323514000004

　　属支路。因位于白石洲以北，故名。属沙河街道。东西走向，起于沙河东路，止于石洲中路。路长293米，路宽10米。途经沙河高尔夫球会等。

汕头街
Shàntóu Jiē

[地名代码] 44030500323514000006

　　属支路。因广东汕头得名。属沙河街道。南北走向，起于香山东街，止于深南大道。路长617米，路宽8米。途经康佳集团、亚狮龙羽毛球俱乐部、香山街社区居委会、东园综合楼等。

侨城西街
Qiáochéng Xījiē

[地名代码] 44030500323514000013

　　属支路。因位于华侨城西部，故名。属沙河街道。东西走向，起于深南大道，止于兴隆西街。路长821米，路宽15米。途经深圳威尼斯酒店等。

沙河街

Shāhé Jiē

[地名代码]　44030500323514000019

　　属支路。因位于沙河街道，故名。南北走向，起于香山西街，止于深南大道。路长1132米，路宽9米。途经沙河工业城、下白石新村等。

红树街

Hóngshù Jiē

[地名代码]　44030500323514000022

　　属支路。因临近华侨城湿地，多红树林，故名。属沙河街道。东西走向，起于深湾二路，止于石洲中路。路长776米，路宽6米。途经白石洲村、御景东方花园、丽景商务酒店等。

光华街

Guānghuá Jiē

[地名代码]　44030500323514000042

　　属支路。因位于光华街社区，故名。属沙河街道。东西走向，起于南山光侨街，止于汕头街。路长500米，路宽6米。途经康佳集团、华侨城保龄球馆等。

渔村路

Yúcūn Lù

[地名代码]　44030500523514000001

　　属支路。位于南山区。双向3车道。东北—西南走向，起于后海大道，止于蛇口老街。路长1293米，标准路宽14米。途经蛇口人民医院、龙电大厦等。

蛇口新街

Shékǒu Xīnjiē

[地名代码]　44030500523514000003

　　属支路。因位于蛇口，属新规划道路，与蛇口老街相对而称，故名。1995年始建，属蛇口街道。双向4车道，东西走向，起于公园南路，止于湾厦路。路长651米，路宽20米。途经南山区蛇口人民医院等，相交道路有中心路、后海滨路、后海大道、石云路和公园南路等。

蛇口老街

Shékǒu Lǎojiē

[地名代码]　44030500523514000007

　　属支路。位于南山区。双向4车道。东西走向，起于公园南路，止于湾厦路。路长639米，标准路宽18米。途经海湾广场等。

海昌街

Hǎichāng Jiē

[地名代码]　44030500523514000014

　　属支路。因位于海昌社区，故名。属蛇口街道。东西走向，起于兴全二路，止于公园南路。路长531米，路宽8米。途经海湾广场等。

工业八路

Gōngyè Bālù

[地名代码]　44030500623514000002

　　属支路。属招商街道。双向4车道。东西走向，起于沿山路，止于科苑南路。路长3216米，标准路宽21米。途经蛇口花园城商业中心、西通和谐公园、欣泰大厦等。

松湖路

Sōnghú Lù

[地名代码]　44030500623514000016

　　属支路。因位于松湖公寓，故名。属招商街道。东南—西北走向，起于兴海大道，止于港湾大道。路长644米，路宽9米。途经大成食品有限公司、松湖公寓等。

水湾路

Shuǐwān Lù

[地名代码]　44030500623514000037

属支路。因靠近水湾，故名。属招商街道。南北走向，起于工业六路，止于商乐街。路长486米，路宽12米。途经蛇口春天商住楼、招商大厦、育才中学等。

左炮台路
Zuǒpàotái Lù

[地名代码]　44030500623514000042

属支路。因道路途经左炮台，故名。属招商街道。双向4车道。东北—西南走向，起于赤湾六路，止于赤湾路。路长2080米，标准路宽19米。途经边防武警三中队、深圳蓝邦海洋工程有限公司等，相交道路有赤湾二路等。

荔园路
Lìyuán Lù

[地名代码]　44030500623514000057

属支路。因南山盛产荔枝，故名。属招商街道。东北—西南走向，起于后海大道，止于南水路。路长2286米，路宽12米。途经南玻集团、蛇口体育中心、蛇口文化广场等。

赤湾路
Chìwān Lù

[地名代码]　44030500623514000065

属支路。因位于赤湾，故名。属招商街道。东西走向，起于天祥路，止于海湾路。路长942米，路宽7米。途经广东耀皮玻璃有限公司、中国太阳石油公司等。

文华路
Wénhuá Lù

[地名代码]　44030500723514000014

属支路。因此路临近学校，取与"文化"谐音的"文华"命名。属粤海街道。东西走

向，起于科伟路，止于铜鼓路。路长783米，路宽7米。途经深圳市南山外国语学校（集团）及下属文华学校、南头水厂等。

学海路
Xuéhǎi Lù

[地名代码]　44030500723514000026

属支路。名称取自诗句"学海无涯苦作舟"。属粤海街道。东南—西北走向，起于学府路，止于勤学路。路长379米，路宽12米。途经学林雅院、海文花园等。

高新南九道
Gāoxīn Nánjiǔdào

[地名代码]　44030500723514000045

属支路。属粤海街道。双向4车道。东北—西南走向，起于沙河西路，止于滨海大道。路长2258米，标准路宽27米。途经深圳市南山区第二外国语学校、深圳虚拟大学园重点实验室（工程中心）平台大楼等。

高新南环路
Gāoxīn Nánhuán Lù

[地名代码]　44030500723514000072

属支路。属粤海街道。双向4车道。为环形道路。路长2750米，标准路宽25米。途经海怡东方花园等，相交道路有科技南路、高新南九道等。

光前路
Guāngqián Lù

[地名代码]　44030500823514000014

属支路。因位于光前村，故名。属桃源街道。南北走向，起于前达路，止于龙井路。路长439米，路宽6米。途经南山区珠光小学等。

珠光路

Zhūguāng Lù

[地名代码] 44030500823514000017

　　属支路。属桃源街道。双向4车道。东南—西北走向，起于沙河西路，止于龙珠大道。路长1892米，标准路宽23米。途经西丽体育中心、龙联花园等，相交道路有龙珠一路等。

同发路

Tóngfā Lù

[地名代码] 44030500923514000001

　　属支路。因寓意"共同发展"，故名。属西丽街道。南北走向，起于沙河西路，止于留仙大道。路长1517米，路宽22米。途经深圳市实验学校高中部、凯达尔集团中心大厦等。

松坪街

Sōngpíng Jiē

[地名代码] 44030500923514000002

　　属支路。因位于松坪山，故名。属西丽街道。南北走向，起于宝深路，止于北环大道。路长797米，路宽7米。途经深圳市南山区松坪学校等。

文苑路

Wényuàn Lù

[地名代码] 44030500923514000003

　　属支路。因位于丽苑，取"文雅"之意，故名。属西丽街道。东南—西北走向，起于新光路，止于丽苑路。路长312米，路宽8米。途经西丽工业区等。

官龙路

Guānlóng Lù

[地名代码] 44030500923514000006

　　属支路。因经过官龙村，故名。属西丽街道。东西走向，起于同发路，止于新高路。路长729米，路宽7米。途经深圳市实验学校高中部、学子荔园等。

留仙洞路

Liúxiāndòng Lù

[地名代码] 44030500923514000028

　　属支路。因位于留仙洞村，故名。属西丽街道。东西走向，起于同乐路，止于留仙大道。路长691米，路宽8米。途经金亿莱工业园等。

打石一路

Dǎshí Yīlù

[地名代码] 44030500923514000035

　　属支路。因邻近打石山，故名。属西丽街道。双向4车道。东西走向，起于同乐路，止于石鼓路。路长2044米，标准路宽39米。途经西丽生态公园、深圳市第二高级中学等，相交道路有创研路、创科路等。

丽水路

Lìshuǐ Lù

[地名代码] 44030599923514000003

　　属支路。双向4车道。东南—西北走向，起于西丽湖路，止于留仙大道。路长2985米，标准路宽26米。途经北京大学深圳研究生院、清华大学深圳研究生院、深圳大学城体育中心体育馆，相交道路有学苑大道、西丽春园路等。

学府路

Xuéfǔ Lù

[地名代码] 44030599923514000006

　　属支路。因邻近深圳大学，故名。跨粤海街道、南头街道。双向4车道。东西走向，起于白石路，止于月亮湾大道。路长2965

米，标准路宽20米。途经怡园大厦、阳光华艺大厦、学林雅院等，相交道路有前海路、常兴路等。

中心路
Zhōngxīn Lù

[地名代码] 44030599923514000014

　　属支路。因其中心有条河，故名。南北走向，起于望海路，止于海德三道。路长3656米，路宽10米，跨蛇口街道、招商街道、粤海街道。沿途经过阳光海滨花园、卓越维港名苑、后海南河等。

2. 轨道交通线、站点、场

轨道交通1号线
Guǐdào Jiāotōng 1 Hào Xiàn

[地名代码] 44030399923520000003（罗湖区）
　　　　　44030499923520000002（福田区）
　　　　　44030599923520000003（南山区）
　　　　　44030699923520000003（宝安区）

　　属轨道交通线。因在深圳轨道交通线路规划中排序第一，故名。一期工程于1998年12月始建，2004年建成通车；二期工程于2005年3月始建，2011年6月建成通车。初称"1号线"，2008年8月改称"罗宝线"，2009年重新更名为"1号线"。跨罗湖区、福田区、南山区、宝安区。大致呈东西走向。共30个站点，东起罗湖站，西至机场东站。全长41千米。

轨道交通2号线
Guǐdào Jiāotōng 2 Hào Xiàn

[地名代码] 44030399923520000001（罗湖区）
　　　　　44030499923520000001（福田区）
　　　　　44030599923520000001（南山区）

属轨道交通线。因在深圳轨道交通线路规划中排序第二，故名。初期工程于2007年4月始建，2010年12月建成通车；东延线于2008年1月始建，2011年6月建成通车。初称"2号线"，2008年4月改称"蛇口线"，2014年重新更名为"2号线"。跨罗湖区、福田区、南山区。大致呈东西走向。共32个站点，东起莲塘站，西至赤湾站。全长39千米。

轨道交通5号线
Guǐdào Jiāotōng 5 Hào Xiàn

[地名代码] 44030399923520000004（罗湖区）
　　　　　44030599923520000002（南山区）
　　　　　44030799923520000002（龙岗区）
　　　　　44030699923520000001（宝安区）

　　属轨道交通线。因在深圳轨道交通线路规划中排序第五，故名。2007年12月始建，2011年6月建成通车。初称"5号线"，2008年4月改称"环中线"，2014年重新更名为"5号线"。跨罗湖区、南山区、宝安区、龙岗区。大致呈东西走向。共34个站点，东起黄贝岭站，西至赤湾站。全长48千米。

轨道交通7号线
Guǐdào Jiāotōng 7 Hào Xiàn

[地名代码] 44030399923520000005

　　属轨道交通线。因在深圳轨道交通线路规划中排序第七，故名。2012年10月始建，2016年10月建成通车。跨罗湖区、福田区、南山区。大致呈东西走向。共28个站点，东起太安站，西至西丽湖站。全长30千米。

轨道交通9号线
Guǐdào Jiāotōng 9 Hào Xiàn

[地名代码] 44030399923520000006

　　属轨道交通线。因在深圳轨道交通线路规划中排序第九，故名。一期工程于2012年8

月始建，2016年10月建成通车；二期工程于2018年9月始建，2019年12月建成通车。跨罗湖区、福田区、南山区。大致呈东西走向。共32个站点，东起文锦站，西至前湾站。全长36千米。

轨道交通11号线
Guǐdào Jiāotōng 11 Hào Xiàn

[地名代码] 44030499923520000005

属轨道交通线。因在深圳轨道交通线路规划中排序第十一，故名。2012年4月始建，2016年6月建成通车。跨福田区、南山区、宝安区。大致呈南北走向。共19个站点，南起岗厦北站，北至碧头站。全长52千米。2019年12月，深圳轨道交通11号线工程荣获"中国建设工程鲁班奖"。

轨道交通12号线
Guǐdào Jiāotōng 12 Hào Xiàn

[地名代码] 44030499923520000005

属轨道交通线。因在深圳轨道交通线路规划中排序第十二，故名。2018年10月始建，2022年11月建成通车。跨南山区、宝安区。大致呈南北走向。共33个站点，南起左炮台东站，北至海上田园东站。全长40.56千米。采用自动化无人驾驶技术。

前海湾站
Qiánhǎiwān Zhàn

[地名代码] 44030500123530000004

属轨道交通站点。因位于前海片区，故名。2004年开通运营。位于南山区南山街道，梦海大道与桂湾三路交会处西北侧。为换乘站，停靠线路有轨道交通1号线、轨道交通5号线、轨道交通11号线。

3. 城市公交场站

世界之窗地铁公交接驳站
Shìjièzhīchuāng Dìtiě Gōngjiāo Jiēbózhàn

[地名代码] 44030500323530000001

属城市公交场站。因邻近世界之窗，故名。2005年9月开通运营。位于南山区沙河街道，深南大道以西、世界之窗段地下一层。占地面积6500平方米。主要为1号线、2号线地铁到站乘客进行公交接驳分流。已开通42路（世界之窗—月亮湾填海区）、43路（世界之窗—大学城南门）、66路（世界之窗—王京坑村）、70路（世界之窗—蛇口SCT码头）、72路（世界之窗—东角头）、78路（世界之窗—南山检查站）、392路（世界之窗—石岩湖度假村）、392区间线（世界之窗—恩斯迈公司）共8条公交线路。

深圳湾口岸公交总站
Shēnzhènwān Kǒu'àn Gōngjiāo Zǒngzhàn

[地名代码] 44030500623530000001

属城市公交场站。因邻近深圳湾口岸，故名。2009年8月开通运营。位于南山区蛇口街道，深圳湾口岸广场处。占地面积7000平方米。主要为深圳湾口岸出入境旅客进行公交接驳分流。已开通B794路（深圳湾口岸—南山中心区）、123路（深圳湾口岸—德兴花园）、B602路（深圳湾口岸—海上世界）等11条公交线路。

科技园公交总站
Kējìyuán Gōngjiāo Zǒngzhàn

[地名代码] 44030500723530000001

属城市公交场站。因位于高新科技工业园内，故名。2004年10月开通运营。位于南山区粤海街道，高新南四道与科技南八道交会处西南侧。占地面积4465平方米。主要为方便高新科技工业园区员工上下班乘车。已开通365路（科技园—坪山）、45路（科技园—上梅林）、383路（科技园—布吉）等13条公交线路。

南山中心区公交总站
Nánshān Zhōngxīnqū Gōngjiāo Zǒngzhàn

[地名代码] 44030500723530000004

　　属城市公交场站。因邻近南山中心商住区，故名。2007年8月开通运营。位于南山区粤海街道，滨海大道与文心五路交会处东南侧。占地面积5900平方米。主要为方便南山中心商住区周边市民就近出行。已开通121路（南山中心区—民田路站）、B605路（南山中心区—桃花园总站）、M208路（南山中心区—留仙居）等12条公交线路。

月亮湾公交综合车场
Yuèliàngwān Gōngjiāo Zōnghé Chēchǎng

[地名代码] 44030500223530000000

　　属城市公交场站。因位于南山月亮湾片区，故名。2010年1月开通运营。位于南山区南山街道，妈湾大道与月亮湾大道交会处东南侧。占地面积19998平方米。以车辆停放、二级保养为核心功能，兼具一级保养、车辆清洗和运营管理等辅助功能。已开通396路（月亮湾—宝安客运中心）、81路（月亮湾—西丽）、M347路（月亮湾—深圳北站）共3条公交线路。

二、交通附属设施

1. 桥梁

深圳湾公路大桥
Shēnzhènwān Gōnglù Dàqiáo

[地名代码] 44030500523610000000

　　属桥梁。2003年始建，2007年建成。由深圳和香港共同投资兴建。属蛇口街道。是深圳通往香港的公路桥，跨望海路，接口岸联络道。桥长5545米，标准路宽39米，桥下净空4.20米。为钢筋混凝土结构，最大载重量40吨。

深南北环立交桥
Shēnnán Běihuán Lìjiāoqiáo

[地名代码] 44030500123610000002

　　属桥梁。因位于深南大道与北环大道交叉处，故名。1991年始建，1993年建成。属南头街道。跨月亮湾大道、深南大道。桥下净空6米。为钢筋混凝土结构，最大载重量40吨。

深南科苑立交桥
Shēnnán Kēyuàn Lìjiāoqiáo

[地名代码] 44030500723610000005

　　属桥梁。因横跨深南大道和科苑路，故名。1987年始建，1991年建成。属粤海街道。跨深南大道与科苑南路，东西走向。桥长472.94米，宽27.51米，高6米。为钢筋混凝土结构，最大载重量25吨。

北环南山立交桥
Běihuán Nánshān Lìjiāoqiáo

[地名代码] 44030500123610000003

　　属桥梁。因位于北环路与南山大道交叉处，故名。1983年始建，1985年建成。属南山街道。为南山大道跨北环大道的立交桥。桥下净空6米。为钢筋混凝土结构，最大载重量15吨。

北环麒麟立交桥
Běihuán Qílín Lìjiāoqiáo

[地名代码] 44030500123610000010

　　属桥梁。因位于北环大道与麒麟路交叉处，故名。2002年始建，2004年建成。属南头街道。为南海大道跨北环大道的立交桥。桥下净空6米。为钢筋混凝土结构，最大载重量30吨。

北环高发天桥
Běihuán Gāofā Tiānqiáo

[地名代码] 44030500323610000003

　　属桥梁。因横跨北环，且靠近高发工业区，故名。2001年始建，2002年建成。属沙河街道。跨北环大道，南北走向，接桃源街道和沙河街道。桥长64.57米，宽5.58米，高5米。为钢结构，最大载重量15吨。

北环科苑立交桥
Běihuán Kēyuàn Lìjiāoqiáo

[地名代码] 44030500923610000001

　　属桥梁。因位于北环大道与科苑路的交会处，故名。1993年3月始建，1993年12月建成。属西丽街道，跨北环大道与科苑路。主桥长61米，宽36米，高5.50米。为钢筋混凝土结构，最大载重量60吨。

滨海南油立交桥
Bīnhǎi Nányóu Lìjiāoqiáo

[地名代码] 44030500223610000002

　　属桥梁。因位于滨海大道与南海大道（由麒麟路、南油大道、工业大道合并而来）交叉处，故名。2002年始建，2004年建成。属南山街道。为南海大道跨滨海大道的立交桥。桥下净空6米。为钢筋混凝土结构，最大载重量25吨。

滨海海滨立交桥
Bīnhǎi Hǎibīn Lìjiāoqiáo

[地名代码] 44030500723610000001

属桥梁。因位于滨海大道与后海滨路交叉处，故名。2009年始建，2011年建成。属粤海街道。桥下净空6米。为钢筋混凝土结构，最大载重量20吨。

滨海科苑立交桥
Bīnhǎi Kēyuàn Lìjiāoqiáo

[地名代码] 44030500723610000018

属桥梁。因位于科苑南路、滨海大道交会处，故名。2000年始建，2002年建成。属粤海街道。跨科苑南路与滨海大道公路桥，桥长263.05米，宽19.58米，高6米。为钢筋混凝土结构，最大载重量20吨。

春花天桥
Chūnhuā Tiānqiáo

[地名代码] 44030500123610000008

属桥梁。因形似一朵盛开的花，故名。2003年始建，2004年建成。属南头街道，跨深南大道和南山大道，环形走向。桥长247米，最窄处宽4.50米，最宽处14米，主梁高度超5米，共设4部扶梯、2部垂直电梯、4处梯道。为钢筋混凝土结构，最大载重量20吨。

同乐立交桥
Tónglè Lìjiāoqiáo

[地名代码] 44030500123610000001

属桥梁。因桥梁跨同乐路，故名。1995

年始建，1997年建成。属南头街道。跨京港澳高速，接南头、西丽街道。桥长242.65米，宽31.27米，高6米。为钢筋混凝土结构，最大载重量40吨。

平南铁路桥
Píngnán Tiělùqiáo

[地名代码] 44030500123610000007

属桥梁。因跨平南铁路，故名。1993年始建，1994年建成。属南山街道。桥下净空6米。为钢筋混凝土结构，最大载重量150吨。

何香凝美术馆天桥
Héxiāngníng Měishùguǎn Tiānqiáo

[地名代码] 44030500323610000001

属桥梁。因邻近何香凝美术馆，故名。2003年始建，2004年建成。属沙河街道。为深南大道的人行天桥。桥下净空5米。为钢筋混凝土结构，最大载重量15吨。

侨香立交桥
Qiáoxiāng Lìjiāoqiáo

[地名代码] 44030500323610000006

属桥梁。因位于北环大道与侨香路交叉处，故名。1978年始建，1980年建成。属沙河街道。桥下净空6米。为钢筋混凝土结构，最大载重量25吨。

深大北天桥
Shēndà Běi Tiānqiáo

[地名代码] 44030500723610000009

属桥梁。因位于深圳大学北门，故名。2005年始建，2006年建成。属粤海街道。跨深南大道，南北走向。桥长67.55米，宽5.09米，高5米。为钢结构，最大载重量15吨。

2. 隧道

塘朗山隧道
Tánglǎngshān Suìdào

[地名代码] 44030500823620000001

　　属隧道。因穿越塘朗山，故名。2004年始建，2007年建成。属桃源街道。为南坪快速公路穿过塘朗山的公路隧道。隧道进出口在桃源街道。左右隧道均为长隧道，断面形式为曲墙式尖顶三心圆拱，洞口形式为翼墙式正交洞口。左隧道全长1720米，净高5米，净宽14米；右隧道全长1711米，净高5米，净宽14米。

横龙山隧道
Hénglóngshān Suìdào

[地名代码] 44030499923620000001（福田区）
　　　　　　44030599923620000002（南山区）

　　属隧道。因穿越横龙山，故名。2005年始建，2007年建成。跨福田区、南山区。为福龙大道穿过山猪窝、牛仔棚、井尾、昂洋的公路隧道。隧道进出口分别在福田区梅林街道和南山区桃源街道。隧道全长2259米。

东滨隧道
Dōngbīn Suìdào

[地名代码] 44030500223620000000

　　属隧道。因下穿东滨路，故名。2010年始建，2013年建成。属南山街道。为广深沿江高速公路隧道。隧道全长2262米。

新屋隧道
Xīnwū Suìdào

[地名代码] 44030500823620000004

　　属隧道。因临近新屋村，故名。2004年始建，2006年建成。属桃源街道。是南坪大道穿过竹山凹的公路隧道。全长611.94米，为双向隧道，单向宽20米。

小南山隧道
Xiǎonánshān Suìdào

[地名代码] 44030599923620000001

　　属隧道。因位于小南山附近，故名。2001年始建，2004年建成。属招商街道。隧道进出口在招商街道。双向4车道，全长528.29米，宽24.09米。

塘坳隧道
Táng'ào Suìdào

[地名代码] 44030500923620000000

　　属隧道。因靠近塘坳，故名。2006年始建，2008年建成。是南光高速公路穿过白坑山的公路隧道。隧道进出口分别在南山街道、西丽街道。双向6车道，全长515米，高8米，宽29米。

红花岭隧道
Hónghuālǐng Suìdào

[地名代码] 44030500823620000002

　　属隧道。因靠近红花岭工业区，故名。1991年始建，1994年建成。属桃源街道。是深圳外环高速公路穿过红花岭的公路隧道。进出口在桃源街道内。全长400米，宽9米。

白石岭隧道
Báishílǐng Suìdào

[地名代码] 44030500823620000003

　　属隧道。因隧道穿过白石岭，故名。2005年始建，2007年建成。属福龙路穿过白石岭的公路隧道。隧道进出口在桃源街道，全长352.18米，是双向隧道，单向宽15米。

三、铁路运输

1. 铁路

平南铁路
Píngnán Tiělù

[地名代码] 44030599923310000000（南山区）

44030799923310000001（龙岗区）

44030699923310000003（龙华区）

属铁路。因是连接平湖、南山蛇口的铁路，故名。1991年9月始建，1994年9月全线贯通。途经深圳市龙岗区、龙华区、南山区。为普通线路，单线。全长36千米。位于深圳市内的车站有平湖站、木古站、坂田站、西丽站、深圳西站、蛇口站、妈湾站。

2. 火车站

深圳西站
Shēnzhèn Xī Zhàn

[地名代码] 44030500223320000002

属火车站。1993年建成。位于南山街道，学府路与月亮湾大道交会处。俗称"南头火车西站"。为三等铁路客运站，占地面积约3万平方米。为深圳西部的客运火车站，拥有2个站台、6条股道，列车对数约占深圳铁路长途列车的45%。

西丽站
Xīlì Zhàn

[地名代码] 44030500923320000000

属火车站。1993年建成。位于西丽街道。原为客货两用火车站，2000年起停办客运，只为平南铁路调剂使用。据规划，将引入深惠、深珠、深汕等城际铁路，建成集铁路、城际轨道、城市轨道等多种交通方式为一体的综合交通枢纽。

妈湾火车站
Māwān Huǒchēzhàn

[地名代码] 44030500223320000001

属火车站。1994年建成。位于南山街道，妈湾港内。为铁路三等货运站，占地面积约8万平方米。主要办理全国各地货物到达及发送业务，接卸散杂货物，以及湘钢、韶钢、萍钢、涟钢等钢厂原材料矿砂的发送业务。现已拆除。

蛇口火车站
Shékǒu Huǒchēzhàn

[地名代码] 44030500623320000000

属火车站。1994年建成。位于招商街道，蛇口港内。隶属于深圳平南铁路有限公司，为铁路三等货运站。占地面积约11万平方米。主要承办全国铁路货物到达及发送业务，接卸散杂货物和40尺、20尺集装箱业务，以及湘钢、韶钢、萍钢、涟钢等钢厂原材料矿砂的发送业务。现已拆除。

四、航空运输

机场

深圳市南头直升机场
Shēnzhèn Shì Nántóu Zhíshēngjīchǎng

[地名代码] 44030500123410000000

属航空港。1983年3月始建，1983年10月正式通航。1984年4月开始为海洋石油勘探、开发提供飞行服务。位于南头街道。东临南海大道，西至南山大道，南起北环大道，北至广深高速公路。开展的航空业务包括人工降雨、医疗救护、航空探矿、直升机引航作业、通用航空包机飞行、公务飞行、空中游览、出租飞行、直升机机外载荷等。总面积0.25平方千米，有17个可停放大型直升机的停机坪。

五、水上运输

港口、码头

蛇口邮轮中心
Shékǒu Yóulún Zhōngxīn

[地名代码] 44030500623120000007

　　属海港。原称蛇口码头。于1979年8月开工建设，1981年4月正式通航。2016年10月30日，原蛇口客运码头正式停运，迁至南山区招商街道海运路1号，改称"蛇口邮轮中心"。因位于蛇口太子湾，又名"太子湾邮轮母港"。设有22万GT邮轮泊位1个(全球最大的邮轮可在此停靠)，12万GT邮轮泊位1个；800GT客轮泊位12个（其中待泊泊位2个），2万GT客货滚装泊位1个。并开通往返香港国际机场、香港中环、澳门外港、澳门氹仔、珠海、外伶仃6条定期高速客轮航线及不定期的周边海岛航线等，每天进出港航班超过146个。30分钟可达香港国际机场，1小时可达香港、澳门、珠海。是集海、陆、空、铁于一体的现代化国际邮轮母港。

妈湾港
Māwān Gǎng

[地名代码] 44030500223120000001

　　属海港。1987年11月始建，1990年7月建成第一个3.50万吨级多用途泊位，1990年10月正式通航。位于南山街道，南头半岛西侧、珠江口东岸。码头岸线总长3818米，平均水深12米。主要为深圳西部临海工业和城市建设提供物资中转服务，可停靠10万吨级以上的船舶。

赤湾港
Chìwān Gǎng

[地名代码] 44030500623120000002

　　属海港。1982年8月始建，1984年5月正式通航。位于招商街道，珠江口东岸。码头岸线总长4695米，平均水深10米。共23个泊位，其中1000吨级至65000吨级件杂散货、多用途泊位18个，50000吨级至150000吨级集装箱泊位5个。可停靠20万吨级以上的船舶。年设计吞吐量：货物为2431万吨，集装箱为223万标箱。为深水中转港区和南海石油后勤服务基地，也是中国主要的散装化肥及粮油进出口中转基地之一。

蛇口港
Shékǒu Gǎng

[地名代码] 44030599923120000001

　　属海港。1979年7月始建，1981年5月建成。蛇口港可同时靠泊10艘万吨级以上船舶，最大靠泊10万吨级散货船，锚地可靠泊12.50万吨级散货船，是华南地区重要的粮食、建材集散中心和内贸集装箱中转口岸，并拥有深圳地区最大的客运码头。1983年9月25日，经国务院批准，蛇口港成为国家正式对外开放口岸，也是中国第一个由企业（招商局集团）投资自办、盈亏自负的港口。

赤湾码头
Chìwān Mǎtóu

[地名代码] 44030500623120000006

　　属码头。由深圳赤湾集装箱码头有限公司投资兴建。位于招商街道，珠江口东岸、南头半岛顶端。距香港37千米，距珠海、澳门92千米，水、陆路距广州150千米。岸线总长2058米，最大水深15.80米。

月亮湾码头
Yuèliàngwān Mǎtóu

[地名代码] 44030500223120000004

　　属码头。1990年1月始建，1993年9月正式投入使用。位于南山街道，毗邻妈湾港码头和妈湾港广聚亿升码头。岸线长192米，平均水深6.50米。1个泊位，10000吨位码头，年吞吐量50万吨。

东角头码头
Dōngjiǎotóu Mǎtóu

[地名代码] 44030500523120000001

属码头。因地处蛇口东角头，故名。1985年3月始建，1987年1月正式投入使用。1991年二期建设开始，1993年由汽车轮渡码头改为客运码头。位于蛇口街道，南头半岛东南端。码头岸线总长389米，设计能力50万吨，最大靠泊能力3000吨级。

渔港码头
Yúgǎng Mǎtóu

[地名代码] 44030500523120000002

属码头。1986年3月始建。位于蛇口街道。占地面积1187平方米，100吨级货轮泊位5个。由原渔工贸发展总公司和渔业公司投资兴建。

蛇口集装箱码头
Shékǒu Jízhuāngxiāng Mǎtóu

[地名代码] 44030500623120000003

属码头。1991年正式投入使用。是深圳市最早的一家专业化集装箱码头。位于招商街道。码头总面积138万平方米，岸线长4090米，平均水深15米。

赤湾胜宝旺码头
Chìwān Shèngbǎowàng Mǎtóu

[地名代码] 44030500623120000004

属码头。因是由胜宝旺公司投资建设，故名。1995年始建。位于招商街道，珠江口东岸、南头半岛赤湾港池内、凯丰码头和蛇口码头中间。码头陆域面积约18万平方米，岸线总长260米。停靠5000吨级船舶，年货运量3.50万吨。

一湾油气库码头
Yīwān Yóuqìkù Mǎtóu

[地名代码] 44030500623120000005

属码头。1987年6月建成投产，为一类口岸。位于招商街道。为中海油销售深圳有限公司一湾油气库码头。油气库总占地面积56000平方米，含两座码头。一座5000吨级的油气专用码头，码头操作平台岸线长150米；另一座1500吨级的油品码头，码头操作平台岸线长63米。平均水深6.50米，吞吐量约60万吨。

妈湾电厂专用煤码头
Māwān Diànchǎng Zhuānyòngméi Mǎtóu

[地名代码] 44030500223120000002

属码头。1987年11月始建，1990年10月正式投入使用。位于南山街道，珠江口东岸。码头岸线总长900米，2个5万吨级泊位。主要为妈湾电厂生产所需燃煤提供卸煤服务。

妈湾港广聚亿升码头
Māwāngǎng Guǎngjùyìshēng Mǎtóu

[地名代码] 44030500223120000003

属码头。1990年7月始建，1991年9月正式投入使用。经营人原为深圳乐意液体仓储有限公司，故称"乐意码头"。2010年公司更名为"深圳市广聚亿升石油化工储运有限公司"，码头更名为"妈湾港广聚亿升码头"。位于南山街道，珠江口伶仃洋东岸。岸线长300米，最大水深12米，拥有3.50万吨级和5000吨级散装货品泊位各一个。主要从事液体化工品的装卸、仓储作业。

六、公路运输

1. 公路

107国道
107 Guódào

[地名代码] 44030699923211000001

　　属国道。1987年5月始建，1993年12月建成。起点为北京市西城区，终点为香港特别行政区北区，全长2698千米。途经北京市、河北省、河南省、湖北省、湖南省、广东省6个省级行政区及香港特别行政区。其中深圳市范围路段跨宝安区、南山区，改为城市主干道。双向8车道，南北走向，起于松安收费站，止于晶美花园。

2. 高速公路

京港澳高速公路
Jīnggǎng'ào Gāosù Gōnglù

[地名代码] 44030499923211000002（福田区）

　　　　　44030599923211000000（南山区）

　　　　　44030699923211000003（宝安区）

　　属高速公路。公路编号为G4。1987年始建。1989年兴建深圳段，1997年7月正式通车运营。途经北京市、河北省、河南省、湖北省、湖南省、广东省、香港特别行政区、澳门特别行政区。由原京珠高速公路全段和新辟路线广州至香港、珠海至澳门两段组成，全长2310千米。其中深圳市范围路段跨福田区、南山区、宝安区，双向6车道，起于君子广场，止于皇岗南路。

广深沿江高速公路
Guǎngshēn Yánjiāng Gāosù Gōnglù

[地名代码] 44030599923212000002（南山区）

　　　　　44030699923212000002（宝安区）

　　属高速公路。公路编号为S3。2006年3月始建，2013年12月建成通车。沿珠江口东岸，跨宝安区、南山区，全长90千米，双向8车道，起于运动公园，止于东滨隧道。

南光高速公路
Nánguāng Gāosù Gōnglù

[地名代码] 44030599923212000001（南山区）

　　　　　44030699923212000005（宝安区）

　　属高速公路。公路编号为S33。2008年1月建成通车。为南山区通往光明区的高速公路。跨南山区、宝安区、光明区，全长31千米，双向6车道，起于必石窝，止于南坪大道。

3. 汽车站

蛇口汽车客运站
Shékǒu Qìchē Kèyùnzhàn

[地名代码] 44030500523220000000

　　属长途汽车站。1999年建成并投入运营。位于南山区蛇口街道。占地面积5000平方米。现有运营线路165条，年客运量116万人次。为三级客运站。

4. 收费站

南头收费站
Nántóu Shōufèizhàn

[地名代码] 44030500923230000001

属收费站。1995年建成。在南山区西丽街道，为京港澳高速公路收费站。占地面积336平方米，框架结构，3通道。

白芒收费站
Báimáng Shōufèizhàn

[地名代码] 44030500923230000003

属收费站。2008年建成。在南山区西丽街道，为南光高速公路收费站。占地面积1114平方米，钢结构，10通道。现已撤销。

第四编
城市公共空间

一、公园

阳台山森林公园
Yángtáishān Sēnlín Gōngyuán

[地名代码] 44030500092520000000006（南山区）

44030699992520000000002（宝安区）

　　属公园。明天顺《东莞旧志》载："阳台山，在县西南一百二十里。"明嘉靖《广东通志·东莞县》又载："西南五里曰阳台山，山巅之南稍平，形若几案。"2009年始建，2011年5月建成开放。跨南山区、宝安区、龙华区。东至龙华街道，西至石岩街道，南至西丽街道，北至沈海高速公路。占地面积28.39平方千米，总绿化覆盖率85%。以阳台山为中心向四周延伸，形成中间高、四面低的高丘陵、低山地地貌特征，分为小阳台山森林游览区、大阳台山登山览胜区、西丽游览区三大景区。山泉溪流20余条，是石岩河、白芒河、麻山河等河流的发源地，是石岩水库、西丽水库、铁岗水库的上游水源地。野生动植物资源丰富，有高等植物114科452种、脊椎动物82种、国家重点保护动植物8种。主要景点有龙溪谷、龙香谷、阳台叠翠等，其中阳台叠翠景点被评为"深圳八景"之一。

塘朗山郊野公园
Tánglǎngshān Jiāoyě Gōngyuán

[地名代码] 44030400072520000000001（福田区）

44030500082520000000009（南山区）

　　属公园。因地处塘朗山，故名。2010年建成开放。跨福田区、南山。东至南山区与福田区交界处，西至红花岭山脚，南至北环大道和龙珠大道，北至平南铁路。属桃源街道。占地面积9.91平方千米，是深圳市第一个可以360°登高观景的郊野公园。主要景点有听涛小

筑、极目阁、鲤鱼背等。

燕晗山郊野公园
Yànhánshān Jiāoyě Gōngyuán

[地名代码] 44030500032520000000003

　　属公园。因地处燕晗山，故名。2006年建成开放，为主题公园。属沙河街道。东起香山东街，西至杜鹃山东街，南起侨城东街，北至香山中街。占地面积0.28平方千米。公园由自然景区、人造景区和地下车库三部分组成。园内有覆土种植的屋面，以砖、木、石等自然材料为装饰的主体建筑墙，还有创意不同又各具特色的室外公共活动空间，自然形态的山丘、溪流、瀑布、丛林、绿地和鲜花等。

前海石公园
Qiánhǎishí Gōngyuán

[地名代码] 44030599992520000000005

　　属公园。2015年初，前海石公园开始规划建设，2021年7月正式开工，2022年建成。位于深圳前海深港现代服务业合作区。东起月亮湾大道，西至滨海岸线，南接前湾一路及桂湾河南街，北临海滨大道及桂庙路。前海石公园包括环前海湾4.30平方千米的公共开放空间，其中2.40平方千米位于前海合作区内，陆地面积约1.70平方千米。矗立于前湾片区桂湾河畔的前海石，高约2.80米、宽约2.10米、厚约0.65米，造型宛如"扬帆启航"。前海石公园见证了前海一直以来的蓬勃发展。它既是供市民观仰前海石的纪念性场所，也是一座让市民听风观海的休闲公园。

深圳湾公园
Shēnzhènwān Gōngyuán

[地名代码] 44030499992520000000001（福田区）

44030599992520000000001（南山区）

　　属公园。因毗邻深圳湾，故名。前身为

深圳湾滨海休闲带，2001年与红树林海滨生态公园合并，2011年8月建成开放。跨福田区、南山区。东至福田红树林鸟类自然保护区，西至深港跨海大桥西侧，南至深圳湾，北至滨海大道。占地面积0.85平方千米，由红树林海滨生态公园和深圳湾滨海休闲带两部分组成。主要景点有中湾阅海广场、海韵公园、白鹭坡等。

深圳人才公园
Shēnzhèn Réncái Gōngyuán

[地名代码] 44030500725200000012

属公园。为全国首个以人才为主题的公园。2017年11月1日建成开放。东起科苑大道，西至沙河西路，南起海德三道，北至东滨路。占地面积77万平方米，其中湖体面积30万平方米。人才公园建有两栋主建筑，分别为尚贤阁、群英荟。尚贤阁功能定位为公园会务中心，设有多功能厅、院士讲堂、人才书吧、人才咖啡厅、办公区域等，主要功能包括举办学术报告、项目路演、人才沙龙、研修交流、大型会议等。群英荟功能定位为公园活动中心，设有创客空间、健身中心、人才体验馆等，主要功能包括杰出人才和人才创新成果交流、展示、体验、互动及人才政策宣传。

大沙河公园
Dàshāhé Gōngyuán

[地名代码] 44030500825200000006

属公园。因毗邻大沙河，故名。原址为建筑垃圾填埋场。2006年2月始建，2007年9月建成开放。属桃源街道。东至欧洲城，西至大沙河，南至北环大道，北至广深高速。占地面积0.31平方千米。以"生活、生命、生态"为主题，以环保节能为特色，主要景点有三生亭、缀花廊、放飞坪等。

中山公园
Zhōngshān Gōngyuán

[地名代码] 44030500125200000003

属公园。原为曾任宝安县县长的香港绅士胡钰为纪念孙中山先生而建。1925年始建，1998年改建，1999年11月开园。属南头街道。东至南山大道，西至深南大道，南至南德街，北至北环大道。占地面积0.49平方千米，绿化覆盖率达80%。主要景点有孙中山雕像、革命历史纪念碑、古城墙等。公园内有百年古树名木32棵、观光树种200余种，是一座以历史文化教育为主题的综合性公众休闲公园。

南山公园
Nánshān Gōngyuán

[地名代码] 44030599925200000002

属公园。因依大南山而建，故名。2004年2月建成开放。位于招商街道。东至南海大道，西至青青世界、月亮湾公园，南至兴海大道，北至西部通道。占地面积3.51平方千米。主要景点有南山明灯、天街览胜、龟寿齐天等。

小南山公园
Xiǎonánshān Gōngyuán

[地名代码] 44030599925200000004

属公园。因依小南山而建，故名。2011年8月建成开放。位于南山街道。东至大南山公园，西至妈湾大道，南至宋少帝路，北至月亮湾大道。占地面积1.02平方千米。

长青园
Chángqīng Yuán

[地名代码] 44030500125200000011

属公园。因位于老干部活动中心旁，寓意老年人保持活力、永远年轻，故名。1998年建成。属南头街道，为社区公园。东起南山大道，西临深南大道，南近南头九街，北至北环大道。

占地面积1.31平方千米，绿化覆盖率达80%。

荔林公园
Lìlín Gōngyuán

[地名代码] 44030500225200000002

属公园。2008年7月始建。位于南山街道。东至南海大道，西至前海路，南至西部通道，北至东滨路。占地面积0.52平方千米，按功能分为湖光山色区、林下休闲区、文体中心区、荔林生态区、城市精品区五大景区。共有荔枝古木5820株，是一座以保护现有荔枝林自然生态为主题的城市休闲公园。

文天祥纪念公园
Wéntiānxiáng Jìniàn Gōngyuán

[地名代码] 44030500625200000003

属公园。因以纪念文天祥为主题，故名。位于招商街道。东、南至兴海大道，西至左炮台路，北至松盛路。占地面积0.45平方千米，可远眺内伶仃岛。

月亮湾公园
Yuèliàngwān Gōngyuán

[地名代码] 44030500225200000005

属公园。2006年建成开放。位于南山街道。东至青青路，西至荔湾沿山路，南至紫园社区，北至前海路。占地面积0.28平方千米，平面呈月牙状。园内有百年树龄的荔枝古树3800余棵。主要景点有奔月主题广场、桃花谷、荔林生态区等。

石鼓山公园
Shígǔshān Gōngyuán

[地名代码] 44030500925200000005

属公园。因传山北有大青石一块，酷似大鼓，故名。2007年始建，2008年建成。属西丽街道。东接丽兰苑，西邻石鼓湾，南连新光路，北靠留仙苑。占地面积0.20平方千米，主要是山体式公园，海拔76米，上下落差50多米，有山顶平台、入口三级平台、健身广场、休闲园道、栈道等。主要景点有登山道、广场、山顶观景亭、山顶长廊、荔香亭、曲水流觞等。

西丽生态公园
Xīlì Shēngtài Gōngyuán

[地名代码] 44030500925200000015

属公园。原名鸡公山公园，2020年建成。位于南山区南光高速东侧，打石一路西侧。占地面积约0.20平方千米。内建有咖啡吧、展馆、游客服务中心（兼书吧功能）等。主要景点有密林平台、半山平台、山顶观景亭、山顶玻璃观景平台、栈桥等。

四海公园
Sìhǎi Gōngyuán

[地名代码] 44030500625200000004

属公园。因地处四海社区，故名。1987年4月始建。位于招商街道。东至爱榕路，西至公园路，南至工业七路，北至荔园路。占地面积0.13平方千米。以水面和大片浓密荔枝林为基调，主要景点有盖世金牛、九曲桥、玉带桥等。

左炮台公园
Zuǒpàotái Gōngyuán

[地名代码] 44030500625200000002

属公园。因以左炮台为核心，故名。2009年7月始建。位于招商街道。东至天祥路，西、北至赤湾一路，南至华英石油联营有限公司。占地面积0.11平方千米。主要景点左炮台，位于海拔170米的鹰嘴山头，分台体和围墙两部分。左炮台北面有一尊林则徐全身铜像。

前海公园

Qiánhǎi Gōngyuán

[地名代码]　44030500125200000013

　　属公园。2012年12月建成开放。位于南头街道。东至前海路，西、北至月亮湾大道，南至前顺路。占地面积0.14平方千米。以花卉园艺为主题，分南北两部分：南部为荷兰花卉小镇，主要景点有荷兰三宝、欧式古钟楼等；北部为园林绿地，主要景点有奇异花园、大风车等。是一座集休闲娱乐、科普展览和购物于一体的特色公园。

麒麟生态园

Qílín Shēngtàiyuán

[地名代码]　44030500925200000001

　　属公园。因位于麒麟山庄附近，且建园目的是保护这里的生态环境，故名。属西丽街道。东临丽康路，西近丽荫二路，南至西丽高尔夫球场，北至大磡工业区。占地面积0.11平方千米。园内有休憩场所及石凳等公共设施。

松坪山公园

Sōngpíngshān Gōngyuán

[地名代码]　44030500925200000013

　　属公园。因地处松坪山社区，故名。2014年建成开放。属西丽街道。东至乌石头路，西至科苑北路，南至朗祥二路，北至高新北二道。占地面积0.06平方千米。园内有健身道、健身广场和舞蹈广场等文体设施。

欣月公园

Xīnyuè Gōngyuán

[地名代码]　44030500225200000004

　　属公园。因临近月亮湾花园和月亮湾山庄，故名。属南山街道。东临兴海大道，西南接月山南路，北至月湾路。占地面积0.06平方千米，园内有休憩场所及石凳等公共设施。公

园平面呈葫芦形。

兴海公园

Xīnghǎi Gōngyuán

[地名代码]　44030500225200000006

　　属公园。因位于前海路，取"兴"字寓意兴旺前海，故名。2012年建成开放。属南山街道。东接月白路，西邻赐庙路，南连月亮湾山庄，北靠棉山路。占地面积0.03平方千米，平面近似心形。园内有百年以上的荔枝古树。

麻磡公园

Mákàn Gōngyuán

[地名代码]　44030500925200000003

　　属公园。因位于麻磡村旁，故名。2006年建成。属西丽街道。在麻磡路与麻磡南路交会处东侧，麻磡村西侧。东南临麻磡南路，西北临丽康路。占地面积0.03平方千米。园内有休憩场所及石凳等公共设施。

侨城雕塑公园

Qiáochéng Diāosù Gōngyuán

[地名代码]　44030500325200000001

　　属公园。因地处华侨城，且是以雕塑设计展示为核心的园区，故名。2006年建成。为主题公园。属沙河街道。东接兴隆街，西邻兴隆西街，南连深南大道，北靠侨城东街。占地面积0.03平方千米。园内有休憩场所及石凳等公共设施。

围仔西公园

Wéizǎi Xī Gōngyuán

[地名代码]　44030500525200000002

　　属公园。因位于围仔西，故名。2004年建成开放。属蛇口街道。东接围仔西住宅区，西、南邻花果路，北靠招商路。占地面积4200

平方米。园内有休憩场所及石凳等公共设施。

赤湾村公园
Chìwāncūn Gōngyuán

[地名代码] 44030500625200000005

　　属公园。因位于赤湾村，故名。2000年建成。属招商街道。东临赤湾九路宿舍楼，西、北至宋少帝路，南近赤湾四路。占地面积8400平方米。园内有休憩场所及石凳等公共设施。

科苑公园
Kēyuàn Gōngyuán

[地名代码] 44030500725200000003

　　属公园。因地处科苑，旨在为周边居民提供生态性活动空间，故名。2013年12月建成。属粤海街道。在科丰路与青梧路交会处西南侧。东临青梧路，西近凌湖路，南接文华路，北至科丰路。占地面积0.04平方千米。园内有大片荔枝林。

文心公园
Wénxīn Gōngyuán

[地名代码] 44030500725200000004

　　属公园。因位于文心二路旁，故名。属粤海街道。东邻文心二路，南至海德三道，西邻南海大道，北至滨海大道。占地面积0.03平方千米。主要景点有景观水池、凉亭、休闲广场、健身路径、廊架等。

荔香公园
Lìxiāng Gōngyuán

[地名代码] 44030500125200000012

　　属公园。因栽种荔枝树众多，故名。前身为南山自来水公司水库。1998年始建，2000年10月建成开园。属南头街道。东至南海大道，西至南光路，南至桃园路，北至深南大道。占地面积0.02平方千米。主要景点有大型张拉膜

式中心广场、古朴木亭等。

长源公园
Chángyuán Gōngyuán

[地名代码] 44030500825200000007

　　属公园。因位于长源社区，故名。2005年建成开放。属桃源街道。东临大步段工业区，南近南坪大道，西、北至留仙大道。占地面积2300平方米。园内有休憩场所及石凳等公共设施。

西丽体育中心公园
Xīlì Tǐyù Zhōngxīn Gōngyuán

[地名代码] 44030500825200000008

　　属公园。因地处西丽，为体育活动场所和露天广场、"大家乐"舞台等文化活动场所，故名。2000年建成。属桃源街道。东、北临珠光路，西至沙河西路，南接龙珠一路。占地面积0.04平方千米，总投资2000多万元。其中室内项目场馆面积0.01平方千米，包括羽毛球馆、乒乓球馆、健身馆、自由搏击馆、跆拳道馆、交谊舞厅、青少年活动中心和综合活动馆。室外运动场地面积0.01平方千米，包括8泳道成人泳池和两个儿童泳池、三片标准网球场、两个标准篮球场和门球场、健身路径等，以及露天广场、"大家乐"舞台等。此外，体育中心还配套建设有大片公共绿地、卵石路径、体育商场、茶艺馆、酒吧、餐饮等设施。

西部通道和谐社区公园
Xībù Tōngdào Héxié Shèqū Gōngyuán

[地名代码] 44030500225200000003

　　属公园。因位于西部通道延长线福园的小区通道口，故名。2007年8月建成开放。属南山街道。东临沿山路，西接工业八路，南近桃花园小区，北至向南路。占地面积0.03平方千米。园内有休憩场所及石凳等公共设施。公园平面呈直角梯形。

桃源社区公园
Táoyuán Shèqū Gōngyuán

[地名代码] 44030500825200000005

属公园。因位于桃源街道，为社区公园，故名。2016年建成。属桃源街道。东临龙珠六路，西至城市假日小区，南近水木年华小区，北至塘朗山。占地面积4000平方米。园内有休憩场所及石凳等公共设施。

麻岭和弦社区公园
Málǐng Héxián Shèqū Gōngyuán

[地名代码] 44030500725200000005

属公园。因位于麻岭和弦社区，故名。一期建成于2010年，二期建成于2013年。属粤海街道。东接科技中二路，西邻科技中一路，南连高新中四道，北靠劲嘉科技大厦。占地面积约0.02平方千米。主要景点有雕塑、景墙、廊架、步行健身道等。

钰龙园旁街心公园
Yùlóngyuán Páng Jiēxīn Gōngyuán

[地名代码] 44030500125200000006

属公园。因位于钰龙园街心地段，故名。属南头街道，为社区公园。东临红龙街，西至南新路，南近南头红花路，北至深南大道。占地面积0.07平方千米。园内有休憩场所及石凳等公共设施。

深圳市水土保持科技示范园
Shēnzhèn Shì Shuǐtǔ Bǎochí Kējì Shìfànyuán

[地名代码] 44030500925300000002

属公园。2009年建成开园。位于南山区西丽街道乌石岗废弃坑口改造区内。东至西丽湖度假村，西、南至沙河西路，北至迎宾大道。占地面积0.16平方千米。以宣传水土保持为主题，展示水土保持技术工艺和科研设施。主要景点有蚯之丘、土厚园、木华园等。

二、公共广场

南头古城南门广场
Nántóu Gǔchéng Nánmén Guǎngchǎng

[地名代码]　44030500126310000002

　　属城市广场。因地处南头古城南门前，故名。2010年扩建。位于南山区南头街道。占地面积4000平方米。有南头古城博物馆、明代古城门和关帝庙，是以南头古城历史文化为主题的广场。

保利文化广场
Bǎolì Wénhuà Guǎngchǎng

[地名代码]　44030500726310000001

　　属城市广场。位于南山区粤海街道。占地面积54000平方米。

蛇口文化广场
Shékǒu Wénhuà Guǎngchǎng

[地名代码]　44030500526310000000

　　属城市广场。位于南山区招商街道。占地面积10000平方米。

南油文化广场
Nányóu Wénhuà Guǎngchǎng

[地名代码]　44030500726310000002

　　属城市广场。位于南山区粤海街道。占地面积8229.59平方米。

第五编

专业设施

一、公共服务设施

1. 文教卫体

南头古城博物馆
Nántóu Gǔchéng Bówùguǎn

[地名代码] 44030500126100000003

属文化设施。2002年11月8日开馆。位于南头街道南头古城内。占地面积321平方米，高6米，共2层，分为室内陈列区和古遗址区、古城区、古建筑展示两部分。室内陈列以南头古城的历史变迁为背景，全面展示深圳的城市发展史和抗击外敌侵略史。古遗址区、古城区、古建筑展示通过大量文物古迹和历史建筑，体现昔日南头古城的繁荣景象。馆藏文物300余件。

南山博物馆
Nánshān Bówùguǎn

[地名代码] 44030500126100000019

属文化设施。2006年始建。2019年，南头古城博物馆、天后宫博物馆、南山博物馆合并组成新的南山博物馆。位于南头街道。占地面积约19000平方米，主体高度28米，5层。是集收藏、保护、研究、展示、教育为一体的大型综合类博物馆。

招商局历史博物馆
Zhāoshāngjú Lìshǐ Bówùguǎn

[地名代码] 44030500261100000077

属文化设施。由招商局集团斥资建设，2004年9月开馆。位于蛇口沿山路21号。占地面积3430平方米，分为外厅和内厅，展出文物1005件。博物馆以收藏招商局的历史文物、展示招商局的发展历程、研究中国近现代

经济发展为宗旨，是深圳市第一家反映企业历史的博物馆，已成为国内最有影响的企业博物馆之一。

中建科工钢结构博物馆
Zhōngjiànkēgōng Gāngjiégòu Bówùguǎn

[地名代码] 44030500530000000001

属文化设施。因是由中国建筑金属结构协会与中建钢构有限公司共同打造，且以展示钢结构为主题的博物馆，故名。2018年11月开馆。位于南山区后海中心路以西、登良路以南，东侧为中建钢构总部大厦，属蛇口街道。中建科工钢结构博物馆占地面积4468平方米，外观参照巴黎卢浮宫，在下沉式广场设半球形入口。其展陈面积1538平方米，常设展览分为序厅、历史厅、科技厅、互动厅和未来厅五个部分，对中国和世界钢结构产业发展历程和发展水平进行了全方位展示。

何香凝美术馆
Héxiāngníng Měishùguǎn

[地名代码] 44030500326100000017

属文化设施。1995年兴建，1997年建成开馆，是中国第一个以个人名字命名的国家级美术馆。位于南山区沙河街道深南大道9013号。占地面积1800平方米，高9米，共3层。主体建筑采用灰、白两种色调，建筑风格素朴大方，于浓郁的传统文化氛围中体现着现代感。馆内设有主展厅、副展厅、多功能报告厅等设施。美术馆以收藏、陈列和研究何香凝先生的艺术创作及艺术文献资料为基本宗旨，注重交流、介绍和推广中外当代艺术。

华·美术馆
Huá Měishùguǎn

[地名代码] 44030599930000000001

属文化设施。华·美术馆的前身是建于20

世纪80年代早期的深圳湾大酒店的洗衣房，后被改造成为一个依附于酒店的美术馆，2008年9月1日开馆，被称为"蜂巢"。位于深南大道9009号，是深圳华侨城洲际大酒店的附属美术馆，毗邻何香凝美术馆。建筑面积3000余平方米，其中可控温展厅面积达2000平方米，同时具有可控温画库。

海上世界文化艺术中心
Hǎishàng Shìjiè Wénhuà Yìshù Zhōngxīn

[地名代码] 44030500626100000072

属文化设施。是英国国立维多利亚和艾尔伯特博物馆（V&A）与中国招商局集团共同合作创立的大型设计博物馆。2017年建成使用。位于南山区招商街道望海路1187号。占地面积近30000平方米，正面面向深圳湾，与香港元朗隔海相望。由地上四层、地下两层多板块展览空间组合而成，三个独立的屋顶朝向三个方向，分别面对城市、公园及大海。是深圳文化艺术的核心标志之一。

华夏艺术中心
Huáxià Yìshù Zhōngxīn

[地名代码] 44030500326100000005

属文化设施。1991年建成。位于南山区沙河街道，华侨城光侨街1号。占地面积13500平方米，主体高度15米，4层。由大楼、艺术广场和园林绿化带组成。大楼内设影剧院、多功能厅、展厅、贵宾厅和多个专业艺术培训厅（室）。

蛇口青少年活动中心
Shékǒu Qīngshàonián Huódòng Zhōngxīn

[地名代码] 44030500626100000075

属文化设施。1994年成立。位于招商街道蛇口公园路4号。是集文化、艺术、体育培训及展览、竞赛等功能于一体的青少年活动

中心。

前海展示厅
Qiánhǎi Zhǎnshìtīng

[地名代码] 44030500226100000056

属文化设施。因位于前海，且主要用于展示之用，故名。2011年落成。位于南山街道前海深港合作区前湾一路1号。占地面积20979.60平方米，建筑面积4323.70平方米。

南山区图书馆
Nánshān Qū Túshūguǎn

[地名代码] 44030500126100000008

属文化设施。1994年兴建，1997年3月正式对外开放。位于南头街道常兴路176号。占地面积13700平方米，高23.23米，共5层。设有图书、报刊、电子、综合阅览室和经典书屋、少儿阅览室、亲子阅览室以及自修室等服务区域。设置阅览座席1741个，年接待读者250万人次以上。

深大图书馆
Shēndà Túshūguǎn

[地名代码] 44030500726100000099

属文化设施。因位于深圳大学内，故名。分为南、北两馆，北馆1986年建成，南馆2009年建成。位于粤海街道辖区内。总占地面积8073.60平方米。截至2019年底，图书馆拥有印刷类图书423万余册，订阅报刊2732种，港台书刊、深圳大学文库、再版古籍等特色资源初具规模。是一所具有影响力的学术图书馆。

蛇口工业区图书馆
Shékǒu Gōngyèqū Túshūguǎn

[地名代码] 44030500626100000076

属文化设施。1984年建立，1985年正式对

外开放。是深圳市第一家由企业投资、面向民众开放的一级公共图书馆。位于招商街道育才路8号。2008年被正式纳入南山区公共图书馆一体化管理范畴，作为南山区公共图书馆第七家分馆向市民开放。

南山书城
Nánshān Shūchéng

[地名代码] 44030500726100000001

属文化设施。2003年建成。位于南山区粤海街道，南海大道2748号。占地面积约8500平方米，营业面积22000平方米，主体高度24米，8层。为"深圳书城"品牌之下的三大超级书城之一。

保利剧院
Bǎolì Jùyuàn

[地名代码] 44030500726100000073

属文化设施。2008年建成。位于南山区粤海街道，后海滨路3013号。占地面积6784平方米，主体高度12米，4层。建筑造型独特，宛如一颗飘在风中即将落地时却被横切的"水滴"。为现代化综合甲等剧院，能满足舞剧、歌剧、话剧、交响音乐会、戏曲及综艺汇演等多门类演出要求。

蛇口影剧院
Shékǒu Yǐngjùyuàn

[地名代码] 44030500526100000023

属文化设施。1991年建成。位于南山区蛇口街道，新街路110号。占地面积5000平方米，主体高度9米，3层。

风华大剧院
Fēnghuá Dà Jùyuàn

[地名代码] 44030500626100000067

属文化设施。1991年建成。位于南山区招

商街道，公园路49号。占地面积3813平方米，主体高度15米，5层。

深港产学研基地
Shēngǎng Chǎnxuéyán Jīdì

[地名代码] 44030500726100000150

属文化设施。1999年建成。因是由深圳市政府、北京大学、香港科技大学三方携手在深圳市高新技术区共同创建的合作机构而得名。现为北京大学和香港科技大学最重要的对外合作基地之一。

国家工商行政管理总局行政学院
Guójiā Gōngshāng Xíngzhèng Guǎnlǐ Zǒngjú Xíngzhèng Xuéyuàn

[地名代码] 44030500827300000015

属教育设施。2008年开办。位于南山区桃源街道龙珠大道66号。隶属于国家工商行政管理总局，是全国工商行政管理系统开展干部教育培训的重要基地。占地面积0.10平方千米。设有行政教学区、学员生活区和教职工生活区三个功能区。

深圳大学
Shēnzhèn Dàxué

[地名代码] 44030500727300000012

属教育设施，高等院校。因是深圳市第一所大学，故名。1983年5月10日开办。位于南山区粤海街道南海大道3688号。占地面积2.71平方千米。现有粤海、丽湖两个校区。

南方科技大学
Nánfāng Kējì Dàxué

[地名代码] 44030500827300000014

属教育设施，高等院校。因其地处中国南部，以理、工、医为主，兼具商科和特色人文社科的学科体系，故名。2011年创办。位于

桃源街道学苑大道1088号。占地面积1.94平方千米。建有行政楼、教学楼、科研楼、教师公寓、学生公寓、后勤服务楼等。

哈尔滨工业大学（深圳）

Hā'ěrbīn Gōngyè Dàxué（Shēnzhèn）

[地名代码] 44030500827300000017

属教育设施，高等院校。由哈尔滨工业大学与深圳市政府合作创办，其前身是哈尔滨工业大学深圳研究生院，始建于2002年，位于深圳市南山区桃源街道深圳大学城哈尔滨工业大学校区。建有教学、实验实训、科研及行政办公楼等配套建筑。

北京大学深圳研究生院

Běijīng Dàxué Shēnzhèn Yánjiūshēngyuàn

[地名代码] 44030500827300000018

属教育设施，高等院校。因是由北京大学在深圳设立，故名。2002年开办。位于南山区桃源街道丽水路2199号。

清华大学深圳国际研究生院

Qīnghuá Dàxué Shēnzhèn Guójì Yánjiūshēngyuàn

[地名代码] 44030500827300000019

属教育设施，高等院校。因由清华大学在深圳设立，故名。2001年6月8日，深圳市政府与清华大学共建的清华大学深圳研究生院挂牌成立。2014年9月7日，清华大学、伯克利加州大学与深圳市政府签署合作协议，共建清华–伯克利深圳学院。2016年11月4日，清华大学与深圳市人民政府签署协议，共建清华大学深圳国际研究生院。2019年3月29日，清华大学深圳国际研究生院在清华大学深圳研究生院和清华–伯克利深圳学院办学基础上拓展成立并正式揭牌。位于南山区桃源街道丽水路2279号。

深圳职业技术大学

Shēnzhèn Zhíyè Jìshù Dàxué

[地名代码] 44030500927300000018

属教育设施，高等院校。1993年成立，前身为深圳职业技术学院。位于南山区西丽街道。占地面积300.64万平方米。现有西丽湖、华侨城、深汕校区共三个校区。2003年1月被教育部批准为国家重点建设职业技术学院。2009年成为首批国家示范性高等职业院校。2023年6月，教育部批准以深圳职业技术学院为基础整合资源设立深圳职业技术大学。

暨南大学深圳旅游学院

Jìnán Dàxué Shēnzhèn Lǚyóu Xuéyuàn

[地名代码] 44030500327300000004

属教育设施，高等院校。1993年开办，原名"暨南大学中旅学院"，2003年更为今名。位于南山区沙河街道华侨城侨城东街6号。设有旅游管理系、英语系、旅游开发研究中心等。

广东新安职业技术学院

Guǎngdōng Xīn'ān Zhíyè Jìshù Xuéyuàn

[地名代码] 44030500827400000001

属教育设施，高等院校。因创立时属于新安街道，故名。1998年创办。位于南山区桃源街道沙河东路259号，毗邻深圳欧洲城。为民办普通高等院校。占地面积91259.31平方米。

深圳市博伦职业技术学校（深圳市珠宝学校）

Shēnzhèn Shì Bólún Zhíyè Jìshù Xuéxiào （Shēnzhèn Shì Zhūbǎo Xuéxiào）

[地名代码] 44030500227300000003

属教育设施，中等职业院校。1993年开办。"博伦"寓意学校希望学生博采众长、无与伦比，又因学校主要从事专业技术与职业资格的培训，故名。2012年5月，经深圳市政府批准加挂"深圳市珠宝学校"校牌。位于南山区南博二路28号，属南头街道。占地面积81605.92平方米。设有首饰设计与制作、宝玉石加工与检测、电子商务、物联网技术应用、工业机器人技术应用、计算机应用、食品安全与检测技术、会计事务、艺术设计与制作、音乐表演、影像与影视技术等11个专业。

深圳艺术学校
Shēnzhèn Yìshù Xuéxiào

[地名代码] 44030500127300000001

属教育设施，中等职业院校。1986年开办。位于南山大道3930号，属南头街道。现有福田、南山两个校区。占地面积61474平方米，建筑面积61673平方米。为广东省重点中等职业学校。学校有音乐、舞蹈、美术、影视表演四大类专业，下设钢琴、管乐、弦乐等12个专业学科。

蛇口育才教育集团
Shékǒu Yùcái jiàoyù Jítuán

[地名代码] 44030599927300000002

属教育设施。隶属于南山区教育局，其前身为成立于20世纪80年代初期的招商局蛇口工业区子弟学校（即育才学校）。2003年成立。现有成员单位14个，其中公办高中1所、初中2所、小学4所以及独立法人的公办学校2所，还有国有民办的幼儿园4所，以及代管的深圳市南山区社区学院一所。集团总校位于蛇口育才路7号。

南山实验教育集团
Nánshān Shíyàn Jiàoyù Jítuán

[地名代码] 44030500227300000014

属教育设施，有小学和初中。因其位于南山，故名。原为南头小学。创办于1932年，2013年更名为深圳市南山实验学校。位于南山街道桂庙路261号。为区属公办学校。占地面积9210平方米，建筑面积8700平方米。学校教学设施完善，建有教室百余间；另有音乐室、舞蹈室、美术室、自然室、电脑协作室、教师备课间、室内体育馆等。

南山外国语学校（集团）
Nánshān Wàiguóyǔ Xuéxiào（Jítuán）

[地名代码] 44030500527300000001

属教育设施，有小学、初中、高中。1995年开办。位于南山区蛇口街道大冲一路89号。为区属公办学校。占地面积22384平方米。

南山区第二外国语学校（集团）
Nánshān Qū Dì'èr Wàiguóyǔ Xuéxiào（Jítuán）

[地名代码] 44030599927300000003

属教育设施。始建于2004年9月，曾为南山区教育科学研究中心附属学校，是一所南山区教育局直属的公办、实验性、示范性九年一贯制外国语学校。占地面积31367平方米，建筑面积30668.85平方米。集团下设7个分校，分别为海德学校、学府中学、学府一小、学府二小以及海岸小学、大磡小学、赤湾学校。

南头中学
Nántóu Zhōngxué

[地名代码] 44030500127300000002

属教育设施，高中。因其地处南头，故名。前身为1801年开办的凤冈书院，1906年改制为凤冈学校，1928年更名为"宝安县立第一初级中学"，1979年更为今名。位于南头街道深南大道12034号。为区属公办中学。建有教学楼、科学楼、体育馆等。

深圳（南山）中加学校

Shēnzhèn (Nánshān) Zhōngjiā Xuéxiào

[地名代码] 44030500127300000004

　　属教育设施，高中。2001年开办。因由深圳市南山区教育科学研究中心与加拿大纽宾士域省政府教育部及加拿大加皇国际教育集团共同创办，故名。位于南光路166号，属南头街道。占地面积22037平方米，建筑面积21235平方米。

深圳实验学校高中部

Shēnzhèn Shíyàn Xuéxiào Gāozhōngbù

[地名代码] 44030500927300000013

　　属教育设施，高中。因由深圳实验教育集团投资创办，故名。1985年开办，原名"深圳市亚太国际学校"。2001年并入深圳实验学校国际部，更为今名。位于南山区西丽街道同发路99号。为市属公办中学。建有教学楼、综合楼、宿舍楼等建筑以及运动场、篮球场等配套设施。先后被评为省一级学校和国家级示范性普通高中。

深圳大学附属中学

Shēnzhèn Dàxué Fùshǔ Zhōngxué

[地名代码] 44030500227300000012

　　属教育设施，有高中和初中。前身为南油中学。1996年南油集团与深圳大学签署协议，将南油中学整体移交给深圳大学组织办学。1996年4月8日成立，更名为"深圳大学师范学院附属中学"，2019年7月3日改为今名。位于南山区南山街道前海路0353号。为市属公办中学。

深圳市第二高级中学

Shēnzhèn Shì Dì'èr Gāojí Zhōngxué

[地名代码] 44030500927300000009

　　属教育设施，高中。2007年开办。因深

圳市教育局规划排序第二，故名。位于茶光路北侧，属西丽街道。占地面积108762平方米，建筑面积68042平方米。2010年被破格评为市一级学校，2011年被破格评为省一级学校。

南山区华侨城中学高中部

Nánshān Qū Huáqiáochéng Zhōngxué Gāozhōngbù

[地名代码] 44030500327300000009

　　属教育设施，高中。2006年开办，2008年9月1日正式招生。因是华侨城中学的高中部，故名。位于南山区白石二道1号，属沙河街道。为区属公办学校。占地面积62921.9平方米，建筑面积42195平方米。

北大附中深圳南山分校

Běidà Fùzhōng Shēnzhèn Nánshān Fēnxiào

[地名代码] 44030500127300000017

　　属教育设施，十二年一贯制学校。因由南山教育局与北京大学附属中学联合创办，故名。2000年开办。为区属民办学校。位于南山区南头街道月亮湾大道3002号。建有教学楼、宿舍楼、篮球馆等。

南山区南头城学校

Nánshān Qū Nántóuchéng Xuéxiào

[地名代码] 44030500127300000006

　　属教育设施，九年一贯制学校。始于嘉庆六年（1801）创建的凤冈书院。1985年定为今名。因位于南头古城，故名。位于南山大道3065号，属南头街道。为区属公办学校。占地面积14192.87平方米，建筑面积26585平方米。

南山区荔香学校

Nánshān Qū Lìxiāng Xuéxiào

[地名代码] 44030500127300000012

属教育设施，九年一贯制学校。1987年开办。因靠近荔园公园，故名。位于南头街86号，属南头街道。为区属公办学校。占地面积2.70万平方米，建筑面积5.40万平方米。

南山区教育科学研究院附属同乐学校
Nánshān Qū Jiàoyù Kēxué Yánjiūyuàn Fùshǔ Tónglè Xuéxiào

[地名代码] 44030500127300000013

属教育设施，九年一贯制学校。2004年开办。因学校靠近同乐村，故名。位于建工村铁二路98号，属南头街道。为区属公办学校。占地面积约3万平方米，建筑面积15927平方米。

百旺学校
Bǎiwàng Xuéxiào

[地名代码] 44030500927200000001

属教育设施，九年一贯制学校。2003年创办。位于南山区西丽街道牛成村222号。为区属民办学校。占地面积6200平方米。

南山中英文学校
Nánshān Zhōngyīngwén Xuéxiào

[地名代码] 44030500327400000002

属教育设施，九年一贯制学校。1999年开办，原名"深圳市白石洲学校"，因学校位于南山区，且为英汉双语教学，2003年改为今名。位于石洲中路33路，属沙河街道。为区属公办学校。占地面积28990.80平方米，建筑面积37161.64平方米。

南山区第二实验学校
Nánshān Qū Dì'èr Shíyàn Xuéxiào

[地名代码] 44030500327300000003

属教育设施，九年一贯制学校。2002年开办。因是中央教育科学研究所下属学校，且在

南山区，故名。2014年定为今名。位于华侨城香山街6号，属沙河街道。为区属公办学校。占地面积3.40万平方米，建筑面积2.34万平方米。设有小学部、初中部。

南山区太子湾学校
Nánshān Qū Tàizǐwān Xuéxiào

[地名代码] 44030500527300000002

属教育设施，九年一贯制学校。1995年开办。因位于蛇口街道南部蛇口湾，故名。占地面积10800平方米，建筑面积8600平方米。为区属公办学校。

南山区蛇口学校
Nánshān Qū Shékǒu Xuéxiào

[地名代码] 44030500527300000004

属教育设施，九年一贯制学校。2003年由蛇口小学和蛇口中学合并而成。因学校位于南山区蛇口街道，故名。2003年定为今名。为区属公办学校。占地面积3.50万平方米，建筑面积3.10万平方米。有4栋教学楼、1栋科学实验楼、1栋艺术楼、1座体育训练馆、1栋宿舍楼。

蛇口育才教育集团育才中学
Shékǒu Yùcái Jiàoyù Jítuán Yùcái Zhōngxué

[地名代码] 44030500627300000007

属教育设施，九年一贯制学校。1983年开办，2003年4月更为今名。位于南山区招商街道工业六路2号。为区属公办中学。建有实验楼、学生宿舍、运动场等基础设施。2001年初、高中部独立办学。

南山外国语学校（集团）大冲学校
Nánshān Wàiguóyǔ xuéxiào （Jítuán） Dàchōng Xuéxiào

[地名代码] 44030500727300000004

属教育设施，九年一贯制学校。1950年

开办。因小学位于大冲社区，故名。属粤海街道。占地面积21600平方米，总建筑面积7994平方米。为区属公办学校。1995年12月被评为区一级学校，2002年晋升为市一级学校，2005年底通过省一级学校评估。

南山外国语学校（集团）文华学校

Nánshān Wàiguóyǔ Xuéxiào (Jítuán) Wénhuá Xuéxiào

[地名代码] 44030500727300000013

属教育设施，九年一贯制学校。1994年开办。原名科苑中学。因位于南山区，以外语教学为特色，1995年定为今名。位于南山区科技园文华路2号，属粤海街道。占地面积91000平方米，建筑面积67000平方米。

南山区第二外国语学校（集团）海德学校

Nánshān Qū Dì'èr Wàiguóyǔ Xuéxiào (Jítuán) Hǎidé Xuéxiào

[地名代码] 44030500727300000001

属教育设施，九年一贯制学校。2004年秋开办，借址学府中学办学。2005年8月迁至现址。位于南山区粤海街道海德三道12号。为区属公办学校。建有5栋教学楼和1栋宿舍楼。

深圳外国语学校国际部

Shēnzhèn Wàiguóyǔ Xuéxiào Guójìbù

[地名代码] 44030500327300000002

属教育设施，有幼儿园、小学、初中、高中。2009年开办。因是由深圳市政府投资兴建、面向在深外籍和港澳台人士子女的第一所国际学校，由深圳外国语学校自主举办，故名。位于白石三道29号，属沙河街道。为区属公办学校。占地面积24000平方米，建筑面积42000平方米。学校提供的教育覆盖幼儿园至12年级。

南山区桃源中学

Nánshān Qū Táoyuán Zhōngxué

[地名代码] 44030500827300000009

属教育设施，初中。1999年开办。因位于桃源村内，故名。位于龙珠大道33号，为区属公办学校。占地面积20523平方米，建筑面积6443平方米。

南山区龙珠中学

Nánshān Qū Lóngzhū Zhōngxué

[地名代码] 44030500827300000010

属教育设施，九年一贯制学校。2006年开办。因靠近南山区龙珠大道，故名。位于龙珠六路38号，属桃源街道。为区属公办学校。占地面积约30000平方米，建筑面积14849.26平方米。

南山区松坪学校中学部

Nánshān Qū Sōngpíng Xuéxiào ZhōngxuéBù

[地名代码] 44030500927300000017

属教育设施，初中。1995年开办，前身为松坪小学。2003年定为今名。因学校位于南山区松坪村内，属松坪学校的中学部，故名。属西丽街道。为区属公办学校。占地面积30598平方米，建筑面积18182平方米。

南山区大新小学

Nánshān Qū Dàxīn Xiǎoxué

[地名代码] 44030500127300000005

属教育设施，小学。1968年开办，原名蚝民小学。1990年复办。因位于大新社区，故名。位于南头街333号，属南头街道。为区属公办学校。占地面积9805平方米，建筑面积8352.70平方米。

南山区前海小学

Nánshān Qū Qiánhǎi Xiǎoxué

[地名代码] 44030500127300000011

属教育设施，小学。1998年开办。因位于南山区前海湾，故名。位于桃园西路前海花园1号，属南头街道。为省级公办小学。占地面积10043平方米，建筑面积9697平方米。

南山区海滨实验小学
Nánshān Qū Hǎibīn Shíyàn Xiǎoxué
[地名代码] 44030500227300000005

属教育设施，小学。1995年开办，原名海滨小学，2006年定为今名。因其靠近海滨路，故名。属南山街道。为区属公办学校。学校现为"一校两部"的办学格局：愉康部占地面积11207平方米；深圳湾部占地面积23487平方米。

南山区南山小学
Nánshān Qū Nánshān Xiǎoxué
[地名代码] 44030500227300000007

属教育设施，小学。因小学归南山大队管辖，故名。1921年同源书室开办新学。1929年一批南园村华侨回乡捐资创办了"南园小学校"。1939年日军侵华占领深圳，改校名为"第三小学"。抗日战争胜利后校名改回"南园小学校"。新中国成立后校名改为"新南小学"。1972年学校迁址北头村东街，更为今名。位于南山街道北头村东街102号。为区属公办学校。占地面积9323平方米，建筑面积6891平方米。

南山区向南小学
Nánshān Qū Xiàngnán Xiǎoxué
[地名代码] 44030500227300000008

属教育设施，小学。1937年开办，原校址在郑氏祠堂，1975年迁址南光村，1998年定为今名。原为向南村办，故名。位于海德二道395号，属南山街道。占地面积13210平方米，建筑面积11658平方米。1995年被评为区一级学校，1999年被评为市一级学校，2005年被评为省一级学校。

南山区南海小学
Nánshān Qū Nánhǎi Xiǎoxué
[地名代码] 44030500227300000009

属教育设施，小学。2005年开办。因临近南山区南海大道，故名。位于南光路38号，属南山街道。为区属公办学校。占地面积13000平方米，建筑面积9600平方米。

南山区月亮湾小学
Nánshān Qū Yuèliàngwān Xiǎoxué
[地名代码] 44030500227300000011

属教育设施，小学。2001年开办。因位于月亮湾花园旁，故名。位于兴海大道1087号，属南山街道。为区属公办学校。占地面积13243平方米，建筑面积7825平方米。

南山区华侨城小学
Nánshān Qū Huáqiáochéng Xiǎoxué
[地名代码] 44030500327300000006

属教育设施，小学。1980年开办。原名"沙河工区小学""沙河华侨企业公司小学"等，2000年定为今名。位于华侨城侨城东街2号，属沙河街道。为区属公办学校。占地面积20474平方米，建筑面积15800平方米。

蛇口育才教育集团育才一小
Shékǒu Yùcái Jiàoyù Jítuán Yùcái YīXiǎo
[地名代码] 44030500627300000004

属教育设施，小学。因是由蛇口育才教育集团创办的第一所小学，故名。1983年开办。位于南山区招商街道蛇口水湾路13号。为区属公办小学。占地面积18212平方米，建筑面积15802平方米。1994年被评为省一级学校。

南山区南油小学

Nánshān Qū Nányóu Xiǎoxué

[地名代码] 44030500727300000007

属教育设施，小学。1986年开办，原名"深圳市华明学校"，1992年定为今名。因位于南油，且原为南油集团子弟学校，故名。为区属公办学校。位于南头后海华明路62号，属粤海街道。占地面积10509平方米，建筑面积18559.35平方米。

北京师范大学南山附属学校小学部

Běijīng Shīfàn Dàxué Nánshān Fùshǔ Xuéxiào XiǎoxuéBù

[地名代码] 44030500727300000009

属教育设施，小学。2000年开办。因是北京师范大学与南山区合办的学校，故名。位于后海大道蔚蓝海岸社区，属粤海街道。为区属公办学校。占地面积67000平方米，建筑面积56000平方米。

深圳南山学府小学

Shēnzhèn Nánshān Xuéfǔ Xiǎoxué

[地名代码] 44030500226100000088

属教育设施，小学。2001年开办，位于南山商业文化中心区，北邻深圳大学，东靠深圳湾畔，为区属公办学校。占地面积23000平方米，建筑面积16000平方米。有两个分校（学府一小和学府二小）。

南山区卓雅小学

Nánshān Qū Zhuóyǎ Xiǎoxué

[地名代码] 44030500827300000006

属教育设施，小学。2001年开办，原名为"桃源二小"，2002年9月定为今名。因寓意学校成绩卓越、环境幽雅，故名。位于龙珠大道桃源村，属桃源街道。为区属公办学校。占地面积12236.90平方米，建筑面积9743平方米。

南山区珠光小学

Nánshān Qū Zhūguāng Xiǎoxué

[地名代码] 44030500827300000011

属教育设施，小学。1936年开办，原名庵前小学，1976年定为今名。因位于珠光村，故名。位于龙珠三路光前东区99号，属桃源街道。为区属公办学校。占地面积19264平方米，建筑面积8885平方米。

深圳大学总医院

Shēnzhèn Dàxué Zǒngyīyuàn

[地名代码] 44030500827300000024

属医疗卫生设施。2018年正式开业。是深圳大学直属附属医院。位于南山区桃源街道西丽大学城学苑大道1098号。为市属三级甲等医院。占地面积近9万平方米。开设专科门诊31个、专病门诊62个、医技科室10个、病区21个。

南方科技大学医院

Nánfāng Kējì Dàxué Yīyuàn

[地名代码] 44030500927300000006

属医疗卫生设施。1985年开办，原为"深圳市西丽人民医院"。2017年，深圳市南山区政府与南方科技大学签署合作共建医院协议，2018年5月改为今名。2019年晋升为三级综合医院。位于留仙大道6019号。医院占地面积2.66万平方米，建筑面积约9万平方米。内设临床学科36个、医技学科14个。

深圳市前海蛇口自贸区医院

Shēnzhèn Shì Qiánhǎi Shékǒu Zìmàoqū Yīyuàn

[地名代码] 44030500527300000006

属医疗卫生设施。前身为1955年创建的蛇口卫生所，1990年更为今名。2006年与原深圳市南山区蛇口联合医院合并。位于南山区招商街道蛇口工业七路36号。为区属三级医院。建有门诊楼、住院楼、行政后勤楼等。设心血管内科、创伤外科等科室。

华中科技大学协和深圳医院
Huázhōng Kējì Dàxué Xiéhé Shēnzhèn Yīyuàn

[地名代码] 44030500127300000003

　　属医疗卫生设施。始于1946年的宝安县卫生院，1991年，随南山区成立而更名为"南山区人民医院"。1995年晋升为二级甲等医院，2011年晋升为三级甲等综合医院，2017年成为国家住院医师规范化培训主基地。2019年南山医院互联网医院正式获批，第一名称变更为"华中科技大学协和深圳医院"，第二名称为"深圳市南山区人民医院"，第三名称为"华中科技大学协和深圳医院互联网医院"。位于南山街道桃园路89号。占地面积8.68万平方米，总建筑面积59.24万平方米。

中国医学科学院阜外医院深圳医院
Zhōngguó Yīxué Kēxuéyuàn Fùwài Yīyuàn Shēnzhèn Yīyuàn

[地名代码] 44030500093000000001

　　属医疗卫生设施。2018年11月设立，医院第一名称为"中国医学科学院阜外医院深圳医院"，第二名称为"深圳市孙逸仙心血管医院"，加挂"国家心血管疾病临床医学研究中心·深圳"牌子。为三级甲等医院。位于南山区朗山路12号。占地面积22458.16平方米，建筑面积88470平方米。规划600张床位。医院诊疗内容除心内科、心外科等传统心血管项目外，还包含高血压、内分泌、肺血管等与心血管病紧密相关的学科项目。

南山区妇幼保健院
Nánshān Qū Fùyòu Bǎojiànyuàn

[地名代码] 44030500127300000008

　　属医疗卫生设施。1986年10月始建，原名"南头区妇幼保健站"。1992年4月更为今名。位于南山区蛇口街道湾厦路1号。为区属三级医院。设有妇科、产科、儿科、新生儿科、妇女保健科等科室，编制床位300张。

南山区慢性病防治院
Nánshān Qū Mànxìngbìng Fángzhìyuàn

[地名代码] 44030500727300000005

　　属医疗卫生设施。因位于南山，以治疗慢性病为主，故名。前身为1994年成立的南山区防疫站慢性病科，2004年6月挂牌为现名，2004年12月与原深圳市南油（集团）医院合并。属粤海街道，位于后海华明路7号。占地面积2604平方米，建筑面积18383平方米。业务范围为承担南山区慢性传染性疾病（结核病、性病、麻风病）和慢性非传染性疾病（高血压、糖尿病、恶性肿瘤、脑卒中、口腔疾病、意外伤害、口腔疾病和精神病）的预防与控制、精神卫生防治、突发疫情处理、健康教育促进、疾病监测、医学应用研究与指导、公共卫生信息处理、基层专业技术培训管理与服务、预防保健服务等。

龙珠医院
Lóngzhū Yīyuàn

[地名代码] 44030500827300000016

　　属医疗卫生设施。因地处龙珠大道附近，且是医疗机构，故名。2007年建成。属桃源街道，位于龙苑路16号。占地面积5万平方米，建筑面积74444平方米。建有门诊楼、住院楼、供应室、仓库、宿舍等。

麒麟山疗养院
Qílínshān Liáoyǎngyuàn

[地名代码] 44030500927300000001

　　属医疗卫生设施。因其靠近麒麟山，且用途是疗养，故名。1983年成立。属西丽街道，位于沁园路4589号。业务范围为疗养、康复等。房屋建筑面积45734平方米。

深圳湾体育中心
Shēnzhènwān Tǐyù Zhōngxīn

[地名代码] 44030500726320000005

　　属体育设施。2010年12月31日建成。位于南山区粤海街道。占地面积约30万平方米。设有"一场两馆"——体育场、体育馆、游泳馆，以及运动员接待服务中心、体育主题公园、商业运营设施等。是深圳的重点城市景观和公共活动空间，为深圳市标志性建筑之一。是2011年第26届世界大学生夏季运动会的开幕式举办场馆和主要分会场。

西丽体育中心
Xīlì Tǐyù Zhōngxīn

[地名代码] 44030500826320000003

　　属体育设施。因地处原西丽街道，且是进行各项体育运动的场所，故名。1999年始建，2001年9月建成。属桃源街道，位于龙珠一路29号。东起珠光路，西近大沙河，南至龙珠一路，北邻博伦职业技术学校。占地面积39000平方米，室内项目场馆面积9000多平方米。内设有羽毛球馆、乒乓球馆、健身馆、自由搏击馆、跆拳道馆、交谊舞厅、青少年活动中心和综合活动馆。室外运动场地面积约10000平方米，包括成人泳池、儿童泳池、网球场、篮球场、门球场、健身路径等体育活动场所，以及露天广场、"大家乐"舞台等，并拥有大片公共绿地、卵石路径、体育商场、茶艺馆、酒吧、餐饮。是2011年第26届世界大学生夏季运动会分会场之一。

蛇口体育中心
Shékǒu Tǐyù Zhōngxīn

[地名代码] 44030500626320000002

　　属体育设施。因是蛇口开展群众性体育运动、促进市民健身运动发展的场所，故名。1985年建成。属招商街道，位于公园路45号。东起公园路，西至爱榕路，南起工业七路，北至荔园路。占地面积约50000平方米。设有篮球场、足球场、田径场、网球场、旱冰场等多项体育基础设施。

南山文体中心
Nánshān Wéntǐ Zhōngxīn

[地名代码] 44030500126320000002

　　属体育设施。2007年始建，2013年建成。位于南山区南头街道南山大道与南头街交会处西北侧。占地面积39600平方米。由剧场、体育馆、游泳馆和一个供市民进行娱乐休闲的城市广场组成。

南园文体中心
Nányuán Wéntǐ Zhōngxīn

[地名代码] 44030500226320000002

　　属体育设施。因位于南园社区内，且是进行文化体育活动的场所，故名。属南山街道，位于德馨街3号。东接南新路，西邻前海路，南连南园社区居委会，北靠桂庙路。占地面积1031.69平方米。

深圳大学城中心体育场
Shēnzhèn Dàxuéchéng Zhōngxīn Tǐyùchǎng

[地名代码] 44030500826320000004

　　属体育设施。因在深圳市大学城内，故名。2007年9月始建，2009年12月建成，位于桃源街道留仙大道旁。东起丽水路，西至竹筒尾山，南起留仙大道，北至学苑大道。占地面积40742平方米，建筑面积15300平方米。

深圳大学元平体育馆
Shēnzhèn Dàxué Yuánpíng Tǐyùguǎn

[地名代码] 44030500726320000003

属体育设施。位于深圳大学内，以捐赠人、港商余元平的名字命名。1993年9月建成。位于粤海街道辖南海大道3688号。东接深大北门，西邻南海大道，南连地铁1号线，北靠深南大道。占地面积5516.28平方米。

西丽湖足球训练基地
Xīlìhú Zúqiú Xùnliàn Jīdì

[地名代码] 44030500926320000002

属体育设施。因其功能特点而命名。属西丽街道，位于西丽湖路4208号。东接平丽花园小区，西邻西丽水库宿舍楼，南起西丽湖路，北至西丽水库。占地面积4万平方米。建有多功能力量训练厅1栋、功能房2栋、11人制足球场3块、7人制足球场1块及200平方米健身房、2万平方米停车场等。

兰溪谷网球场
Lánxīgǔ Wǎngqiúchǎng

[地名代码] 44030500626320000003

属体育设施。因是位于兰溪谷内的网球运动场馆，故名。2004年10月建成。属招商街道，位于沿山路15号。东接沿山路，西邻南山公园，南连翠谷路，北靠工业五路。占地面积1446.01平方米。

名商高尔夫球场
Míngshāng Gāo'ěrfū Qiúchǎng

[地名代码] 44030500326320000002

属体育设施。1996年建成。位于沙河街道沙河东路111号。东起沙河东路，西至沙河西路，南起深南大道，北至北环大道。占地面积777600平方米。是中国第一个18洞灯光高尔夫球场。

沙河高尔夫球会
Shāhé Gāo'ěrfū Qiúhuì

[地名代码] 44030500326320000004

属体育设施。因其位于沙河街道，且是进行高尔夫球运动的场所，故名。1993年建成。位于沙河街道沙河东路1号。东起沙河东路，西至大沙河，南起滨海大道，北至深南大道。占地面积1430000平方米。

西丽高尔夫球会
Xīlì Gāo'ěrfū Qiúhuì

[地名代码] 44030500826320000002

属体育设施。因其位于西丽街道，且是进行高尔夫球运动的场所，故名。1994年始建，1995年建成。属桃源街道，位于春园路9号。东接杨屋新村，西至麒麟生态公园，南起学苑大道，北靠大磡工业区。占地面积1300000平方米，建筑面积20800平方米。设有国际标准的36洞球道，标准杆为72杆。采用南加州情调，拥有26间设备完善的客房及套房、中西餐厅、咖啡室、健身房、按摩室的会所大楼。

2. 宗教设施

天后古庙
Tiānhòu Gǔmiào

[地名代码] 44030500625132000000

属宗教设施。因是祭祀天后（即妈祖，海神之一）的庙宇，故名。明代始建，历代多次修缮、扩建。位于南山区招商街道小南山下。东接赤湾三路，西邻赤湾五路，南连赤湾二路，北靠赤湾六路。占地面积2500平方米。主要景点有正殿、天后宝像、鼓楼等。为广东沿海最大的一座天后庙、深港地区历史上最负盛名的人文景观之一。1988年7月27日被公布为市级文物保护单位。1992年以现代材料和风格复建。

关口玄武古庙

Guānkǒu Xuánwǔ Gǔmiào

[地名代码] 44030500125132000000

　　属宗教设施。因其地处大新社区关口正街，原祀玄帝，故名。后增祀文帝、圣母，又称"三圣宫"。始建于宋代，后多次重修，现存建筑为清代所建。位于南山区南头街道。东接南新路，西邻大新直街，南连大新横街，北靠南头街。占地面积141平方米。为三进单开间布局，建筑物有前院、山门、两廊和正殿。正殿面宽5.80米，进深24.45米，保存完好。2003年6月被公布为区级文物保护单位。

妈祖庙

Māzǔ Miào

[地名代码] 44030500225132000000

　　属宗教设施。又名"小南山妈祖庙"。因是为纪念妈祖而建，故名。1994年由吴姓商人出资兴建。位于南山街道小南山上，东、南接赐庙路，西邻深坑，北靠香格名苑。占地面积2282平方米。

后海天后古庙

Hòuhǎi Tiānhòu Gǔmiào

[地名代码] 44030500725132000001

　　属宗教设施。因其地处后海社区，为祭祀天后而建，故名。明代始建，现存建筑为清光绪四年（1878）重修，1996年再度重修。位于南山区粤海街道。东接后海大道，西、北邻后海工业村，南连登良路。占地面积235平方米。砖木石结构，坐北朝南，三开间二进布局，面阔15.03米，进深15.60米，正殿平面呈"凹"字形。2002年被公布为区级文物保护单位。

大王古庙

Dàwáng Gǔmiào

[地名代码] 44030500725132000002

　　属宗教设施。又名"大冲村大王古庙"。因其地处南山区大冲村，现存匾额上书"大王古庙"，故名。始建于明代，清代、民国多次修缮，最近一次于1996年重修。位于南山区粤海街道深南大道与铜锣路交会处北侧。东接铜鼓路，西邻郎景园，南连深南大道，北靠科发路。占地面积272平方米。五开间两进布局，面阔15.30米，进深17.80米，砖木石结构，坐北朝南，平面呈长方形，由门厅、后厅及厢廊组成。主殿奉祀南海之神祝融，侧殿分祀天后和土地。2003年被公布为区级文物保护单位。

二、市政公用

1. 公用设施

南山热电厂
Nánshān Rèdiànchǎng

[地名代码] 44030500224621000000

　　属火力发电站。因地处南山，利用火力发电，故名。1990年4月始建。位于南山区南山街道月亮湾产业园区内。东起月亮湾大道，西近梦海大道，南起深圳协孚供油公司，北临广深沿江高速公路。总占地面积10000平方米。总装机容量549000千瓦，年发电量180000万度，日均发电量493万千瓦小时。

2. 水库

西丽水库
Xīlì Shuǐkù

[地名代码] 44030500924230000001

　　属中型水库。原名"西沥水库"，1985年经廖承志提议，改为"西丽水库"。1959年12月动工，1960年5月建成。位于南山区西丽街道。东临麒麟生态公园，西至沙河西路，南起西丽湖路，北至西丽果场。水库水面面积3.57平方千米，平均水深10米，总库容3523.66万立方米，正常水位库容2545.43万立方米。主要水源为雨水和东江境外引水。主要供应城市用水。

长岭皮水库
Chánglǐngpí Shuǐkù

[地名代码] 44030599924230000000

　　属中型水库。因地处长岭皮，故名。1977年动工，1981年12月建成并与西丽水库组成统一的供水系统，1995年进行加固扩建。位于南山区桃源街道。东起福龙路，西至福源工业区，南起丽康路，北至鲤鱼墩。水库流域面积9.93平方千米，水面面积1.23平方千米，总库容1754万立方米，正常水位库容1447.65万立方米。主要水源为雨水和东江境外引水。

三、纪念地旅游景点

1. 风景区

海上世界
Hǎishàng Shìjiè

[地名代码] 44030500625300000000

　　属风景区。原为法国建造的一艘豪华游轮，1973年我国购得此船，命名为"明华轮"。1983年此船泊至蛇口海岸六湾并改造成为中国第一座海上旅游中心。1984年由邓小平题字"海上世界"而得名。位于南山区招商街道。东起南海玫瑰花园，西至太子路，南起蛇口客运码头，北至蛇口兴华路。占地面积0.30平方千米。规划分为海上世界广场和"明华轮"两大区域：广场为下沉式，以酒吧和餐饮为主；"明华轮"共9层，长168米，宽21米，主要为市民提供休闲娱乐场所。"明华轮"泊地东南方海域已辟为我国第一个人工鱼礁游钓区，向旅游者提供垂钓、游艇、风帆等娱乐服务。

青青世界
Qīngqīng Shìjiè

[地名代码] 44030500225300000000

　　属风景区。因投资商为香港青青农场投资有限公司，故名。1991年始建，1995年5月建成。位于南山区南山街道。东起南山公园，西至前海路，南起兴海大道，北至海滨大道。占地面积0.08平方千米。以自然植物为依托，建有侏罗纪公园、蝴蝶谷、瓜果园等景观，是一处现代农业与旅游观光相结合的风景区。1997年被评为深圳市"鹏城十景"之一，1998年被评为深圳市环境教育基地，1999年被评为广东省环境教育基地。

深圳野生动物园
Shēnzhèn Yěshēng Dòngwùyuán

[地名代码] 44030500925200000010

　　属风景区。1993年建成开放。位于南山区西丽街道。东起西丽春园路，西至沁园路，南起丽水路，北靠麒麟山。占地面积0.36平方千米。规划分为食草动物区、猛兽区、表演区（步行区）三大区域，放养300多个品种、近万只野生动物，包括一级保护动物大熊猫、金丝猴、华南虎等。主要观赏节目有《百兽盛会》《百鸟盛会》等。

世界之窗
Shìjièzhīchuāng

[地名代码] 44030500325300000002

　　属风景区。因以世界文化为主题，故名。1991年12月动工兴建，1994年6月18日建成开园。位于南山区沙河街道。东起东方花园，西至白石洲村，南临白石路，北靠深南大道。占地面积0.48平方千米。规划分为世界广场、亚洲区、大洋洲区、欧洲区、非洲区、美洲区、现代科技娱乐园、世界雕塑园、国际街九大景区。建有118个景点，代表景点有科罗拉多大峡谷探险漂流、阿尔卑斯山滑雪场、富士山4D柱面环绕数码动感影院等，是一座以弘扬世界文化为宗旨，集文化、娱乐、休闲等功能于一体的主题公园。2001年被评为国家4A级旅游景区，2004年被评为"深圳市最具影响力知名品牌"第一名，2005年被评为"深圳改革开放十大历史性建筑"之一。

中国民俗文化村
Zhōngguó Mínsú Wénhuàcūn

[地名代码] 44030500325300000003

　　属风景区。因其以中华民族民间文化为主题，故名。1990年5月始建，1991年10月建成。位于南山区沙河街道。东临侨城东路，西近世界之窗，南起白石路，北至深南大道。占地面积0.22平方千米。建有25个民族村寨，均按1:1比例建成，是国内首个荟萃各民族民间艺术、民俗风情和民居建筑的大型文化旅游景区，以"二十五个村寨，五十六族风情"的丰厚意蕴赢得了"中国民俗博物馆"的美誉。

锦绣中华

Jǐnxiù Zhōnghuá

[地名代码] 44030500325300000004

属风景区。因其为反映中华民族历史、文化、艺术、古建筑、民族风情的微缩景观区，故名。1987年9月始建，1989年10月建成开放。位于南山区沙河街道。东临云沿路，西近世界之窗，南起白石路，北至深南大道。占地面积0.31平方千米。规划分为景点区和综合服务区两部分。有景点82个，分为古建筑、山水名胜、民居民俗三大类，均按中国版图位置分布，比例大部分按1:15复制，被国家旅游局誉为"开主题公园先河之作"。

欢乐谷

Huānlè Gǔ

[地名代码] 44030500325300000001

属风景区。因其以"欢乐"为主题，故名。1998年建成一期工程，2002年建成二期工程，2005年建成三期工程。位于南山区沙河街道。东起杜鹃山东街，西至杜鹃山西街，南临侨城西街，北靠香山中街。占地面积0.31平方千米。分为西班牙广场、卡通城、冒险山、欢乐岛、金矿镇、香格里拉森林、飓风湾、阳光海岸、玛雅水公园九大主题区，每天上演数十场各类演出，是一座融参与性、观赏性、娱乐性、趣味性于一体的现代主题乐园。2007年被评为国家4A级旅游景区。

欢乐海岸

Huānlè Hǎi'àn

[地名代码] 44030500325200000002

属风景区。因其以都市娱乐为经营内容，以海洋文化为主题，故名。2011年9月建成开放。位于南山区沙河街道。东起游园二路，西至深湾五路，南起滨海大道，北至白石路。占地面积0.60平方千米。分为欢乐海岸购物中心、曲水湾、椰林沙滩、度假公寓、华侨城湿地公园五大区域，是一处将主题商业与滨海旅游、休闲娱乐和文化创意融为一体的综合风景区。

2. 纪念地

南头古城垣

Nántóu Gǔchéngyuán

[地名代码] 44030500125120000004

属纪念地。因是明清残存的古城垣，且位于南头街道南头城内，故名。位于南山区南头街道南头古城博物馆。城垣呈不规则长方形，东西最长为680米，南北最长为500米。城墙用黄黏砂土夯筑，内外包砖，今仅在北面残存一段城墙。2002年被公布为省级文物保护单位。

信国公文氏祠

Xìnguógōng Wénshì Cí

[地名代码] 44030500125110000004

属纪念地。因是文天祥（信国公）之弟文璧后裔为纪念文天祥所建，故名。始建年代不详，清嘉庆二十四年（1819）、1995年两次重修。位于南山区南头街道，占地面积400平方米。四周为清水砖墙，古城内为三开间、三进深、三天井、四廊院的砖木结构建筑，面宽11.50米，进深34.50米。木构梁架、驼峰、斗拱等构件均有雕刻。1984年9月6日被公布为市级文物保护单位。

东莞会馆
Dōngguǎn Huìguǎn

[地名代码]　44030500125120000002

属纪念地。因是清代东莞商人在新安县设立的商会会所，故名。清同治七年（1868）建立，又称"宝安公所"。1907年、1996年先后重修。位于南山区南头街道南头古城中山南街。占地面积269.50平方米。现为两开间二进布局，砖木结构，面阔11米，进深24.50米。内有修建宝安公所时立的四块石碑，记载了清代南头古城街市的情景，对研究清末新安县经济状况有一定历史价值。1984年9月6日被公布为市级文物保护单位。

育婴堂
Yùyīng Táng

[地名代码]　44030500125120000005

属纪念地。因是天主教收养孤儿和弃婴的场所，故名。由意大利传教士兴办，1913年建成，是西方天主教最早在深圳传教的地点。位于南山区南头街道南头城街。东接南山大道，西邻万和工业村，南连南德街，北至南头城街。占地面积1500平方米，为西式风格教堂，混凝土、石木结构，面阔40米，进深30米。1984年9月6日被公布为市级文物保护单位。

陈郁故居
Chényù Gùjū

[地名代码]　44030500225110000002

属纪念地。为纪念中国工人运动先驱和领导者陈郁同志而设立，故名。始建于清道光年间，民国初年重修，1999年再次重修。位于南山区南山街道。东至南新路，西临前海路，南

靠南山村，北至北头村。占地面积207.24平方米。为三开间平房，砖木结构，前有院，四周有砖砌围墙，前院面阔13.20米、进深15.70米。1984年9月6日被公布为市级文物保护单位，2000年被定为南山区爱国主义教育基地。

宋少帝陵
Sòngshàodì Líng

[地名代码]　44030500625110000001

属纪念地。因是赵氏族人为纪念南宋末少帝赵昺所建，故名。1963年被赤湾驻军发现，1982年扩建。位于南山区招商街道赤湾社区赤湾村西侧山岗的南坡上。占地面积4400平方米。墓堂进深9米，宽5.50米，用灰砂土夯筑。1983年5月30日被公布为市级文物保护单位。

赤湾烟墩
Chìwān Yāndūn

[地名代码]　44030500625120000001

属纪念地。因其地处赤湾小南山顶，故名。筑于明洪武二十七年（1394），1995年重修。位于南山区招商街道小南山公园内。占地面积66平方米，呈圆台形，底径11米，顶径6米，高约6米。顶部中间凹陷，墩台护坡用石块和砖砌筑。与赤湾炮台共同属于军事防御设施，是明代东莞所城最重要的烽火台。1988年7月27日被公布为市级文物保护单位。

左炮台
Zuǒ Pàotái

[地名代码]　44030500625120000002

属纪念地。因是赤湾附近两个海防炮台中靠左的一个，故名。1669年始建。位于南山区招商街道左炮台公园内。占地面积360平方米。陈列有1.80米长的古铁炮一门，炮台上有营房7间，东侧立有林则徐铜像一尊。1983年5月被公布为市级文物保护单位。1995年5月被定

为爱国主义教育基地。

汪刘二公祠
Wāngliú'èrgōng Cí

[地名代码]　44030500125110000001

　　属纪念地。为纪念抗葡名将汪鋐和巡海道副使刘稳而建，故名。明万历年间始建，清代重修。位于南山区南头街道大新社区关口村正街。坐北朝南，三开间二进，砖木石结构，通面阔10.60米，进深23.40米，现仅存后厅，面阔10.60米，进深8米。1998年7月15日被公布为市级文物保护单位。

墩头叶氏宗祠
Dūntóu Yèshì Zōngcí

[地名代码]　44030500225110000001

　　属纪念地。因位于向南社区墩头村（又名"丁头村"）老村，为叶氏后人纪念祖先而建，故名。始建于清光绪二十一年（1895）。属南山街道。宗祠为砖木石结构，坐北朝南，三开间三进，面阔12.18米，进深17.41米，建筑面积212平方米，由门厅、中厅、厢廊、后厅组成。为区级人物纪念地。

南园吴氏宗祠
Nányuán Wúshì Zōngcí

[地名代码]　44030500225110000004

　　属纪念地。因位于南山街道南园社区，为祭祀吴氏祖先而建，故名。始建于明代，1990年重修。位于南园社区老村正街，属南山街道。占地面积约750平方米，建筑面积约600平方米。院落面宽13.80米，进深52米，坐东朝西，为三开间三进深带牌坊的砖木石结构建筑。为区级人物纪念地。

女祠
Nǚ Cí

[地名代码]　44030500825110000001

　　属纪念地。因是为表彰郑乔叔之妻姜氏节孝而立的坊表，故名。始建于清晚期，近代进行过多次维修。位于桃源街道塘朗社区老村。占地面积144平方米。土木石结构，坐北朝南，平面呈长方形，三开间二进，面阔8.90米，进深16.20米，由门厅、正厅及廊房组成。2003年被列为南山区文物保护单位。

悦富郑公祠
Yuèfù Zhènggōng Cí

[地名代码]　44030500825110000003

　　属纪念地。因相传是富商郑悦富的后代显子、琬子、耀子、懋子为纪念先父而建，后为郑氏教育后代的场所，故名。始建于清朝，近代进行过重修。位于桃源街道塘朗社区老村。建筑面积168平方米。土木石结构，坐东朝西，三开间二进，面阔10.70米，进深15.70米，由门厅、正厅及厢廊组成。2003年被列为南山区文物保护单位。

春牛堂
Chūnniú Táng

[地名代码]　44030500225120000001

　　属纪念地。因是古代耕春仪式的举办场所，故名。始建于清朝。位于南山区南山街道。东接龙船塘，西至南山党校，南靠宏源制品有限公司，北近东滨路。残存部分面宽23米，进深43米，为五开间三进深建筑结构，现存前殿遗址、围墙、后殿及古井等。2003年被公布为区级文物保护单位。

大板桥
Dàbǎn Qiáo

[地名代码]　44030500225120000002

　　属纪念地。因其修建时所用石料规格较大，当时人称"大板桥"，今沿用旧名，由乡人郑可言所建。位于南山区南山街道。东接南新路，西邻前海路，南连康达苑，北靠学府路。为单拱石拱桥，呈南北向。桥中面宽3.80米，下宽4.20米，长17.40米，距地面高4米，桥孔跨度5.50米，桥两侧设有石栏杆，由花岗岩石条砌成。2003年被公布为区级文物保护单位。

第一届宝安县委宝安农民自卫军模范训练班旧址

Dìyījiè Bǎo'ān Xiànwěi Bǎo'ān Nóngmín Zìwèijūn Mófàn Xùnliànbān Jiùzhǐ

[地名代码] 44030500125120000003

属纪念地。原为郑氏宗祠，1925年宝安县农民协会、1926年第一届中共宝安县委先后于此处成立。位于南山区南头街道南头涌下村升平里。东至南新路，西至大新直街，南至桃园路，北至大新横街。占地面积360平方米。建于明代，为三开间、三进深、两廊、两天井的宗祠结构，面宽11.20米，进深32米，坐东朝西，保留有石刻、木雕、壁画、灰塑等文物。2003年被公布为区级文物保护单位。

解元祠

Jièyuán Cí

[地名代码] 44030500225110000003

属纪念地。因"解元"一词是宋元以后对读书人的尊称，故名。始建于明万历七年（1579），2003年重修。属南山街道，位于南园社区老村。建筑面积208平方米。现存建筑为清代风格，砖木石结构，坐东南朝西北，三开间二进，面阔11.96米，进深17.40米。

林则徐纪念像

Línzéxú Jìniàn Xiàng

[地名代码] 44030500625110000002

属纪念地。为纪念林则徐而建，故名。1985年建成。位于南山区招商街道左炮台公园

内。高3.20米，重1.80吨，雕像塑造的林则徐形象手持单筒望远镜，身佩长剑，目光炯炯地凝视着波涛滚滚的伶仃洋。

鹦歌山新石器时代山岗遗址

Yīnggēshān Xīnshíqì Shídài Shāngāng Yízhǐ

[地名代码] 44030500125120000006

属纪念地。位于南山区南头街道南头古城西北面的鹦歌山上，可眺望珠江口的前海湾。东、南接中山公园，西邻深南大道，北靠北环大道。现存部分占地面积约600平方米。1956年及1984年进行文物调查时，在该遗址采集有石器5件以及大量陶片，并把该遗址定为新石器时代遗址。2003年被公布为区级文物保护单位。

叠石山青铜时代山岗遗址

Diéshíshān Qīngtóng Shídài Shāngāng Yízhǐ

[地名代码] 44030500925120000001

属纪念地。因其地处叠石山，出土青铜时期遗物，故名。1987年被发现。位于南山区西丽街道曙光社区茶光村南面的叠石山上。东接沙河西路，西邻同乐路，南连南坪大道，北靠茶光大道。占地面积约30000平方米。发现有建筑基址1处、柱洞49个、灰坑1个。出土陶器以泥质陶为主，纹饰做法有拍印、压印、刻划等表现技法。被定为战国时期遗址，为研究深圳以至广东地区早期铁器的使用和来源提供了宝贵的实物资料。2003年被公布为区级文物保护单位。

九祥岭青铜时代山岗遗址

Jiǔxiánglǐng Qīngtóng Shídài Shāngāng Yízhǐ

[地名代码] 44030500925120000002

属纪念地。因位于西丽街道新围社区九祥岭村后的山丘上，出土器物属青铜时代，故名。1990年对该遗址进行调查，发现和出土印

纹陶片、陶器一批，定为春秋时期。属西丽街道。东至大沙河，西、北临南天路，南至西丽小学。2003年被列为区级文物保护单位。

屋背岭商时期墓葬群遗址
Wūbèilǐng Shāng Shíqī Mùzàngqún Yízhǐ

[地名代码] 44030500825110000002

属纪念地。因其地处南山区福光村屋背岭，故名。位于南山区桃源街道福光社区福光村后的一座山丘上。占地面积64000平方米，呈不规则形，为河旁岗地。该遗址内发现了94座商时期和6座战国时期的墓葬，为研究珠江三角洲区域商周时期文化提供了一批重要资料。2001年被评为"年度中国考古十大新发现"之一。2003年被公布为区级文物保护单位。

宋朝郑帽庵墓园
Sòngcháo Zhèngmào'ān Mùyuán

[地名代码] 44030500825110000004

属纪念地。因是深圳郑氏始迁祖、朝议大夫郑柏峰之子郑帽庵之墓，故名。1994年重修。位于南山区桃源街道光前村西区。占地面积788平方米，进深38.64米，宽20.40米。墓地上部用花岗石及红砂石砌筑而成，由甬道、月池、二级拜台等组成。2003年6月被公布为区级文物保护单位。

报恩福地墓园
Bào'ēn Fúdì Mùyuán

[地名代码] 44030500925110000000

属纪念地。1992年建成。位于南山区西丽街道。东临同发路，西至同乐路，南起龙母二路，北至西丽四季青鲜花公司。占地面积277500平方米。

深圳市南山区红花园墓群
Shēnzhèn Shì Nánshān Qū Hónghuāyuán Mùqún

[地名代码] 44030500125120000007

属纪念地。因位于深圳市南山区红花园山坡，为西汉墓葬群而得名。1981年发现，清理出西汉土坑竖穴墓1座、东汉土坑竖穴墓1座、砖室墓8座（有"凸"字形墓、"中"字形墓和长方形墓）。清理出东晋墓4座，皆为长方形土坑竖穴，出土釜、罐、盆、杯、纺轮、银簪、绿松石料珠等器物25件，其中三足圆形石砚1件。此外还清理了南朝墓3座。

解放内伶仃岛纪念碑
Jiěfàng Nèilíngdīngdǎo Jìniànbēi

[地名代码] 44030500125120000001

属纪念地。为纪念解放内伶仃岛而壮烈牺牲的解放军指战员而建，故名。1950年4月4日建立，原名"甲岸征粮队牺牲烈士纪念碑"，1950年5月10日，在校场建"解放内伶仃岛纪念碑"。1980年8月21日将两碑迁至南头校场合并改为今名。1995年重建，位于南山区南头街道中山公园内。东邻青少年活动中心，西望南头中学，南连南德街，北靠中山公园南部。占地面积480平方米。纪念碑通高12米，外部为花岗岩，内部为钢筋混凝土结构。1984年9月6日被公布为市级文物保护单位。

南头村侵华日军碉堡
Nántóucūn Qīnhuá Rìjūn Diāobǎo

[地名代码] 44030500126100000001

属纪念地。因是抗日战争时期日军在宝安建立的防守据点，故名。位于南山区南头街道南头城社区南头中学旁。东望南头中心围街，西接南头文化街，南近深南大道，北至南头中学。占地面积24平方米，钢筋混凝土结构，坐西朝东。平面呈长方形，西端两角为抹角，面阔3.50米，进深7.10米，高3.20米，墙体厚0.80米~1米。南、北、西侧设有喇叭形枪眼。是日军侵华的罪证之一。2003年被公布为区级文物保护单位。

大成面粉厂
Dàchéng Miànfěn Chǎng

[地名代码] 44030500525120000001

　　属建筑。1980年建成。前身为远东（中国）面粉厂。位于太子湾项目东北角，港湾大道以南。于2010年结束运营。大成面粉厂在结束运营后，留下10个巨型圆柱形筒仓在数十载风雨中巍然而立，2015年被选址为深港城市/建筑双城双年展（深圳）主展场。

同乐检查站
Tónglè Jiǎnchá Zhàn

[地名代码] 44030500923640000001

　　属检查站。原在南山区同乐村附近，为深圳经济特区管理线沿途公路道口检查站。1994年7月建成启用。主要负责查验经由广深公路进特区的人员、车辆。验证大厅验证通道15条，日常开通4条；车检通道20条，日常开通12条；出口道9条，日常全部开通。现已拆除，恢复为道路设施。

第六编

建（构）筑物（群）

建筑物（群）

1. 居民点

大新新村
Dàxīnxīncūn

[地名代码] 44030500122100000018

属居民点。因在大新村基础上新建，故名。属南头街道。东邻涌下村，西至前海路，南起桃园路，北靠南头街。占地面积50000平方米。截至2020年末，人口9947人，5466户。

关口村
Guānkǒucūn

[地名代码] 44030500122100000021

属居民点。因地处原新安县县城的一处关口附近，故名。清嘉庆《新安县志》"都里"载有"关口"。属南头街道。东近翠岭大厦，西靠吉祥花园，南起旺海怡苑，北至一甲东街。占地面积10000平方米。截至2020年末，人口1459人，486户。

同乐村
Tónglècūn

[地名代码] 44030500122100000041

属居民点。1948年，从浪口村迁来吴姓和刘姓在此地共同生活，取名"同乐村"。属南头街道。东、北临广深高速公路，西靠二线公路，南至中山园路。占地面积40000平方米。截至2020年末，5104人，2603户。

荔园新村
Lìyuánxīncūn

[地名代码] 44030500122100000056

属居民点。因种有大片荔枝林，故名。属

南头街道。东、北至马家龙工业区，西至艺园路，南至祥泰公寓。占地面积10000平方米。截至2020年末，人口6815人，2463户。

一甲村
Yījiǎcūn

[地名代码] 44030500122100000060

属居民点。沿用旧有村名。清嘉庆《新安县志》"都里"载有"第一甲"。民国时期为宝安城外集市，包含东街、南街、北街、正街和一巷、二巷，后改为"一甲"。属南头街道。东起南山豪庭，西靠前海路，南临关口村，北至东方新地苑。占地面积310000平方米。截至2020年末，人口2635人，658户。

界边村
Jièbiāncūn

[地名代码] 44030500122100000075

属居民点。属南头街道。东起新铺花园，西邻前海路，南临金海花园，北至大新村。占地面积15000平方米。截至2020年末，人口10808人，4678户。

涌下村
Chōngxiàcūn

[地名代码] 44030500122100000076

属居民点。当地习惯称"河"为"涌"，因邻近双界河，故名。清嘉庆《新安县志》"都里"载有"涌下"。属南头街道。东邻南新路，西靠大新新村，南起桃园路，北至南头花园。占地面积50000平方米。截至2020年末，人口1689人，1164户。

常兴新村
Chángxīngxīncūn

[地名代码] 44030500122100000079

属居民点。原名"福源村"。清嘉庆《新

安县志》"都里"载有"福源村"。附近今仍有以"福源"为名的福源街。1990年建常兴新村。属南头街道。东起荔香中学，西至南新路，南起南影大厦，北至南景苑。占地面积10000平方米。截至2020年末，人口4466人，2424户。

华侨新村
Huáqiáoxīncūn

[地名代码]　44030500122100000104

属居民点。因由华侨筹资建设，故名。属南头街道。东邻南光路，西靠时代骄子大厦，南起愉康花园，北临南苑新村。占地面积28300平方米。截至2020年末，人口315人，102户。

大新村
Dàxīncūn

[地名代码]　44030500122100000105

属居民点。原为清代商业街，1951年设大新乡，后改为"大新村"。1988年填海后村民自建房屋182栋。属南头街道。东起南新路，西至前海路，南近学府路，北接桃园路。占地面积50000平方米。截至2020年末，人口2488人，1243户。

麒麟新村
Qílínxīncūn

[地名代码]　44030500122100000114

属居民点。以麒麟寓意居民善良仁慈，故名。属南头街道。东邻南海大道，西靠保龙路，南起玉泉路，北至彩虹居。占地面积4900平方米。截至2020年末，人口1078人，578户。

正龙村
Zhènglóngcūn

[地名代码]　44030500222100000006

属居民点。原为南光村的一部分。1990年始建。属南山街道。东起南光路，西、北至南光城市花园，南至现代城华庭。占地面积20000平方米。截至2020年末，人口4968人，2135户。

新南村
Xīnnáncūn

[地名代码]　44030500222100000014

属居民点。因村内建筑物朝向南面，故名。属南山街道。东邻万联大厦，西、南起华联花园，北靠海德道。占地面积8300平方米。截至2020年末，人口1088人，202户。

北头村
Běitóucūn

[地名代码]　44030500222100000017

属居民点。元代，村民先祖从福田沙头村迁来建村。属南山街道。东起福海苑，西至前海路，南起南园村，北至桂庙路。占地面积40000平方米。截至2020年末，人口4719人，502户。

南山村
Nánshāncūn

[地名代码]　44030500222100000022

属居民点。因位于大、小南山山麓，故名。清嘉庆《新安县志》"都里"载有"南山村"。属南山街道。东起南新路，西至西苑小区，南起东滨路，北至南园村。占地面积160000平方米。截至2020年末，人口32798人，20687户。

南山新村
Nánshānxīncūn

[地名代码]　44030500222100000025

属居民点。因位于南山村附近，故名。1987年建成。属南山街道。东邻南新路，西、北至南山村南巷，南靠东滨路。占地面积30000平方米。截至2020年末，人口4723人，1574户。

向南村
Xiàngnáncūn

[地名代码] 44030500222100000026

属居民点。清嘉庆《新安县志》"都里"载有"向南村"。清乾隆年间建村。属南山街道。东起南新路，西至大板桥巷，南起桂庙路，北至丁头村。占地面积130000平方米。截至2020年末，人口10340人，613户。

向南东村
Xiàngnándōngcūn

[地名代码] 44030500222100000029

属居民点。因位于向南村东面，故名。1989年始建。属南山街道。东邻南山大道，西至南新路，南起金田花园，北靠桂庙路。占地面积60000平方米。截至2020年末，人口5406人，758户。

丁头村
Dīngtóucūn

[地名代码] 44030500222100000045

属居民点。原名"墩头村"。清嘉庆《新安县志》"都里"载有"墩头村"。后因"墩"与"丁"音近，改为"丁头村"。属南山街道。东邻南新路，西至大板桥巷，南临向南村，北靠大陆庄园。占地面积30000平方米。截至2020年末，人口16512人，2155户。

南园村
Nányuáncūn

[地名代码] 44030500222100000050

属居民点。相传南宋乾道四年（1168），增城石滩十一世祖吴洪渊授内廷翰林，讲书宣游至此，聚族立村。先后称"吴屋村""南园村"。属南山街道。东起南新路，西至前海路，南起南山村，北至南山小学。占地面积160000平方米。截至2020年末，人口36200人，16832户。

桂庙邨
Guìmiàocūn

[地名代码] 44030500222100000075

属居民点。原名"龟庙村"。清康熙《新安县志》"都里"载有"龟庙村"。又称"红花园村""桂庙村"。2005年始建"桂庙邨"。属南山街道。东邻南海大道，西至南光路，南近桂庙路，北靠阳光华艺大厦。占地面积10000平方米。截至2020年末，人口655人，250户。

南光村
Nánguāngcūn

[地名代码] 44030500222100000100

属居民点。因位于东头村以南，故名。又称"横龙岗"。1959年，与正龙村合并，成立南光生产队。属南山街道。东邻鸿瑞花园，西靠南油物业工业区，南近正龙村，北临桂庙路。占地面积30000平方米。截至2020年末，人口4802人，1836户。

北头新村
Běitóuxīncūn

[地名代码] 44030500222100000113

属居民点。因是北头村新建住宅区，故名。1993年建成。属南山街道。东邻北头豪苑，西靠南山小学，南起南园村，北临南山幼儿园。占地面积10000平方米。截至2020年末，人口4719人，502户。

大磡村

Dàkàncūn

[地名代码]　44030500922100000033

　　属居民点。原名"大磡村"。粤语"磡"与"磡"音近，1990年改为"大磡村"。属西丽街道。东、北至丽康路，西至王京坑路，南邻沁园路。占地面积30000平方米。截至2020年末，人口19022人，6341户。

大磡一村

Dàkànyīcūn

[地名代码]　44030500922100000063

　　属居民点。因是由大磡村分出建设的新村，故名。属西丽街道。东至大磡二村，西至王京坑路，南至大磡商业街，北至木棉坑工业区。占地面积10000平方米。截至2020年末，人口5986人，1995户。

大磡二村

Dàkàn'èrcūn

[地名代码]　44030500922100000004

　　属居民点。因是由大磡村分出建设的新村，故名。属西丽街道。东、北至丽康路，西至大勘一村，南至沁园路。占地面积60000平方米。截至2020年末，人口8394人，2798户。

大磡桥边村

Dàkànqiáobiāncūn

[地名代码]　44030500922100000011

　　属居民点。因位于大墈，且村旁有桥，故名。属西丽街道。东、南起大磡商业街，西、北至大磡福利果场。占地面积20000平方米。截至2020年末，人口1283人，428户。

麻磡村

Mákàncūn

[地名代码]　44030500922100000010

　　属居民点。沿用旧有村名。清嘉庆《新安县志》"都里"载有"麻磡围"。粤语"磡"与"磡"音近，后改为"麻磡村"。属西丽街道。东、北至丽康路，西至麻勘公园，南至麻勘工业南区。占地面积80000平方米。截至2020年末，人口8037人，2006户。

牛成村

Niúchéngcūn

[地名代码]　44030500922100000036

　　属居民点。清朝后期建村，原称"牛绳村"，因村民经常在这里放牛并拴牛绳于此，故名。后因"牛绳"名称不雅，改称"牛成"，取"成功"之意。属西丽街道。东至牛成村路，西至宝岩路，南靠牛成新村，北近七娘顶。占地面积315100平方米。截至2020年末，人口3716人，1239户。

牛成新村

Niúchéngxīncūn

[地名代码]　44030500922100000015

　　属居民点。因在牛成村基础上新建，故名。属西丽街道。东起牛成村路，西至宝岩路，南起南光高速公路，北至牛成村。占地面积20000平方米。截至2020年末，人口2035人，678户。

文光村

Wénguāngcūn

[地名代码]　44030500922100000017

　　属居民点。原名"文岗村"。清嘉庆《新安县志》"都里"载有"文岗村"。20世纪70年代，与茶光村合称为"文茶岗（村）"。1992年，又改为"文光村"。属西丽街道。东起文光村街，西至石鼓路，南起茶光大道，北至西丽南路。占地面积40000平方米。截至2020年末，人口5668人，1889户。

王京坑村

Wángjīngkēngcūn

[地名代码] 44030500922100000030

属居民点。原名"黄獍坑"。后取方言谐音且易写，改名为"王京坑村"。1993年始建。属西丽街道。东、北至丽康路，西、南至王京坑路。占地面积270000平方米。截至2020年末，人口3249人，1083户。

松坪村

Sōngpíngcūn

[地名代码] 44030500922100000037

属居民点。因是推平松坪山后新建，故名。1994年始建。属西丽街道。东临沙河西路，西至南海大道，南起北环路，北至广深高速公路。占地面积360000平方米。截至2020年末，人口11250人，3628户。

新围村

Xīnwéicūn

[地名代码] 44030500922100000044

属居民点。清康熙《新安县志》"都里"载有"新围村"。明永乐年间，刘氏祖先由河南经潮州、兴宁等地迁来建村，后因"陈壮园之乱"被毁。清咸丰三年（1853）重建。1992年新建。属西丽街道。东邻丽新花园、高职院学生公寓，西至新高路，南起腾飞苑，北靠同沙路。占地面积50000平方米。截至2020年末，人口约20000人，6026户。

茶光村

Cháguāngcūn

[地名代码] 44030500922100000053

属居民点。原名"茶岗村"。清嘉庆《新安县志》"都里"载有"茶岗村"。20世纪70年代，与文岗村（现称"文光村"）合称为"文茶岗（村）"。1992年，又改为"茶光

村"。属西丽街道。东起沙河西路，西近凯安储运公司仓库，南起丰泽园仓储配送中心，北至茶光大道。占地面积60000平方米。截至2020年末，人口10146人，3382户。

官龙村

Guānlóngcūn

[地名代码] 44030500922100000057

属居民点。沿用旧有村名。清同治年间，新围村刘姓一支迁来，因周边有三个湖，称"三湖村"。20世纪50年代末，改名"官龙村"。属西丽街道。东邻蓬莱街，西至同发路，南起官龙路，北靠官龙名苑。占地面积260000平方米。截至2020年末，人口8524人，2841户。

留仙洞村

Liúxiāndòngcūn

[地名代码] 44030500922100000058

属居民点。沿用旧有村名。清康熙《新安县志》"都里"载有"留仙洞"。传说，清代村中曾有一名年轻女子用两枚铜钱向村民购买灯油后，走入村外竹林中突然消失。村人遍寻无果，认为是神仙下凡显灵。于是在竹林中修建庙宇，即留仙洞龙母古庙。属西丽街道。东近七指洞山，西至南光高速公路，南近留仙小学，北至桑泰工业区。占地面积50000平方米。截至2020年末，人口4339人，1446户。

白芒村

Báimángcūn

[地名代码] 44030500922100000065

属居民点。沿用旧有村名。清康熙《新安县志》"都里"载有"白芒村"。1615年前后，张姓先祖自福建经广东大埔迁来建村。属西丽街道。东邻背夫山，西至沙河西路，南近南山区白芒污水处理厂，北靠丽康路。占地面积310000平方米。截至2020年末，人口13630

人，4543户。

新塘村
Xīntángcūn

[地名代码] 44030500322100000005

属居民点。因此村人多来自塘前村，逐渐聚集成村，为与塘前村区别，故名。属沙河街道。东起中核集团，西至沙河东路，南起视得安股份公司，北至香山西街。占地面积79400平方米。截至2020年末，常住人口0.15万人，680户。

塘头村
Tángtóucūn

[地名代码] 44030500322100000026

属居民点。沿用旧有村名。20世纪60年代因修建铁岗水库，村民迁来建村。1979年重建。属沙河街道。东靠公安部南方研究所，西至下白石村，南近深南大道，北至上白石村。占地面积110000平方米。截至2020年末，人口8084人，2641户。

深云村
Shēnyúncūn

[地名代码] 44030500322100000032

属居民点。因邻近深云路，故名。2007年始建。属沙河街道。东、北临龙珠大道，西接深云路，南至深安路。占地面积130000平方米。截至2020年末，人口1.17万人，3248户。

白石洲
Báishí zhōu

[地名代码] 44030500322100000028

属居民点。沿用旧有村名。清康熙《新安县志》"都里"载有"白石村"。又称"白石洲村"。属沙河街道。东起世界之窗，西至石洲中路，南起御景东方花园，北至深南大道。占地面积138000平方米。截至2020年末，人口

2.20万人，1.17万户。

上白石村
Shàngbáishícūn

[地名代码] 44030500322100000073

属居民点。清康熙《新安县志》"都里"载有"白石村"。后因村落发展，分出上白石村、下白石村。1989年扩建。属沙河街道。东靠沙河小学，西至沙河街，南靠下白石村，北至白石洲工业区。占地面积60000平方米。截至2020年末，人口1278人，647户。

下白石村
Xiàbáishícūn

[地名代码] 44030500322100000011

属居民点。清康熙《新安县志》"都里"载有"白石村"。后因村落发展，分出上白石村、下白石村。1989年扩建。属沙河街道。东靠塘头村，西至沙河街，南起深南大道，北至上白石村。占地面积50000平方米。截至2020年末，人口1009人，736户。

南水村
Nánshuǐcūn

[地名代码] 44030500522100000012

属居民点。因由南村和水湾村合并而来，故名。清末邬、张两姓自广东紫金、五华等地迁此建立南村。后南村与水湾头合并，称"南水村"。属蛇口街道。东起石云路，西至水湾路，南起蛇口步行街，北至招商路。占地面积7000平方米。截至2020年末，人口6311人，2104户。

雷公岭村
Léigōnglǐngcūn

[地名代码] 44030500522100000019

属居民点。因邻近雷公岭，故名。20世纪80年代初始建。属蛇口街道。东至湾厦德园，

西至花果路，南起招商路，北至千叶苑。占地面积20000平方米。截至2020年末，人口4312人，1437户。

蛇口荣村
Shékǒuróngcūn

[地名代码] 44030500522100000026

　　属居民点。因位于蛇口，故名。1993年始建。属蛇口街道。东起渔村路，西至石云路，南起蛇口老街，北至蛇口步行街。占地面积40000平方米。截至2020年末，人口2180人，727户。

湾厦村
Wānxiàcūn

[地名代码] 44030500522100000041

　　属居民点。沿用旧有村名。清康熙《新安县志》"都里"载有"湾下村"。1959年，湾厦村成立海湾蚝业队，从事蚝业生产的村民划归海湾村，自此分为湾厦村和海湾村。属蛇口街道。东近后海大道，西至围仔西，南近蛇口中学，北至湾厦花园。占地面积130000平方米。截至2020年末，人口23212人，7737户。

海湾新村
Hǎiwānxīncūn

[地名代码] 44030500522100000048

　　属居民点。因是海湾村新建住宅区，故名。原名"湾厦村"。1959年，湾厦村成立海湾蚝业队，从事蚝业生产的村民划归海湾村。1988年始建。属蛇口街道。东靠湾厦大厦，西至爱榕路，南起渔村路，北至湾厦天后路。占地面积7000平方米。截至2020年末，人口1138人，379户。

渔二村
Yú'èrcūn

[地名代码] 44030500522100000085

　　属居民点。1942年村民自汕尾迁来建村，1958年设立渔业二大队，称"渔二村"。属蛇口街道。东起湾厦路，西至渔村路，南起望海路，北至蛇口新街。占地面积20000平方米。截至2020年末，人口3881人，1294户。

水湾村
Shuǐwāncūn

[地名代码] 44030500622100000018

　　属居民点。属招商街道。东靠南水村，西至荔园小区，南靠南山路，北至水湾小区。占地面积0.04平方千米。旧村现已拆除，新村建成地标性建筑"水湾1979"。

赤湾村
Chìwāncūn

[地名代码] 44030500622100000030

　　属居民点。因邻近赤湾，故名。属招商街道。东近赤湾五路，西至赤湾九路，南临赤湾二路，北至港湾生活小区。占地面积0.03平方千米。截至2020年末，人口1410人，470户。

后海村
Hòuhǎicūn

[地名代码] 44030500722100000050

　　属居民点。沿用旧有村名。清康熙《新安县志》"都里"载有"后海村"。属粤海街道。东起后海大道，西至后海工业路，南起华明路，北至后海工业村。占地面积30000平方米。截至2020年末，人口6589人，2196户。

粤海门村
Yuèhǎiméncūn

[地名代码] 44030500722100000079

　　属居民点。建村时依所处位置起名，因地处粤之滨，故名。属粤海街道。东起科技南一路，西、北接深圳大学，南邻白石路。占地面积30500平方米。截至2020年末，人口2090人，695户。

桂庙新村
Guìmiàoxīncūn

[地名代码] 44030500722100000093

属居民点。因是桂庙村新建住宅区，故名。1983年始建。属粤海街道。东起白石路，西近厚德品园，南起学府路，北至深圳大学。占地面积70000平方米。截至2020年末，人口8443人，2600户。

珠光村
Zhūguāngcūn

[地名代码] 44030500822100000005

属居民点。沿用旧有村名。清康熙《新安县志》"都里"载有"猪岗头"。村后红花岭，形似猪，人称"猪岗"，与"珠光"音近，又称"珠光村"。属桃源街道。东起平南铁路，西至珠光村工业区，南起珠光路，北至红花岭。占地面积20000平方米。截至2020年末，人口12529人，8227户。

龙井村
Lóngjǐngcūn

[地名代码] 44030500822100000015

属居民点。沿用旧有村名。清康熙《新安县志》"都里"载有"龙井村"。1992年城市化后自然村改住宅区。属桃源街道。东起龙珠五路，西至龙珠四路，南靠龙井路，北至龙井第二工业区。占地面积120000平方米。截至2020年末，人口4579人，1321户。

平山村
Píngshāncūn

[地名代码] 44030500822100000021

属居民点。沿用旧有村名。清康熙《新安

县志》"都里"载有"平山村"。1981年建成新村。属桃源街道。东、北起平山一路，西至丽山路，南至平山二路。占地面积70000平方米。截至2020年末，人口23450人，10125户。

新屋村
Xīnwūcūn

[地名代码] 44030500822100000022

属居民点。因为建村时村民一切重新开始，所有东西都是新的，故名。属桃源街道。东起新屋村工业区，西、北至平南铁路，南至龙珠大道。占地面积111800平方米。截至2020年末，人口9447人，7131户。

桃源村
Táoyuáncūn

[地名代码] 44030500822100000023

属居民点。因是深圳大型微利房住宅小区，寓意"世外桃源"，故名。1997年始建，一期于1997年竣工，二期于2001年竣工，三期于2003年竣工。属桃源街道。东起深云路，西至龙珠五路，南起北环大道，北至龙珠大道。占地面积40000平方米。截至2020年末，人口25938人，8312户。

光前村
Guāngqiáncūn

[地名代码] 44030500822100000042

属居民点。原名"庵前村"。后因音近，改为"光前"。1978年建成。属桃源街道。东近龙珠三路，西、南近龙井路，北至珠光小学。占地面积50000平方米。截至2020年末，人口4872人，1405户。

塘朗村
Tánglǎngcūn

[地名代码] 44030500822100000046

属居民点。清康熙《新安县志》"都里"载有"塘蓢村"。1989年改建。属桃源街道。东起福光路，西至塘益路，南起留仙大道，北至塘朗新村。占地面积20000平方米。截至2020年末，人口9263人，4043户。

塘朗新村
Tánglǎngxīncūn

[地名代码] 44030500822100000010

属居民点。因是塘朗村新建住宅区，故名。1961年之前，塘朗村、珠光村、新围村、白芒村、大涌村、国营沙河农场合称沙河乡。属桃源街道。东至翠兴楼和郎轩楼，西至塘益路，南临塘朗村，北靠学苑大道。占地面积50000平方米。截至2020年末，人口5987人，2054户。

仓前锦福苑
Cāngqián Jīnfú Yuàn

[地名代码] 44030500122100000002

属居民点。因在仓前村基础上新建，故名。20世纪80年代重建。属南头街道。东至常兴花园，西至南新路，南至丁头东村，北至学府路。占地面积10000平方米。截至2020年末，人口1039人，414户。

南山建工村一期
Nánshānjiàngōngcūn Yīqī

[地名代码] 44030500122100000003

属居民点。因是驻深建筑施工企业的生产、生活基地，故名。1991年始建。属南头街道。东、北至广深高速公路，西至同乐学校，南至华泰小区。占地面积50000平方米。截至2020年末，5104人，2603户。

麒麟花园
Qílín Huāyuán

[地名代码] 44030500122100000006

属居民点。因邻近原麒麟路，故名。属南头街道。东邻南海大道，西至艺园路，南起正云路，北靠玉泉路。占地面积90000平方米。截至2020年末，人口7169人，808户。

中山苑
Zhōngshān Yuàn

[地名代码] 44030500122100000024

属居民点。因位于中山园路，故名。属南头街道。东邻黎明工业区，西靠南山大道，南起莲城社区，北至玉泉路。占地面积15000平方米。截至2020年末，人口1050人，436户。

一甲海边新村
Yījiǎhǎibiānxīncūn

[地名代码] 44030500122100000026

属居民点。因是一甲村在海边新建的住宅区，故名。属南头街道。东邻南山豪苑，西靠前海路，南近南头街，北至海岸时代公寓。占地面积50000平方米。截至2020年末，人口1759人，586户。

东方美地苑
Dōngfāng Měidì Yuàn

[地名代码] 44030500122100000032

属居民点。寓意美丽，故名。属南头街道。东邻中南海滨大酒店，西靠南山区供电局宿舍，南起关口路，北至南头红花路。占地面积4600平方米。截至2020年末，人口968人，322户。

绿海名都
Lǜhǎi Míngdū

[地名代码] 44030500122100000037

属居民点。因小区绿化覆盖率高，像绿色的海洋，故名。属南头街道。东邻御海新苑，西至桃李路，南起学府路，北靠桃李花园。占地面积32000平方米。截至2020年末，人口3369人，1071户。

南头古城
Nántóu Gǔchéng

[地名代码] 44030500122100000038

属居民点。因位于南头城旧址，故名。属南头街道。东起南山大道，西至南头城，南起南达街，北至中山东街。占地面积30000平方米。截至2020年末，人口2.10万人，9000户。

南山豪庭
Nánshān Háotíng

[地名代码] 44030500122100000046

属居民点。因位于南山街道，寓意"豪华"，故名。属南头街道。东邻元风幼儿园，西靠一甲东街，南起红花路，北至嘉南美地。占地面积7000平方米。截至2020年末，人口526人，175户。

前海花园
Qiánhǎi Huāyuán

[地名代码] 44030500122100000047

属居民点。因邻近前海湾，故名。2003年建成。属南头街道。东起前海路，西至月亮湾大道，南起桃园路，北至星海名城。占地面积9000平方米。截至2020年末，人口8906人，2533户。

海岸时代公寓
Hǎi'àn Shídài Gōngyù

[地名代码] 44030500122100000049

属居民点。因由深圳市海岸房地产开发有限公司开发建设，故名。属南头街道。东邻东方新地苑，西至前海路，南起海边新村，北靠宝安大道。占地面积3700平方米。截至2020年末，人口94人，28户。

前海天朗风清家园
Qiánhǎi Tiānlǎngfēngqīng Jiāyuán

[地名代码] 44030500122100000057

属居民点。因位于前海社区，寓意"环境怡人"，故名。2004年始建。属南头街道。东邻阳光棕榈园，西至前海小学，南、北靠绿海名都。占地面积10021平方米。截至2020年末，人口1599人，478户。

悠然天地家园
Yōurán Tiāndì Jiāyuán

[地名代码] 44030500122100000058

属居民点。取"悠然自得"之意，故名。2003年始建。属南头街道。东邻南光路，西至荔林春晓，南起明舍御园，北靠深南大道。占地面积25300平方米。截至2020年末，人口1329人，443户。

椰风海岸
Yēfēng Hǎi'àn

[地名代码] 44030500122100000059

属居民点。属南头街道。东邻桃李路，西靠月亮湾大道，南起前海学校，北至桃园路。占地面积21965平方米。截至2020年末，人口1895人，560户。

缤纷年华家园
Bīnfēn Niánhuá Jiāyuán

[地名代码] 44030500122100000063

属居民点。寓意此地居民生活幸福多彩，故名。2004年始建。属南头街道。东邻嘉庭苑，西靠艺园路，南起环境大厦，北至正云路。占地面积11980平方米。截至2020年末，人口1859人，726户。

桃花园
Táohuā Yuán

[地名代码] 44030500122100000066

　　属居民点。因小区内种植有大量桃树，故名。1990年建成。属南头街道。东邻南山大道，西至田厦翡翠明珠花园，南起桃园路，北靠南山艺术博览馆。占地面积19200平方米。截至2020年末，人口1969人，453户。

愉康花园
Yúkāng Huāyuán

[地名代码] 44030500122100000071

　　属居民点。寓意愉悦、健康，故名。属南头街道。东邻南光路，西至愉康大厦，南起学府路，北靠豪园。占地面积38000平方米。截至2020年末，人口2161人，743户。

南头城
Nántóu Chéng

[地名代码] 44030500122100000072

　　属居民点。因南头古城而得名。曾用名新安县治所。属南头街道。东邻南头城朝阳南街，西至中山南街，南起南头古城，北靠中山东街。占地面积12900平方米。截至2020年末，人口2.20万人，12852户。

东方新地苑
Dōngfāng Xīndì Yuàn

[地名代码] 44030500122100000073

　　属居民点。因位于红花园社区的东面，故名。属南头街道。东邻嘉南美地，西靠海岸时代公寓，南起一甲、海边新村，北至宝安大道。占地面积3400平方米。截至2020年末，人口648人，216户。

方鼎华庭
Fāngdǐng Huátíng

[地名代码] 44030500122100000083

　　属居民点。因由深圳市方鼎实业投资发展有限公司开发建设，故名。属南头街道。东邻马家龙工业区，西至南山大道，南起南头派出所，北靠北环大道。占地面积14800平方米。截至2020年末，人口1111人，399户。

九街
Jiǔ jiē

[地名代码] 44030500122100000086

　　属居民点。因原南头城内有县前街、显宁街、永盈街、寺前街、新街、聚秀街、和阳街、迎恩街、五通街九条街道，故名。属南头街道。东起春景街，西至南头梧桐街，南靠门直街，北至中山东街。占地面积20000平方米。截至2020年末，人口2265人，755户。

桃苑
Táo Yuàn

[地名代码] 44030500122100000087

　　属居民点。寓意世外桃源，故名。属南头街道。东邻荔馨村，西靠荔苑小区，南起学府路，北至南山医院。占地面积12200平方千米。截至2020年末，人口1370人，758户。

红花园
Hónghuā Yuán

[地名代码] 44030500122100000095

　　属居民点。因在红花村基础上新建住宅区，故名。1985年建成。属南头街道。东近南山大道，西至英达·钰龙园，南起红花路，北靠武警第六支队。占地面积20000平方米。截至2020年末，人口1360人，340户。

星海名城
Xīnghǎi Míngchéng

[地名代码] 44030500122100000115

属居民点。为深圳市振业（集团）股份有限公司开发的住宅区。1999年始建。属南头街道。东邻前海路，西靠北大附中南山分校，南起前海花园，北至宝安大道。占地面积220000平方米。截至2020年末，人口22638人，6672户。

诺德假日花园
Nuòdé Jiàrì Huāyuán

[地名代码]　44030500222100000007

属居民点。因由深圳市中铁诺德投资有限公司开发建设，故名。2009年建成。属南山街道。东起前海路，西至月亮湾大道，南起东滨路，北至沿湖路。占地面积70000平方米。截至2020年末，人口9761人，2712户。

大陆庄园
Dàlù Zhuāngyuán

[地名代码]　44030500222100000008

属居民点。因小区设计有园林庭院，适宜居家生活，故名。属南山街道。东邻南新路，西至大板桥巷，南起永福正街，北靠学府路。占地面积12000平方米。截至2020年末，人口1148人，746户。

月亮湾山庄
Yuèliàngwān Shānzhuāng

[地名代码]　44030500222100000009

属居民点。因位于月亮湾片区，故名。1995年建成。属南山街道。东起月亮湾花园，西至香格名苑，南起汉京半山公馆，北至月华苑。占地面积140000平方千米。截至2020年末，人口1453人，322户。

南粤山庄
Nányuè Shānzhuāng

[地名代码]　44030500222100000010

属居民点。因由深圳南油（集团）有限

公司开发建设，故名。1995年筹建。位于大南山登山口。属南山街道。东邻福园小区，西至荔林公园，南起荔海春城花园，北靠中熙香山美林苑。占地面积50000平方米。截至2020年末，人口1400人，439户。

南光花园
Nánguāng Huāyuán

[地名代码]　44030500222100000011

属居民点。因在南光村基础上新建，故名。1993年建成。属南山街道。东、北起南光村，西至南油第四工业区，南至海德道。占地面积20000平方米。截至2020年末，人口1218人，438户。

月华苑
Yuèhuá Yuàn

[地名代码]　44030500222100000015

属居民点。寓意环境清幽，如月之光华，故名。2007年始建。属南山街道。东邻月亮湾花园，西靠兴海公园，南起月亮湾山庄，北至前海路。占地面积8100平方米。截至2020年末，人口1692人，563户。

华联城市山林花园
Huálián Chéngshì Shānlín Huāyuán

[地名代码]　44030500222100000020

属居民点。因由深圳市华联置业集团开发建设，取北宋米芾"城市山林"刻石，寓意城市与自然和谐共处，故名。2004年始建。属南山街道。东邻东滨路，西至荔庭园，南起南粤山庄，北靠南山工业屯。占地面积80000平方米。截至2020年末，人口4000人，1740户。

华联花园
Huálián Huāyuán

[地名代码]　44030500222100000023

属居民点。因由华联发展集团有限公司开发建设，故名。1991年建成。属南山街道。东邻南山大道，西至南新路，南起海润实业有限公司，北靠向南茗苑。占地面积40000平方米。截至2020年末，人口2669人，1201户。

南山花园
Nánshān Huāyuán

[地名代码] 44030500222100000027

属居民点。因邻近大南山，故名。1997年建成。属南山街道。东邻荔湾沿山路，西靠前海路，南起德尚世家花园，北至恒立心海湾花园。占地面积50000平方米。截至2020年末，人口796人，228户。

月亮湾花园
Yuèliàngwān Huāyuán

[地名代码] 44030500222100000032

属居民点。因位于小南山北麓月亮湾填海区，故名。1994年始建。属南山街道。东邻兴海大道，西至月华苑，南起月亮湾小学，北靠前海路。占地面积120000平方米。截至2020年末，人口16512人，2155户。

大板桥巷
Dàbǎnqiáo Xiàng

[地名代码] 44030500222100000038

属居民点。因位于大板桥，故名。属南山街道。东邻丁头村，西近前海路，南起桂庙路，北至学府路。占地面积130000平方米。截至2020年末，人口6119人，544户。

青青山庄
Qīngqīng Shānzhuāng

[地名代码] 44030500222100000062

属居民点。因位于青青世界生态公园，故名。1997年建成。属南山街道。东近坑尾山，

西至深大附中，南起青青世界，北临前海路。占地面积60000平方米。截至2020年末，人口331人，43户。

西苑花园
Xīyuàn Huāyuán

[地名代码] 44030500222100000064

属居民点。因位于南山村西，故名。1995年建成。属南山街道。东邻南山村，西至前海路，南起心语家园，北靠心语雅园。占地面积20000平方米。截至2020年末，人口854人，285户。

阳光棕榈园
Yángguāng Zōnglǘ Yuán

[地名代码] 44030500222100000069

属居民点。因小区内种植大量棕榈树，建筑具有地中海风格，故名。2001年始建。属南山街道。东邻前海路，西靠月亮湾大道，南起桂庙路，北至学府路。占地面积170000平方米。截至2020年末，人口11200人，3072户。

康乐园
Kānglè Yuán

[地名代码] 44030500222100000081

属居民点。因邻近海康街，故名。1991年建成。属南山街道。东近南海大道，西靠南光路，南起海康街，北至深圳市博伦职业技术学校。占地面积20000平方米。截至2020年末，人口1111人，313户。

登良花园
Dēngliáng Huāyuán

[地名代码] 44030500222100000125

属居民点。因小区内有吴登良纪念碑，故名。民国初年，南园村村民吴登良去往荷兰经商创业，20世纪20年代回到家乡捐资修建

南园小学。村民立"登良碑"以纪念，并将南园小学前的道路命名为"登良路"。1997年建成。属南山街道。东、南起半岛登良花园，西至南油第三工业区，北至登良路。占地面积20000平方米。截至2020年末，人口5411人，3000户。

石鼓花园
Shígǔ Huāyuán

[地名代码] 44030500922100000020

属居民点。因邻近石鼓路，故名。属西丽街道。东起石鼓路，西至建筑工地，南起打石二路，北至西丽第二中学。占地面积20000平方米。截至2020年末，人口393人，131户。

松坪村经济适用房
Sōngpíngcūn Jīngjì Shìyòngfáng

[地名代码] 44030500922100000022

属居民点。因位于松坪山社区，故名。2009年始建。属西丽街道。东起沙河西路，西至松坪山梅苑综合楼，南起松坪山兰苑，北至宝深路。占地面积50400平方米。

松坪村梅苑
Sōngpíngcūn Méiyuàn

[地名代码] 44030500922100000023

属居民点。因在松坪村基础上新建，取梅花雅意，故名。1994年建成。属西丽街道。东起松坪小学，西至松坪中学，南起群芳街，北至宝深路。占地面积50000平方米。截至2020年末，人口2034人，678户。

松坪山竹苑
Sōngpíngshān Zhúyuàn

[地名代码] 44030500922100000034

属居民点。因在松坪村基础上新建，取竹子雅意，故名。1994年建成。属西丽街道。东起松坪山兰苑，西至松坪山路，南起朗山路，北至群芳街。占地面积40000平方米。截至2020年末，人口2841人，947户。

松坪山高新公寓
Sōngpíngshān Gāoxīn Gōngyù

[地名代码] 44030500922100000060

属居民点。因位于松坪山小区，为人才引进配套住宅。2004年始建。属西丽街道。东起清华紫光信息港，西至科苑路，南起高新北六道，北至朗山路。占地面积40000平方米。截至2020年末，人口1995人，665户。

松坪山第五工业区单身公寓
Sōngpíngshān Dìwǔ Gōngyèqū Dānshēn Gōngyù

[地名代码] 44030500922100000062

属居民点。因位于松坪山第五工业区，故名。属西丽街道。东起松坪中学，西至松坪第二小学，北起宝深路，南至群芳街。占地面积30000平方米。截至2020年末，人口6744人，2248户。

麒麟山庄
Qílín Shānzhuāng

[地名代码] 44030500922100000028

属居民点。因邻近麒麟山，故名。属西丽街道。东起西丽高尔夫球会，西至西丽跑马场，南起麒麟山，北至麒麟山疗养院。占地面积170000平方米。截至2020年末，人口约750人，244户。

珠光苑
Zhūguāng Yuàn

[地名代码] 44030500922100000029

属居民点。1994年始建。属西丽街道。东邻沙河西路，南近文康苑，北靠丽苑村，西至西丽南路。占地面积30000平方米。截至2020年末，人口1810人，603户。

紫荆山庄
Zǐjīng Shānzhuāng

[地名代码] 44030500922100000056

属居民点。以紫荆花命名，寓意家庭和美。属西丽街道。东临西丽湖路，西至平山村村民别墅区，南起世纪星旅游学校，北至丽紫路。占地面积0.07平方千米，总建筑面积30200平方米。截至2020年末，人口222人，70户。

九祥岭
Jiǔxiáng Lǐng

[地名代码] 44030500922100000059

属居民点。原名"教场岭"，又名"九长岭"。1980年建成。1992年改为"九祥岭"。村民多从龙华、石岩等地迁来。属西丽街道。东邻大沙河，西至沙河西路，南起南国丽城，北至西丽小学。占地面积50000平方米。截至2020年末，人口11218人，3739户。

侨城东街住宅区
Qiáochéng Dōngjiē Zhùzháiqū

[地名代码] 44030500322100000003

属居民点。因邻近侨城东街，故名。属沙河街道。东邻康佳苑，西近华侨城小学，南起光华街住宅区，北至松山村。占地面积40000平方米。截至2020年末，人口4664人，1550户。

中信红树湾花城
Zhōngxìn Hóngshùwān Huāchéng

[地名代码] 44030500322100000010

属居民点。因由深圳中信红树湾房地产有限公司开发建设，故名。2004年建成。属沙河街道。东起深湾一路，西至沙河东路，

南起白石三道，北至白石二道。占地面积160000平方米。截至2020年末，人口9000人，2673户。

沙河荔园新村
Shāhé Lìyuán Xīncūn

[地名代码] 44030500322100000024

属居民点。因位于沙河，邻近荔枝园，故名。1992年始建。属沙河街道。东起欢乐谷，西至塘头村，南起世界花园海华居，北至公安部南方研究所。占地面积40000平方米。截至2020年末，人口3500人，816户。

侨城东方花园
Qiáochéng Dōngfāng Huāyuán

[地名代码] 44030500322100000031

属居民点。因由深圳市华侨城房地产有限公司开发建设，故名。1986年始建。属沙河街道。东起中国民俗文化村，西至世界之窗，南起华侨城人工湖，北至深南大道。占地面积140000平方米。截至2020年末，人口2250人，791户。

纯水岸
Chúnshuǐ'àn

[地名代码] 44030500322100000037

属居民点。因环湖而建，故名。2003年建成。属沙河街道。东起天鹅堡小区，西至上白石村，南起沙河荔园新村，北至香山西街。占地面积420000平方米。截至2020年末，人口5801人，2368户。

红树西岸花园
Hóngshù Xī'àn Huāyuán

[地名代码] 44030500322100000039

属居民点。因由深圳红树西岸地产发展有限公司开发建设，故名。2003年始建。属

沙河街道。东起深湾一路，西临山河东路，南至滨海大道，北邻深圳外国语学校。占地面积75100平方米。截至2020年末，人口2500人，1301户。

天鹅堡
Tiān'é Bǎo

[地名代码] 44030500322100000060

　　属居民点。因小区内人工湖名为"天鹅湖"，故名。2005年建成。属沙河街道。东、北至侨香路，西至纯水岸，南至欢乐谷。占地面积11800平方米。截至2020年末，人口4392人，1512户。

光华街住宅区
Guānghuá Jiē Zhùzháiqū

[地名代码] 44030500322100000064

　　属居民点。因邻近光华街，故名。1986年始建。属沙河街道。东起汕头街，西至光侨街，南起深南大道，北至海景花园。占地面积40000平方米。截至2020年末，人口17592人，5860户。

海伴雅居
Hǎibàn Yǎjū

[地名代码] 44030500522100000001

　　属居民点。因位于海昌社区，故名。2000年始建。属蛇口街道。东起望海汇景苑，西至武装部宿舍，南临海湾花园，北靠海昌街。占地面积3600平方米，总建筑面积0.02平方千米。建筑物2栋，8层。截至2020年末，有居民191户，572人。

南海玫瑰花园
Nánhǎi Méigui Huāyuán

[地名代码] 44030500522100000006

　　属居民点。为填海修建的住宅区。2001年

始建。属蛇口街道。东、南靠海，西至南山海上世界临时广场，北至望海路。占地面积50000平方米。截至2020年末，人口693人，231户。

围仔西住宅区
Wéizǎixī Zhùzháiqū

[地名代码] 44030500522100000010

　　属居民点。因位于围仔西，故名。1980年，开发围仔山建住宅区，以渔村路为界，分为围仔东、围仔西。属蛇口街道。东靠湾厦村，西至花果路，南起渔村路，北至南玻花园。占地面积30000平方米。截至2020年末，人口7085人，2362户。

南水小区
Nánshuǐ Xiǎoqū

[地名代码] 44030500522100000043

　　属居民点。因邻近南水村，故名。1988年始建。属蛇口街道。占地面积40000平方米。东起公园南路，西至水湾路，南起商乐街，北至蛇口步行街。截至2020年末，人口2961人，987户。

南玻花园
Nánbō Huāyuán

[地名代码] 44030500522100000047

　　属居民点。因投资兴建单位为中国南方玻璃股份有限公司，故名。1989年建成。属蛇口街道。东、南起围仔西，西至围仔山花园，北靠海湾小区。占地面积2400平方米。截至2020年末，人口166人，55户。

东帝海景家园
Dōngdì Hǎijǐng Jiāyuán

[地名代码] 44030500522100000075

　　属居民点。因可观赏海景，故名。2002年始建。属蛇口街道。东起东角头路，西至后海

大道，南起永乐新村，北至金色阳光雅居。占地面积13100平方米。截至2020年末，人口916人，305户。

半岛城邦花园
Bàndǎo Chéngbāng Huāyuán

[地名代码]　44030500522100000086

　　属居民点。因位于蛇口半岛东角头，依山而建，故名。2006年建成。属蛇口街道。东、西、南三面近海，北至望海路。占地面积120000平方米。截至2020年末，人口3051人，1017户。

港湾住宅小区
Gǎngwān Zhùzhái Xiǎoqū

[地名代码]　44030500222100000129

　　属居民点。因邻近海湾，故名。2014年始建。属招商街道。东、南临少帝路，西近宋少帝陵，北至华英路。占地面积70000平方米。截至2020年末，人口1005人，335户。

槟榔园
Bīnláng Yuán

[地名代码]　44030500622100000002

　　属居民点。因小区以槟榔为主题建设，故名。1986年始建。属招商街道。东临四海路，西靠沃尔玛购物广场，南临工业九路，北靠紫竹园小区。占地面积36700平方米。截至2020年末，人口886人，295户。

鸣溪谷
Míngxī Gǔ

[地名代码]　44030500622100000003

　　属居民点。因位于沿山社区，山里有小溪流淌、鸟儿鸣叫，故名。2005年始建。属招商街道。东至艾诺斯华达电源系统有限公司，南至宏达镜业成品库，西、北靠大南山。占地面积16300平方米。截至2020年末，人口680人，217户。

蛇口花果山小区
Shékǒu Huāguǒshān Xiǎoqū

[地名代码]　44030500622100000004

　　属居民点。因邻近花果山，故名。1983年建成。属招商街道。东临花果路，西至公园路，南起招商路，北至工业七路。占地面积40000平方米。截至2020年末，人口2852人，817户。

文竹园
Wénzhú Yuán

[地名代码]　44030500622100000005

　　属居民点。因位于文竹园社区，故名。1988年建成。属招商街道。东起近海路，西至爱榕路，南临荔园路，北靠工业八路。占地面积52300平方米。截至2020年末，人口1331人，444户。

海月花园
Hǎiyuè Huāyuán

[地名代码]　44030500622100000006

　　属居民点。因邻近海月路，故名。2000年建成。属招商街道。东起海月路，西至后海大道，南起工业八路，北至东滨路。占地面积100000平方米。截至2020年末，人口1332人，444户。

三湘海尚花园
Sānxiāng Hǎishàng Huāyuán

[地名代码]　44030500622100000017

　　属居民点。2007年始建。属招商街道。东临科苑南路，西靠君汇新天花园，南起工业八路，北至东滨路。占地面积0.09平方千米。截至2020年末，人口4880人，1547户。

翠薇园
Cuìwēi Yuán

[地名代码]　44030500622100000024

属居民点。为深圳招商地产有限公司开发的住宅区，寓意景色优美，故名。1991年建成。属招商街道。东起爱榕路，西至四海路，南临荔园路，北靠工业八路。占地面积0.04平方千米。截至2020年末，人口1336人，445户。

四海小区
Sìhǎi Xiǎoqū

[地名代码]　44030500622100000025

属居民点。因邻近四海路，故名。1984年始建。属招商街道。东起四海路，西至蛇口花园城商业中心，南起工业八路，北至工业九路。占地面积0.09平方千米。截至2020年末，人口6156人，2456户。

悠然居
Yōurán Jū

[地名代码]　44030500622100000032

属居民点。其名称取自诗句"采菊东篱下，悠然见南山"。2001年始建。属招商街道。东起南海大道，西至利宝大厦，南临花园城数码大厦，北靠工业八路。占地面积0.01平方千米。截至2020年末，人口1451人，370户。

半岛花园
Bàndǎo Huāyuán

[地名代码]　44030500622100000035

属居民点。寓意小区环境优美，故名。1993年9月始建。属招商街道。东临海月路，西至近海路，南邻蓬莱花园，北靠海月花园。占地面积0.03平方千米。截至2020年末，人口1275人，425户。

招北小区
Zhāoběi Xiǎoqū

[地名代码]　44030500622100000038

属居民点。因位于招商路北侧，故名。

1985年建成。属招商街道。东起公园路，西至育才路，南临招商路，北靠振兴小区。占地面积0.05平方千米。截至2020年末，人口3850人，788户。

南山太古城
Nánshān Tàigǔ Chéng

[地名代码]　44030500622100000071

属居民点。因由深圳市太古城实业发展有限公司开发建设，故名。2003年始建，别名"宝能太古城"。属招商街道。东临曦湾华府，西至后海滨路，南起曦湾天馥名苑，北至君汇新天。占地面积0.07平方千米。分南北二区，南区包含6栋，北区包含11栋，多为24～32层。

豪方现代豪园
Háofāng Xiàndài Háoyuán

[地名代码]　44030500722100000002

属居民点。寓意财源广进、景色优美，故名。2001年始建。属粤海街道。东临深圳软件园（西区），西近晶品居、缘来居，北接高新中二道，南至豪方花园。占地面积16600平方米。截至2020年末，人口1506人，502户。

深圳湾彩虹之岸
Shēnzhènwān Cǎihóng Zhī Àn

[地名代码]　44030500722100000013

属居民点。因邻近深圳湾，故名。2001年始建。属粤海街道。东起高新南环路，西至科苑南路，南邻高新南十一道，北接高新南十道。占地面积40000平方米。截至2020年末，人口3205人，1048户。

信和自由广场
Xìnhé Zìyóu Guǎngchǎng

[地名代码] 44030500722100000014

　　属居民点。因由深圳信和地产开发有限公司开发建设，寓意崇尚自由，故名。2005年始建。属粤海街道。东临南油A区，西临南海大道，南临东滨路，北临海晖大厦。占地面积18100平方米。截至2020年末，人口2572人，1128户。

招商名仕花园
Zhāoshāng Míngshì Huāyuán

[地名代码] 44030500722100000030

　　属居民点。因由深圳市招商房地产有限公司开发建设，故名。2014年始建。属粤海街道。东起蔚蓝海岸，西至后海大道，南接华明路，北至登良路。占地面积30000平方米。截至2020年末，人口2154人，698户。

凯丽花园
Kǎilì Huāyuán

[地名代码] 44030500722100000043

　　属居民点。因由深圳市凯虹实业有限公司开发建设，故名。1994年始建。属粤海街道。东起国人通信大厦，西至科技中二路，南靠麻雀岭工业区，北接高新中三道。占地面积30000平方米。截至2020年末，人口2651人，884户。

深南花园
Shēnnán Huāyuán

[地名代码] 44030500722100000062

　　属居民点。因位于深南大道旁，故名。1994年始建。属粤海街道。东起科苑路，西至深圳湾汇景花园，南起深南大道，北至科兴路。占地面积6600平方米。截至2020年末，人口2229人，545户。

科苑花园
Kēyuàn Huāyuán

[地名代码] 44030500722100000086

　　属居民点。因位于科技园，故名。属粤海街道。东起青梧路，西至科同路，南起科华路，北至文华路。占地面积10100平方米。截至2020年末，人口3480人，938户。

蔚蓝海岸社区
Wèilán Hǎi'àn Shèqū

[地名代码] 44030500722100000088

　　属居民点。2001年始建。属粤海街道。东起后海滨路，西至招商名仕花园，南起北京师范大学附属中学，北至创业路。占地面积220000平方米。截至2020年末，人口19390人，5441户。

龙辉花园
Lónghuī Huāyuán

[地名代码] 44030500822100000003

　　属居民点。位于龙珠大道与龙井路之间。1997年始建。属桃源街道。东、南起平南铁路，西至龙井路，北起龙珠大道。占地面积10000平方米。截至2020年末，人口5100人，2700户。

桑达生活区
Sāngdá Shēnghuóqū

[地名代码] 44030500822100000033

　　属居民点。因是桑达工业区配套开发的住宅区，故名。属桃源街道。东临平南铁路，西、南近红花岭，北靠红花岭工业区。占地面积10000平方米。截至2020年末，人口4052人，2365户。

陶然居
Táorán Jū

[地名代码] 44030500822100000062

　　属居民点。寓意怡然自得，故名。2003年始建。属桃源街道。东起北环大道与广深高速公路的交叉口，西至高发科技工业园，南起北环大道，北至广深高速公路。占地面积13900平方米。截至2020年末，人口1740人，712户。

2. 商业

田厦金牛广场
Tiánxià Jīnniú Guǎngchǎng

[地名代码] 44030500126100000007

　　属建筑。2009年建成。位于南山区南头街道，桃园路与南光路交会处。占地面积8158平方米，主体高度168米、40层。主要用于商住和办公。

新桃园大厦
Xīntáoyuán Dàshà

[地名代码] 44030500126100000010

　　属建筑。1999年建成。位于南山区南头街道，桃园东路8号。占地面积2215平方米，主体高度54米、18层。主要用于商住和办公，新桃园酒店等企业入驻。

钱柜商业大楼
Qiánguì Shāngyè Dàlóu

[地名代码] 44030500126100000016

　　属建筑。2005年建成。位于南山区南头街道，南山大道12018号。占地面积2692.18平方米，主体高度13米、4层。主要用于商住和办公。

前海金岸大厦
Qiánhǎi Jīn'àn Dàshà

[地名代码] 44030500126100000018

　　属建筑。2004年建成。位于南山区南头街道，桃园路122号。占地面积2623平方米，主

体高度84米、28层。主要用于商住和办公。

新海大厦
Xīnhǎi Dàshà

[地名代码] 44030500126100000021

　　属建筑。2000年建成。位于南山区南头街道，南山大道2329号。占地面积1454平方米，主体高度57米、19层。主要用于商住和办公，悦海璟商务酒店等企业入驻。

国兴大厦
Guóxīng Dàshà

[地名代码] 44030500126100000025

　　属建筑。2000年建成。位于南山区南头街道，常兴路83号。占地面积1506平方米，主体高度77米、25层。主要用于商住和办公，华安财产保险服务有限公司、地大娱乐有限公司等企业入驻。

时代骄子大厦
Shídài Jiāozǐ Dàshà

[地名代码] 44030500126100000033

　　属建筑。2003年建成。位于南山区南头街道，南山大道2032号。占地面积3475平方米，主体高度93米、31层。主要用于商住和办公，中国建设银行、赛格电子市场等企业入驻。

南头大厦
Nántóu Dàshà

[地名代码] 44030500126100000034

　　属建筑。2003年建成。位于南山区南头街道，南头街98号。占地面积1074平方米，主体高度54米、18层。主要用于商住和办公。

苏豪名厦
Sūháo Míngshà

[地名代码] 44030500126100000036

属建筑。1999年建成。位于南山区南头街道，南新路2098号。占地面积2175平方米，主体高度84米、28层。主要用于商住和办公，苏豪服装城等企业入驻。

毅哲大楼
Yìzhé Dàlóu

[地名代码] 44030500126100000037

属建筑。1998年建成。位于南山区南头街道，玉泉路116号。占地面积935平方米，主体高度44米、16层。主要用于商业办公，深圳海数通电子有限公司等企业入驻。

常兴广场
Chángxīng Guǎngchǎng

[地名代码] 44030500126100000040

属建筑。2003年建成。位于南山区南头街道，常兴路86号。占地面积7772平方米，主体高度93米、31层。主要用于商住和办公，天虹商场等企业入驻。

南海台大厦
Nánhǎitái Dàshà

[地名代码] 44030500126100000041

属建筑。1997年建成。位于南山区南头街道，南新路2068号。占地面积1313平方米，主体高度56米、18层。主要用于商住和办公，兴业银行等企业入驻。

南头仿古商业城
Nántóu Fǎnggǔ Shāngyèchéng

[地名代码] 44030500126100000042

属建筑。2003年建成。位于南山区南头街道，南山大道3001号。占地面积6561平方米。分为两栋，一栋主体高度13米、4层，另一栋主体高度6米、2层。以商业为主，泰源装饰广场等企业入驻。

金桃园
Jīn Táoyuán

[地名代码] 44030500126100000044

属建筑。2003年建成。位于南山区南头街道，桃园路193号。占地面积1911平方米，主体高度60米、20层。主要用于商业和居住。

广盈大楼
Guǎngyíng Dàlóu

[地名代码] 44030500126100000045

属建筑。2007年建成。位于南山区南头街道，麒麟立交桥西北侧。占地面积1488平方米，主体高度39米、13层。主要用于商住和办公。

金福瑞购物广场
Jīnfúruì Gòuwù Guǎngchǎng

[地名代码] 44030500126100000046

属建筑。2010年建成。位于南山区南头街道，南新路3030号。占地面积5891平方米，主体高度10米、3层。主要用于购物、餐饮、娱乐。

新豪方大厦
Xīnháofāng Dàshà

[地名代码] 44030500126100000047

属建筑。2005年建成。位于南山区南头街道，深南大道188号。占地面积2170平方米，主体高度54米、18层。新豪方酒店等企业入驻。

君翔达大楼
Jūnxiángdá Dàlóu

[地名代码] 44030500126100000048

属建筑。2006年建成。位于南山区南头街道，中山园路9号。占地面积7558平方米，主体高度12米、4层。为深圳市君翔达贸易有限公司办公大楼。

平安银行南山大厦
Píng'ān Yínháng Nánshān Dàshà

[地名代码] 44030500126100000051

属建筑。2003年建成。位于南山区南头街道，桃园路149号。占地面积942平方米，主体高度57米、19层。为平安银行在南山区的办公大楼。

万利加大楼
Wànlìjiā Dàlóu

[地名代码] 44030500126100000053

属建筑。2006年建成。位于南山区南头街道，南山大道3105号。占地面积2162平方米，主体高度6米、2层。是深圳市圣基实业有限公司办公大楼，"万利加"为该企业品牌名称。

西海岸大厦
Xīhǎi'àn Dàshà

[地名代码] 44030500226100000004

属建筑。2001年建成。位于南山区南山街道，南海大道2251号。占地面积891平方米，主体高度51米、17层。主要用于商住和办公。

新能源大厦
Xīnnéngyuán Dàshà

[地名代码] 44030500226100000006

属建筑。1990年建成。位于南山区南山街道，南海大道2239号。占地面积2935平方米，主体高度42米、14层。是集娱乐、休闲、餐饮、购物于一体的综合性商业中心。

海王大厦
Hǎiwáng Dàshà

[地名代码] 44030500226100000013

属建筑。1994年建成。位于南山区南山街道，南海大道2221号。占地面积7900平方米，主体高度100米、32层。是南山区首座全海景商住楼宇、经贸中心，中国人寿保险、星艺装饰等企业入驻。

新保辉大厦
Xīnbǎohuī Dàshà

[地名代码] 44030500226100000016

属建筑。2001年建成。位于南山区南山街道，南海大道2061号。占地面积5850平方米，主体高度98米、29层。南山区公证处等单位入驻。

濠盛商务中心
Háoshèng Shāngwù Zhōngxīn

[地名代码] 44030500226100000018

属建筑。2009年建成。位于南山区南山街道，东滨路4096号。占地面积3154平方米，主体高度99米、27层。主要用于商住和办公。

海运中心
Hǎiyùn Zhōngxīn

[地名代码] 44030500226100000037

属建筑。2006年建成。位于南山区南山街道，临海大道59号。占地面积13080平方米，主体高度21米、7层。主要用于海运服务。

汉京大厦
Hànjīng Dàshà

[地名代码] 44030500226100000054

属建筑。2008年建成。位于南山区南山街道，登良路23号。占地面积5292平方米，主体高度99米、22层。为深圳市汉京集团有限公司总部及办公大楼。

荔源商务大厦
Lìyuán Shāngwù Dàshà

[地名代码] 44030500226100000062

属建筑。2010年建成。位于南山区南山街道，南新路1005号。占地面积679平方米，主体高度48米、16层。主要用于商务办公，南侨商务酒店、中国农业银行等企业入驻。

利丰雅高印刷大厦
Lìfēngyǎgāo Yìnshuā Dàshà

[地名代码]　44030500226100000064

属建筑。1998年建成。位于南山区南山街道，南光路1号。占地面积6189平方米，主体高度15米、5层。为利丰雅高印刷公司办公大楼。

美丽湾商住楼
Měilìwān Shāngzhùlóu

[地名代码]　44030500226100000069

属建筑。2005年建成。位于南山区南山街道，南光路8号。占地面积5800平方米，主体高度48米、16层。主要用于商住和办公。

雅昌大厦
Yǎchāng Dàshà

[地名代码]　44030500326100000003

属建筑。2010年建成。位于南山区沙河街道，深云路9号。占地面积7935平方米，主体高度38米、6层。为深圳雅昌彩色印刷有限公司展示中心及办公大楼。

深圳威尼斯酒店
Shēnzhèn Wēinísī Jiǔdiàn

[地名代码]　44030500326100000004

属建筑。2000年建成。位于南山区沙河街道，深南大道9026号。占地面积9349平方米，主体高度60米、20层。为中国首座威尼斯文化主题商务度假型酒店。

华侨城大酒店
Huáqiáochéng Dàjiǔdiàn

[地名代码]　44030500326100000010

属建筑。1985年建成，原称"深圳湾大酒店"。2004年拆除重建，后更名为"华侨城大酒店"。位于南山区沙河街道，深南大道9009号。占地面积62717平方米，主体高度36米、8层。是中国首家以西班牙风情为主题的豪华酒店。

益田假日广场
Yìtián Jiàrì Guǎngchǎng

[地名代码]　44030500326100000011

属建筑。2003年建成。位于南山区沙河街道，深南大道9028号。占地面积16174平方米，主体高度72米、24层。为益田集团下属购物中心。

金三角大楼
Jīnsānjiǎo Dàlóu

[地名代码]　44030500326100000016

属建筑。1996年建成。位于南山区沙河街道，沙河街2号。占地面积2153平方米，主体高度36米、12层。建筑外观饰有金色幕墙。沙河实业总公司等企业入驻。

东方综合楼
Dōngfāng Zōnghélóu

[地名代码]　44030500326100000018

属建筑。2008年建成。位于南山区沙河街道，深南大道9017号。占地面积1900平方米，主体高度9米、3层。主要用于商业办公。

汉唐大厦
Hàntáng Dàshà

[地名代码]　44030500326100000020

属建筑。2001年建成。位于南山区沙河街道，兴隆街1号。占地面积2031平方米，主体高度81米、27层。主要用于商住和办公，爱普生技术（深圳）有限公司等企业入驻。

华侨城生态广场
Huáqiáochéng Shēngtài Guǎngchǎng

[地名代码]　44030500326100000028

　　属建筑。2009年建成。位于南山区沙河街道，侨城西街10号。占地面积46000平方米，主体高度9米、3层。主要经营超市、酒吧、餐饮。

中旅广场
Zhōnglǚ Guǎngchǎng

[地名代码]　44030500326100000033

　　属建筑。2006年建成。位于南山区沙河街道，华侨城购物中心商业街1—37号。占地面积19912平方米，主体高度120米、40层。主要用于商住和办公，希尔科技有限公司、卡奔电子有限公司等企业入驻。

海昌大厦
Hǎichāng Dàshà

[地名代码]　44030500526100000024

　　属建筑。1988年建成。位于南山区蛇口街道，海昌街86号。占地面积3955平方米，主体高度21米、7层。主要用于商住和办公。

蛇口工业区大厦
Shékǒu Gōngyèqū Dàshà

[地名代码]　44030500626100000001

　　属建筑。1982年建成。位于南山区招商街道，南湾大道6号。占地面积1385平方米，主体高度24米、8层。主要用于商住和办公。

新时代广场
Xīnshídài Guǎngchǎng

[地名代码]　44030500626100000006

　　属建筑。2005年建成。位于南山区招商街道，蛇口工业区太子路1号。占地面积3159平方米，主体高度189米、38层。主要用于商住和办公。

蛇口培训中心大楼
Shékǒu Péixùn Zhōngxīn Dàlóu

[地名代码]　44030500626100000029

　　属建筑。1993年建成。位于南山区招商街道，育才路8号。占地面积2936平方米，主体高度27米、9层。主要用于教育培训。

招商大厦
Zhāoshāng Dàshà

[地名代码]　44030500626100000031

　　属建筑。1986年建成。位于南山区招商街道，招商路168号。占地面积1018平方米，主体高度21米、7层。主要用于办公。

南海酒店
Nánhǎi Jiǔdiàn

[地名代码]　44030500626100000042

　　属建筑。1985年建成。位于南山区招商街道，工业一路1号。占地面积5270平方米，主体高度33米、11层。由主楼、花园及相关配套设施组成，是集休闲娱乐、餐饮、购物于一体的综合商业中心。外形犹如一叶白色巨帆，自然环境优美，四周海湾园林清新怡人，被喻为"南海明珠"。1990年被国家旅游局评为深圳市第一家五星级酒店。

招商局广场
Zhāoshāngjú Guǎngchǎng

[地名代码]　44030500626100000051

　　属建筑。2008年建成。位于南山区招商街道，工业二路与望海路交会处西南侧。占地面积1548平方米，主体高度111米、37层。主要用于办公。

金融中心大厦

Jīnróng Zhōngxīn Dàshà

[地名代码] 44030500626100000070

　　属建筑。1986年建成。位于南山区招商街道，太子路22号。占地面积18677平方米，主体高度60米、20层。深圳市晶都企业有限公司、中国建设银行等企业入驻。

深圳明华国际会议中心

Shēnzhèn Mínghuá Guójì Huìyì Zhōngxīn

[地名代码] 44030500626100000073

　　属建筑。1992年建成。位于南山区招商街道，蛇口工业区龟山路8号。主体高度99.30米、24层。主要用于办公、会议、餐饮、娱乐等。

南玻电子大楼

Nánbō Diànzǐ Dàlóu

[地名代码] 44030500926100000051

　　属建筑。2004年建成。位于南山区西丽街道，科技北三路天工道1号。曾用名"南虹科技园"。主体高度28米、6层。曾为南玻电子办公楼。

腾讯大厦

Téngxùn Dàshà

[地名代码] 44030500726100000009

　　属建筑。2009年建成。位于南山区粤海街道，深南大道9988号。占地面积3853平方米，主体高度193米、39层。为腾讯公司总部办公场所。

凯宾斯基大厦

Kǎibīnsījī Dàshà

[地名代码] 44030500726100000028

　　属建筑。2006年建成。位于南山区粤海街道，海德三道13号。占地面积21911平方米，主体高度75米、25层。设有凯宾斯基酒店、购物商城以及可容纳6000人同时就餐的中国最大的中餐厅——海珠城美食会。

天利中央商务广场

Tiānlì Zhōngyāng Shāngwù Guǎngchǎng

[地名代码] 44030500726100000032

　　属建筑。2004年建成。位于南山区粤海街道，海德三道85号。占地面积7346平方米，主体高度131米、33层。主要用于商住和办公，深圳发展银行、苏宁电器等企业入驻。

金钟大厦

Jīnzhōng Dàshà

[地名代码] 44030500726100000038

　　属建筑。2002年建成。位于南山区粤海街道，文心一路99号。占地面积2458平方米，主体高度90米、30层。主要用于商住和办公，海王地产、港置地产等企业入驻。

海岸城广场

Hǎi'ànchéng Guǎngchǎng

[地名代码] 44030500726100000050

　　属建筑。2007年建成。位于南山区粤海街道，文心五路108号。占地面积29878平方米，主体高度15米、5层。是集娱乐休闲、餐饮、购物于一体的大型商业中心。

保利大厦

Bǎolì Dàshà

[地名代码] 44030500726100000057

　　属建筑。2003年建成。位于南山区粤海街道，南海大道2706号。占地面积18535平方米，主体高度81米、27层。主要入驻企业为深圳市保利物业管理集团有限公司。

金蝶软件园

Jīndié Ruǎnjiàn Yuán

属建筑。2009年建成。位于南山区粤海街道，科技南十二路2号。占地面积13523平方米，主体高度18米、6层。主要入驻企业为金蝶国际软件集团有限公司。

中兴通讯研发大楼

Zhōngxīng Tōngxùn Yánfā Dàlóu

[地名代码]　44030500726100000064

属建筑。2005年建成。位于南山区粤海街道，高新南四道28号。占地面积2487平方米，主体高度160米、36层。为中兴通讯股份有限公司的研发中心。

联想研发中心

Liánxiǎng Yánfā Zhōngxīn

[地名代码]　44030500726100000078

属建筑。2001年建成。位于南山区粤海街道，高新南一道016号。占地面积5477平方米，主体高度39米、13层。为联想（北京）有限公司投资建设的深圳研发中心。

高新软件大厦

Gāoxīn Ruǎnjiàn Dàshà

[地名代码]　44030500726100000086

属建筑。2005年建成。位于南山区粤海街道，高新中一道9号。占地面积5685平方米，主体高度33米、11层。为高新区软件园办公大楼，国家火炬计划软件产业基地重要载体。

海晖大厦

Hǎihuī Dàshà

[地名代码]　44030500726100000095

属建筑。1998年建成。位于南山区粤海街道，南海大道2122号。占地面积4623平方米，主体高度99米、33层。由金山阁、银波阁、珍宝阁组成，是集办公、商业、住宅于一体的综合大厦。

华润总部大厦

Huárùn Zǒngbù Dàshà

[地名代码]　44030500726100000105

属建筑。2018年建成。位于南山区粤海街道海德三道南、科苑南路东。总建筑面积267389平方米，办公建筑面积206250平方米，主体高度392.50米，地上66层、地下5层。为华润集团内地总部所在地，又称"中国华润大厦"，因外部设计宛如破土而出的春笋，也称"春笋"。

百度国际大厦

Bǎidù Guójì Dàshà

[地名代码]　44030500726100000102

属建筑。2015年建成。位于南山区粤海街道，海斯路与海天一路交叉口西侧。占地面积14000平方米，由东西两座塔楼组成，主体高度182米。设计以"百度"为灵感，将"众里寻他千百度"这一宋词名句巧妙转换为二进制代码的现代计算机语言，形成独特的外立面效果。为百度国际总部和深圳研发中心。

迈瑞总部大厦

Màiruì Zǒngbù Dàshà

[地名代码]　44030500726100000103

属建筑。2010年建成。位于南山区粤海街道，科技南十二路9号。占地面积15148平方米，主体高度150米、35层。为迈瑞医疗总部、国家医用诊断仪器工程技术研究中心迈瑞研发基地。

桑泰大厦

Sāngtài Dàshà

[地名代码]　44030500826100000021

属建筑。1995年建成。位于南山区桃源街道，丽山路10号。占地面积2772平方米，主体高度71米、20层。主要用于办公，平山实业股份公司等企业入驻。

海能达大厦
Hǎinéngdá Dàshà

[地名代码] 44030500926100000003

属建筑。2005年建成。位于南山区西丽街道，北环大道9108号。占地面积2990平方米，主体高度28米、7层。为海能达通信股份有限公司办公大楼。

大族创新大厦
Dàzú Chuàngxīn Dàshà

[地名代码] 44030500926100000020

属建筑。2010年建成。位于南山区西丽街道，北环大道与乌石头交会路口东侧。占地面积12518平方米，主体高度80米、17层。深圳大族激光科技股份有限公司等企业入驻。

西丽南蓉酒店
Xīlì Nánróng Jiǔdiàn

[地名代码] 44030500926100000036

属建筑。2004年建成。位于南山区西丽街道，沙河西路3233号。占地面积1736平方米，主体高度78米、20层。主要用于餐饮、住宿、商务会议等。

西丽商业文化中心
Xīlì Shāngyè Wénhuà Zhōngxīn

[地名代码] 44030500926100000056

属建筑。2004年建成。位于南山区西丽街道，留仙大道1380号。占地面积2977平方米，主体高度18米、6层。天虹商场等企业入驻。

西丽湖会议度假中心
Xīlìhú Huìyì Dùjià Zhōngxīn

[地名代码] 44030500926100000063

属建筑。1979年建成。位于南山区西丽街道，西丽湖路4001号。占地面积5572平方米，主体高度9米、3层。主要用于会议、度假、旅游。

南山农批市场
Nánshān Nóngpī Shìchǎng

[地名代码] 44030500126100000020

属建筑。属南头街道，位于南山大道3169号。占地面积3318.13平方米，建筑面积5976.14平方米，主体高度6米、2层。主要用于农产品批发业务。

花卉世界
Huāhuì Shìjiè

[地名代码] 44030500126100000026

属建筑。属南头街道，位于月亮湾大道3008号。占地面积2480.64平方米，建筑面积3613.33平方米，主体高度8米、2层。主要为商家提供一个花卉交易的平台。

欢乐颂
Huānlèsòng

[地名代码] 44030500126100000046

属建筑。属南头街道，位于南新路3030号。占地面积5891.10平方米，建筑面积17673平方米，主体高度10米、3层。主要用于商业购物。

山东大厦
Shāndōng Dàshà

[地名代码] 44030500226100000005

属建筑。2009年建成。属南山街道，位于南海大道2309号。占地面积4806.44平方米，建筑面积75517.36平方米，主体高度90米、30层。主要用于商住。

亿利达大厦
Yìlìdá Dàshà

[地名代码] 44030500226100000007

　　属建筑。1989年建成。属南山街道，位于南山大道1092号。占地面积13412.40平方米，建筑面积55999平方米，主体高度42米、14层。主要入驻单位为深圳亿利达公司。

富安娜工业大厦
Fù'ānnà Gōngyè Dàshà

[地名代码] 44030500226100000034

　　属建筑。属南山街道，位于南光路48号。占地面积12700平方米，建筑面积14000平方米，主体高度8米、2层。主要入驻单位为富安娜家居用品公司。

中润大厦
Zhōngrùn Dàshà

[地名代码] 44030500226100000060

　　属建筑。2003年建成。属南山街道，位于南光路166号。占地面积4505平方米，建筑面积32970平方米，主体高度78米、26层。主要用于商住，其中商业面积4480.93平方米，居住面积25575.10平方米。

国际市长交流中心
Guójì Shìzhǎng Jiāoliú Zhōngxīn

[地名代码] 44030500326100000008

　　属建筑。2004年建成。属沙河街道，位于石洲中路55号。占地面积2135.95平方米，建筑面积47347.32平方米，主体高度75米、25层。主要以会议、办公、商住为主。

物资大厦
Wùzī Dàshà

[地名代码] 44030500526100000021

　　属建筑。1991年始建。属蛇口街道，位于后海大道19号。占地面积769.79平方米，建筑面积5516.67平方米，主体高度24米、8层。主要用于商住，其中居住面积4536.67平方米、商服面积980平方米。

海洋石油大厦
Hǎiyáng Shíyóu Dàshà

[地名代码] 44030500626100000026

　　属建筑。2005年始建。属招商街道，位于工业二路1号。占地面积1952.54平方米，建筑面积47702.18平方米，主体高度85米、28层。主要入驻单位为中国海洋石油总公司。

蛇口科技大厦
Shékǒu Kējì Dàshà

[地名代码] 44030500626100000040

　　属建筑。2002年建成。属招商街道，位于工业大道以西、工业七路南侧。占地面积17563.80平方米，建筑面积41929平方米，主体高度21米、7层。有飞利浦灯饰、日立电线入驻，主要以实验室、研发办公为主。

联合大厦
Liánhé Dàshà

[地名代码] 44030500626100000043

　　属建筑。1996年建成。属招商街道，位于南海大道1069号。占地面积1436.05平方米，建筑面积14955.10平方米，主体高度48米、16层。主要入驻单位有深圳市公安局蛇口港分局等单位。

蛇口花园城商业中心
Shékǒu Huāyuánchéng Shāngyè Zhōngxīn

[地名代码] 44030500626100000066

　　属建筑。属招商街道，位于南海大道1090号。占地面积17249.09平方米，建筑面积101489.65平方米，主体高度42米、14层。主要为购物、休闲、娱乐。

海景广场
Hǎijǐng Guǎngchǎng

[地名代码] 44030500626100000068

属建筑。1996年建成。属招商街道，位于太子路18号。占地面积4386.56平方米，建筑面积144753.18平方米，主体高度99米、33层。主要以办公、商住、娱乐、餐饮为主。

至卓飞高大厦
Zhìzhuófēigāo Dàshà

[地名代码] 44030500626100000071

属建筑。2002年建成。属招商街道，位于南海大道1052—1054号。占地面积5615.20平方米，建筑面积56151平方米，主体高度33米、10层。入驻单位为至卓飞高线路板（深圳）有限公司。

上海汽车大厦
Shànghǎi Qìchē Dàshà

[地名代码] 44030500726100000005

属建筑。属粤海街道，位于南海大道4050号。占地面积3825.1平方米，建筑面积57375平方米，主体高度45米、15层。入驻单位为上海汽车公司。

TCL大厦
TCL Dàshà

[地名代码] 44030500726100000015

属建筑。2003年始建。属粤海街道，位于高新南一道6号。占地面积8626.48平方米，建筑面积89717.16平方米，主体高度54米、18层。入驻单位有TCL集团股份有限公司等。

长虹科技大厦
Chánghóng Kējì Dàshà

[地名代码] 44030500726100000018

属建筑。2007年始建。属粤海街道，位于深南大道与沙河西路交会处。占地面积2835.84平方米，建筑面积70893.52平方米，主体高度84米、25层。入驻单位为深圳长虹科技有限责任公司。

方大科技大厦
Fāngdà Kējì Dàshà

[地名代码] 44030500726100000022

属建筑。2002年12月建成。属粤海街道辖区内，位于科技南十二路11号。占地面积1909.96平方米，建筑面积31844.24平方米，主体高度66米、22层。主要入驻单位为方大集团股份有限公司。

药检大楼
Yàojiǎn Dàlóu

[地名代码] 44030500726100000034

属建筑。2009年建成。属粤海街道，位于麻岭片区科技中一路20号楼。占地面积15187平方米，建筑面积15187平方米，主体高度15米、5层。大楼由主楼、动物实验楼、附属建筑组成。主楼地上5层、地下1层，动物实验楼主体2层。主要入驻单位为深圳市药品检验所。

研祥科技大厦
Yánxiáng Kējì Dàshà

[地名代码] 44030500726100000052

属建筑。2004年9月始建。属粤海街道，位于高新中四道31号。占地面积3430.47平方米，建筑面积42002.40平方米，主体高度42米、14层。主要入驻单位为研祥智能科技股份有限公司。

大族科技中心
Dàzú Kējì Zhōngxīn

[地名代码] 44030500726100000059

属建筑。2006年始建。属粤海街道，位于麻岭片区，深南大道13号楼。占地面积3312.48平方米，建筑面积77388.59平方米，主体高度75米、25层。主要入驻单位为大族激光科技产业集团股份有限公司。

创维大厦
Chuàngwéi Dàshà

[地名代码] 44030500726100000083

属建筑。2001年始建。属粤海街道，位于高新南一道8号。占地面积3980.08平方米，建筑面积61130.97平方米，主体高度54米、18层。主要入驻单位为创维集团有限公司。

伟易达研发大楼
Wěiyìdá Yánfā Dàlóu

[地名代码] 44030500726100000087

属建筑。2006年始建。属粤海街道，位于科技南路22号。占地面积2680.54平方米，建筑面积21443.54平方米，主体高度24米、8层。主要入驻单位为伟易达电子实业有限公司。

万讯自控大楼
Wànxùn Zìkòng Dàlóu

[地名代码] 44030500926100000022

属建筑。1993年10月建成。属西丽街道，位于松坪山朗山路17号。占地面积1081.40平方米，建筑面积5497.35平方米，主体高度23米、6层。主要入驻单位为深圳万讯自控股份有限公司。

腾讯滨海大厦
Téngxùn Bīnhǎi Dàshà

[地名代码] 44030500726100000106

属建筑。2015年封顶，2017年正式使用。属粤海街道，位于南山区海天二路33号。大厦为一座双子塔楼，分别是高248米、50层的南塔楼和高194米、41层的北塔楼，以及三道连接两座塔楼的连接层。大厦占地面积18650平方米，建筑面积27万平方米。塔楼间3道连接层分别位于3至6层、21至26层和34至38层。为腾讯科技（深圳）有限公司兴建，主要用于办公。

大疆天空之城大厦
Dàjiāng Tiānkōngzhīchéng Dàshà

[地名代码] 44030500926100000090

属建筑。2022年建成。属西丽街道，位于南山区仙茶路与兴科路交叉路口。总建筑面积24.17万平方米，由两栋约200米高的装配式钢结构超高层塔楼搭建组成。塔楼采用全钢结构以"主受力构件 + 次二道受力构件"的形式构成，总体用钢量达5.50万吨，其中西塔高193.10米（43层）、东塔高211.60米（47层）。是深圳市大疆创新科技有限公司的总部大厦。

方大城
Fāngdàchéng

[地名代码] 44030500821731000004

属建筑。因是深圳市方大集团股份有限公司所在地，故名。1994年建成。位于桃源街道。东起高发工业区，西至龙珠四路，南临北环大道，北靠广深高速公路。占地面积0.05平方千米。入驻企业包括深圳市方大集团股份有限公司、深圳雅昌彩色印刷有限公司等，主要从事金属制品、环保设备等行业。

3. 行政办公

南山党校大厦

Nánshān Dǎngxiào Dàshà

[地名代码] 44030500226100000047

　　属建筑。1999年建成。位于南山区南山街道，东滨路425号。占地面积2389平方米，主体高度66米、22层。为南山区党校办公、教学之地。

南山区婚姻登记处

Nánshān Qū Hūnyīn Dēngjìchù

[地名代码] 44030500126100000055

　　属建筑。2011年建成。位于南山区南头街道，荔景公园东北角。占地面积3003平方米。婚礼堂以白色为主，呈筒状立于水中，通过架在水面上方的浮桥与南端的凉亭及广场相连。一条连续的螺旋环路将整个空间序列串联起来，使其中行走的新婚夫妇可以在亲友的目光追随下穿过水池走向婚礼堂。

水务南山大楼

Shuǐwù Nánshān Dàlóu

[地名代码] 44030500126100000017

　　属建筑。2005年建成。位于南山区南头街道麒麟路5号。占地面积693平方米，主体高度36米、12层。主要入驻单位为水务集团。

南山教育信息大厦

Nánshān Jiàoyù Xìnxī Dàshà

[地名代码] 44030500126100000014

　　属建筑。属南头街道，位于南山大道2072号。占地面积1780.57平方米，建筑面积16919.18平方米，主体高度39米、13层。入驻单位主要为南山区教育部门。

水产大厦

Shuǐchǎn Dàshà

[地名代码] 44030500126100000004

　　属建筑。属南头街道，位于红花路71号。占地面积268.10平方米，主体高度18米、6层。主要用于居住、行政办公。

香港中文大学深圳产学研大楼

Xiānggǎng Zhōngwén Dàxué Shēnzhèn Chǎnxuéyán Dàlóu

[地名代码] 44030500726100000054

　　属建筑。2011年11月落成。位于粤海街道高新片区粤兴二道10号。占地面积3516.10平方米，建筑面积24470.01平方米。入驻单位为香港中文大学深圳研究院。

香港科大深圳产学研大楼

Xiānggǎng Kēdà Shēnzhèn Chǎnxuéyán Dàlóu

[地名代码] 44030500726100000013

　　属建筑。2008年始建。属粤海街道辖区内，位于粤兴一道。占地面积2888.59平方米，建筑面积20219.44平方米，主体高度21米、7层。入驻单位为香港科技大学深圳研究院。

中科研发园

Zhōngkē Yánfā Yuán

[地名代码] 44030500726100000021

　　属建筑。2007年建成。属粤海街道辖区内，位于高新南路7号。占地面积5342.02平方米，建筑面积149573.75平方米，主体高度84米、28层。入驻单位主要有中国科技开发院。

中国地质大学深圳产学研大楼

Zhōngguó Dìzhì Dàxué Shēnzhèn Chǎnxuéyán Dàlóu

[地名代码] 44030500726100000025

　　属建筑。2010年建成。属粤海街道，位于粤兴三道8号。占地面积3472平方米，建筑面积36497平方米，主体高度45米、11层，地下2层。主要入驻单位为中国地质大学深圳研究院。

南山劳动大厦
Nánshān Láodòng Dàshà

[地名代码] 44030500126100000043

属建筑。1994年建成。位于南山区南头街道，深南大道12017号。占地面积1685平方米，主体高度47米、15层。主要用于商住和办公。

第七编
其他

单位

1. 党政机关

南山区人民政府
Nánshān Qū Rénmín Zhèngfǔ

[地名代码] 44030500127100000003

属党政机关。位于南山区南头街道桃园路2号。占地面积4860.13平方米。内设南山区民政局、南山区科技创新局、南山区经济促进局、南山区发展改革局、南山区司法局等部门。辖南头、南山、西丽、沙河、招商、粤海、蛇口、桃源8个街道。

南山区人民法院
Nánshān Qū Rénmín Fǎyuàn

[地名代码] 44030500127100000007

属党政机关。1990年原深圳市南头区法院和蛇口区法院合并,成立南山区人民法院。位于南新路3024号,属南头街道。占地面积1705.09平方米,建筑面积8414.36平方米。内设立案庭、司法事务管理办公室、刑事审判庭等机构21个。

南山区人民检察院
Nánshān Qū Rénmín Jiǎncháyuàn

[地名代码] 44030500127100000002

属党政机关。2002年设立。位于桃园路6号,属南头街道。占地面积2665.02平方米,建筑面积33461.56平方米。主体高度48米,16层。

深圳市公安局刑侦局
Shēnzhèn Shì Gōng'ānjú Xíngzhēnjú

[地名代码] 44030500627100000001

属党政机关。1994年设立。位于东滨路15号,属招商街道。占地面积715.50平方米,建筑面积11440.85平方米,主体高度48米、16层。下设2个正处级机构及5个副处级侦查大队长。

南山交警大队
Nánshān Jiāojǐng Dàduì

[地名代码] 44030500127100000008

属党政机关。1984年6月成立交通大队,1990年4月改为南山交警大队。位于南头街道玉园路3号,属南头街道。占地面积1.07万平方米,建筑面积12000平方米。内设行政办公室、事故处理科、交通规划科等。

南山区国家税务局
Nánshān Qū Guójiā Shuìwùjú

[地名代码] 44030500127100000006

属党政机关。2005年设立。位于玉泉路9号,属南头街道。占地面积1530.53平方米,建筑面积19391.36平方米。下设政策法规科、征收管理科、纳税服务科等17个机构。

2. 事业单位

深圳市车管所
Shēnzhèn Shì Chēguǎnsuǒ

[地名代码] 44030500827300000003

属事业单位。位于桃源街道龙珠大道汽车安全检测站附近。占地面积377800平方米,建筑面积29500平方米。业务范围为车辆管理。

深圳市教育收容所
Shēnzhèn Shì Jiàoyù Shōuróngsuǒ

[地名代码] 44030500827300000002

属事业单位。位于桃源街道龙珠大道68

号。占地面积24000平方米，建筑面积9900平方米。

深圳邮政监管中心
Shēnzhèn Yóuzhèng Jiānguǎn Zhōngxīn

[地名代码] 44030500327300000001

属事业单位。位于沙河街道侨深路1号。占地面积24000平方米，建筑面积10000平方米。

南山看守所
Nánshān Kānshǒusuǒ

[地名代码] 44030500127300000007

属事业单位。1997年开办。位于同安路北，属南头街道。占地面积15230.07平方米。

西丽水库管理所
Xīlì Shuǐkù Guǎnlǐsuǒ

[地名代码] 44030500927300000002

属事业单位。位于南山区政府驻地东北方向6.74千米处、沙河西路4098号，属西丽街道。占地面积200000平方米，建筑面积14000平方米。属于水利管理业事业单位，主要负责西丽水库的管理、养护工作。

蛇口海关查验中心
Shékǒu Hǎiguān Cháyàn Zhōngxīn

[地名代码] 44030500227300000004

属事业单位。位于南山区政府驻地西南方向5.76千米处、前海湾兴海路3075号，属南山街道。占地面积118700平方米，建筑面积38000平方米。业务范围为海关查验。

深圳市前海综合保税区管理局
Shēnzhèn Shì Qiánhǎi Zōnghé Bǎoshuìqū Guǎnlǐjú

[地名代码] 44030500227300000010

属事业单位。2010年设立。位于南山区南山街道前湾一路19号。占地面积30506平方米。设有办事窗口20个，涉及11个部门、69项行政事项的授权办理等服务。

3. 企业

深圳市腾讯计算机系统有限公司
Shēnzhèn Shì Téngxùn Jìsuànjī Xìtǒng Yǒuxiàn Gōngsī

[地名代码] 44030500727400000008

属企业。因创始之初主营计算机无线网络通信寻呼系统，故名。成立于1998年11月。位于南山区粤海街道深南大道10000号。占地面积2390平方米。是中国最大的互联网综合服务提供商之一，也是中国服务用户最多的互联网企业之一。产品和服务包括：即时通信服务"QQ"及"微信"、社交网络平台"QQ空间"、游戏产品"QQ游戏"、门户网站"腾讯网"、新闻产品"腾讯新闻"和网络视频服务"腾讯视频"等。

中兴通讯股份有限公司
Zhōngxīng Tōngxùn Gǔfèn Yǒuxiàn Gōngsī

[地名代码] 44030500727400000009

属企业。位于南山区粤海街道。1985年成立。是一家在香港和深圳两地上市的大型通信设备公司，为全球160多个国家和地区的电信运营商和政企客户提供创新技术与产品解决方案，产品涵盖无线、核心网、接入、承载、业务、终端、云计算、服务等领域。

深圳市大疆创新科技有限公司
Shēnzhèn Shì Dàjiāng Chuàngxīn Kējì Yǒuxiàn Gōngsī

[地名代码] 44030500727400000032

属企业。2006年创立。位于西丽街道西丽社区仙元路53号的大疆"天空之城"。是全球领先的无人飞行器控制系统及无人机解决方案的研发商和生产商。在无人机、手持影像系统、机器人教育等多个领域，成为全球领先的品牌。

深圳迈瑞生物医疗电子股份有限公司

Shēnzhèn Màiruì Shēnwù yīliáo Diànzǐ Gǔfèn Yǒuxiàn Gōngsī

[地名代码] 44030500727400000009

属企业。1991年成立。位于粤海街道高新技术产业园区科技南十二路迈瑞大厦。是面向全球的高科技医疗设备和解决方案供应商。业务主要涉及生命信息与支持、体外诊断、数字超声、医学影像四大领域，生产经营医疗电子仪器、仪器配套试剂、产品的软件开发。

华侨城集团公司

Huáqiáochéng Jítuán Gōngsī

[地名代码] 44030500327400000003

属企业。成立于1985年11月11日。位于南山区沙河街道深南大道华侨城。占地面积2030平方米。为国务院国资委管理的大型国有中央企业。拥有旅游、房地产、通信电子三项核心业务，均位居行业领先水平。曾培育出康佳集团、华侨城控股、华侨城地产以及锦绣中华、民俗文化村、甘坑客家小镇、世界之窗、欢乐谷、深圳湾大酒店、威尼斯酒店等知名企业品牌。

深圳市桑达实业股份有限公司

Shēnzhèn Shì Sāngdá Shíyè Gǔfèn Yǒuxiàn Gōngsī

[地名代码] 44030500727400000025

属企业。1993年创立。位于粤海街道科技路1号。占地面积3777.30平方米，建筑面积29956.91平方米。主要从事以智慧安防、智慧交通、智慧照明、智慧铁路等为主的智慧产业，以精密运输和产业物流为主的现代物流

业，以及以自有工业园区改造升级为主的城市更新。

深圳传音控股股份有限公司

Shēnzhèn Chuányīn Kònggǔ Gǔfèn Yǒuxiàn gōngsī

[地名代码] 44030500274000000012

属企业。2013年成立。位于粤海街道高新科技园深南大道9789号的德赛科技大厦17层。主要从事手机及手机零配件和电子产品的技术开发与销售等。是新兴市场消费者最喜爱的智能终端产品和移动互联服务提供商。至2020年末，传音拥有研发人员1915人，主要集中在手机产品硬件、软件及移动互联网开发等方面。

康佳集团

Kāngjiā Jítuán

[地名代码] 44030500327400000001

属企业。"康佳"寓意"健康、好彩"（"好彩"在粤语中有"幸运"之意）。前身为广东光明华侨电子工业公司，1980年5月21日成立集团。1991年改组为中外公众股份制公司。位于南山区沙河街道深南中路9008号。占地面积13.70万平方米。属信息传输、计算机服务和软件业。业务包括彩色电视机、手机、生活电器、LED、机顶盒及相关产品的研发、制造和销售。曾荣获"中国驰名商标""中国最有价值品牌"等荣誉称号。

中国国际海运集装箱股份有限公司

Zhōngguó Guójì Hǎiyùn Jízhuāngxiāng Gǔfèn Yǒuxiàn Gōngsī

[地名代码] 44030500627400000010

属企业。1980年创立。因是中国远洋运输总公司、香港招商局集团和丹麦宝隆洋行三方合资经营的外向型企业，故名。位于蛇口工业区港湾大道2号，属招商街道。占地面积53000平方米，建筑面积13200平方米。主要业务领

域：集装箱、道路运输车辆、能源化工及食品装备、海洋工程、重型卡车、物流服务、空港设备等。

大族激光科技产业集团股份有限公司

Dàzú Jīguāng Kējì Chǎnyè Jítuán Gǔfèn Yǒuxiàn Gōngsī

[地名代码] 44030500727400000010

属企业。1996年创立。位于南山区深南大道9988号的大族科技中心22楼。主要产品包括激光打标机系列、激光焊接机系列、激光切割机系列、新能源激光焊接设备、激光演示系列、钻孔机系列、工业机器人等工业激光设备及智能装备解决方案。是目前亚洲最大、世界排名前三的工业激光加工设备生产厂商。

研祥智能科技股份有限公司

Yánxiáng Kējì Gǔfèn Yǒuxiàn Gōngsī

[地名代码] 44030500727400000014

属企业。1993年成立。位于南山区高新中四道31号的研祥科技大厦，属粤海街道。是一家专业从事特种计算机研发、制造、营销和系统集成的高新技术企业、创新型企业、中国500强企业。

中国长城科技集团股份有限公司

Zhōngguó Chángchéng Kējì Jítuán Gǔfèn Yǒuxiàn Gōngsī

[地名代码] 44030500727400000011

属企业。1997年成立。前身为中国电子信息产业集团有限公司旗下网络安全与信息化专业子集团。2017年1月，由中国电子所属中国长城计算机深圳股份有限公司、长城信息产业股份有限公司、武汉中原电子集团有限公司、北京圣非凡电子系统技术开发有限公司四家骨干企业整合组成。位于粤海街道科技园科发路3号。主要经营计算机软件、硬件、终端及其外部设备、网络系统及系统集成。是电脑、电源、高新电子、金融信息化、医疗信息化等领域系列国家和行业标准的起草单位之一，是我国自主安全电脑产业的引领者。

深圳丹邦科技股份有限公司

Shēnzhèn Dānbāng Kējì Gǔfèn Yǒuxiàn Gōngsī

[地名代码] 44030500927400000010

属企业。2001年成立。位于深圳市南山区高新园朗山一路的丹邦科技大楼。主要产品包括柔性FCCL、高密度FPC、芯片封装COF基板、芯片和器件封装产品及柔性封装相关功能热固化胶、微粘性胶膜等，主要应用于空间狭小、可移动折叠的高精尖智能终端产品，在消费电子、医疗器械、特种计算机、智能显示、高端装备产业等所有微电子领域都得到广泛应用。

赤湾集装箱码头有限公司

Chìwān Jízhuāngxiāng Mǎtóu Yǒuxiàn Gōngsī

[地名代码] 44030500627400000003

属企业。1990年成立，原为深圳凯丰码头有限公司。2001年更为今名。因公司地处赤湾，主要经营赤湾码头集装箱物流业务，故名。位于右炮台路6号，属招商街道。占地面积275000平方米，堆场面积203000万平方米，总建筑面积8664平方米，码头岸线长2059米。专业从事集装箱运输、装卸业务。

南玻集团

Nánbō Jítuán

[地名代码] 44030500627400000004

属企业。由1984年成立的南玻股份有限公司兴建，故名。位于工业六路1号，属招商街道。占地面积21969.71平方米。主要业务为节能玻璃、电子玻璃及显示器件、太阳能光伏三条完整的产业链。

奥萨医药

Àosà Yīyào

[地名代码] 44030500727400000003

属企业。2007年创立。名称取自投资商名字及其经营领域。位于高新中一道16号，属粤海街道。占地面积20325.70平方米。主营业务为生物技术研究与开发、投资和进出口贸易。

赛百诺基因技术有限公司

Sàibǎinuò Jīyīn Jìshù Yǒuxiàn Gōngsī

[地名代码] 44030500727400000004

属企业。1998年创立。寓意诚信经营，故名。位于高新技术产业园（中区）科技中一路19号，属粤海街道。占地面积20573.61平方米。主要从事基因治疗领域的研究。

西门子磁共振有限公司

Xīménzǐ Cígòngzhèn Yǒuxiàn Gōngsī

[地名代码] 44030500727400000005

属企业。2002年创立。名称取自投资商名字。位于高新中二道32号，属粤海街道。占地面积32952.57平方米。公司业务范围涵盖MR（磁共振成像系统）、AT（临床治疗系统）以及CV（医疗器械零部件）。

爱普生技术有限公司

Àipǔshēng Jìshù Yǒuxiàn Gōngsī

[地名代码] 44030500927400000001

属企业。1985年创立。因由爱普生公司投资建设，故名。位于朗山一路1号，属西丽街道。占地面积约100000平方米，建筑面积82500平方米。主要生产高质量电子产品，包括"EPSON"品牌打印机、映像投影机、"SEIKO"（精工）牌手表及液晶显示器为主的众多电子产品。

日立信电电线有限公司

Rìlìxìndiàn Diànxiàn Yǒuxiàn Gōngsī

[地名代码] 44030500927400000003

属企业。1990年创办。因是香港信和电线厂和日立集团合资建设，故名。位于松白路1045号，属西丽街道。占地面积60000平方米，建筑面积64000平方米。主要生产音响线、电源线、电脑线、同轴线等，产品销往欧美。

奥林巴斯工业有限公司

Àolínbāsī Gōngyè Yǒuxiàn Gōngsī

[地名代码] 44030500927400000005

属企业。1991年12月创立。因是奥林巴斯（深圳）工业有限公司投资建设，故名。位于朗山二路1号，属西丽街道。占地面积102255.88平方米，建筑总面积35580平方米。主要从事传统相机、数码相机及其他相关产品的开发。2018年已宣布停产。

金蝶软件（中国）有限公司

Jīndié Ruǎnjiàn (Zhōngguó) Yǒuxiàn Gōngsī

[地名代码] 44030500727400000013

属企业。1993年成立。位于南山区科技园科技南十二路2号的金蝶软件园A座1—8层，属粤海街道。主要业务为生产、开发、经营电脑软硬件。

方大集团股份有限公司

Fāngdà Jítuán Gǔfèn Yǒuxiàn Gōngsī

[地名代码] 44030500727400000015

属企业。1994年成立。位于深圳市南山区高新技术产业园南区科技南十二路的方大科技大厦，属粤海街道。业务范围涵盖智慧幕墙系统及材料、轨道交通设备及系统、新能源、总部基地等板块。旗下现有6家国家高新技术企业，在全球建有多家工厂，业务遍及全球120多个国家和地区，是集研发、生产、销售及服务为一体的大型综合性高科技集团公司。

深圳市飞亚达（集团）股份有限公司
Shēnzhèn Shì Fēiyàdá (Jítuán) Gǔfèn Yǒuxiàn Gōngsī

[地名代码] 44030500727400000016

　　属企业。1990年成立。前身为深圳飞亚达计时工业公司，1992年改为今名。位于南山区高新南一道飞亚达科技大厦，属粤海街道。主要从事世界名表零售和自有品牌钟表的研发、设计、制造和销售业务。

健康元药业集团股份有限公司
Jiànkāngyuán Yàoyè Jítuán Gǔfèn Yǒuxiàn Gōngsī

[地名代码] 44030500927400000009

　　属企业。1992年创立。位于松坪山朗山路17号，属西丽街道。占地面积3024.69平方米，建筑面积15122.96平方米。主要从事医药生产。

海能达通信股份有限公司
Hǎinéngdá Tōngxìn Gǔfèn Yǒuxiàn Gōngsī

[地名代码] 44030500927400000011

　　属企业。1993年成立。前身为深圳市好易通科技有限公司，2010更为今名。位于西丽街道松坪山北环辅道旁。占地面积2990.59平方米，建筑面积14788.26平方米。致力于为公共安全、应急、能源、交通、工商业等行业客户，在日常工作及关键时刻，提供更快、更安全、更多连接的通信设备及解决方案，助力城市更高效、更安全。

深圳康泰生物制品股份有限公司
Shēnzhèn Kāngtài Shēngwù Zhìpǐn Gǔfèn Yǒuxiàn Gōngsī

[地名代码] 44030500727400000017

　　属企业。1992年成立。位于粤海街道科技园科发路6号。是一家集生物制品研发、生产、销售于一体的上市企业。是中国主要的乙肝疫苗生产企业之一。公司主营业务为人用疫苗的研发、生产和销售，产品种类涵盖免疫规划和非免疫规划疫苗。

长园公司
Chángyuán Gōngsī

[地名代码] 44030500727400000002

　　属企业。1986年由中国科学院创办。位于粤海街道高新中一道2号。占地面积48693.98平方米。专业从事电动汽车相关材料、智能工程设备、智能电网设备的研发、制造与服务。

深圳华强方特文化科技集团股份有限公司
Shēnzhèn Huáqiángfāngtè Wénhuà Kējì Jítuán Gǔfèn Yǒuxiàn Gōngsī

[地名代码] 44030500727400000018

　　属企业。2006年成立。位于粤海街道科技中一路的华强高新发展大楼15层。是国内知名的大型文化科技集团，下辖华强智能、华强数码电影、华强数字动漫等30多家专业公司，拥有员工近万人。形成以创意设计为龙头，以特种电影、动漫产品、主题演艺、影视出品、影视后期制作、文化衍生品、文化科技主题公园为主要内容的优势互补产业链。

深圳市迅雷网络技术有限公司
Shēnzhèn Shì Xùnléi Wǎngluò Jìshù Yǒuxiàn Gōngsī

[地名代码] 44030500727400000019

　　属企业。2003年创立。位于粤海街道高新区科技南路18号。主要面向个人用户和企业用户提供丰富的下载加速、区块链、云计算、影音娱乐等产品及服务。

努比亚技术有限公司

Nǔbǐyà Jìshù Yǒuxiàn Gōngsī

[地名代码] 44030500927400000012

属企业。2001年创立。位于西丽街道留仙大道3370号。主要从事手机研发、生产及销售服务等。

深圳顺丰泰森控股（集团）有限公司

Shēnzhèn Shùnfēng Tàisēn Kònggǔ Jítuán Yǒuxiàn Gōngsī

[地名代码] 44030500227400000011

属企业。2008年创立。位于前海深港合作区前湾一路1号。主要从事实业投资、投资咨询、投资管理、信息技术咨询服务等。

深圳市富安娜家居用品股份有限公司

Shēnzhèn Shì Fù'ānnà Jiājū Yòngpǐn Gǔfèn Yǒuxiàn Gōngsī

[地名代码] 44030500226100000034

属企业。1994年创立。位于南山街道南光路48号。占地面积12700平方米，建筑面积14000平方米。主要从事家居用品研发、设计、生产和销售。

普联技术有限公司

Pǔlián Jìshù Yǒuxiàn Gōngsī

[地名代码] 44030500727400000020

属企业。1996年创立。位于粤海街道科技园中区科苑路5号南楼。主要从事网络与通信终端设备研发、制造和销售。

深圳劲嘉彩印集团股份有限公司

Shēnzhèn Jìnjiā Cǎiyìn Jítuán Gǔfèn Yǒuxiàn Gōngsī

[地名代码] 44030500727400000021

属企业。1996年创办。位于粤海街道麻岭片区高新中三路深圳软件园（西区）3号。占地面积3898.38平方米，建筑面积65170.84平方米。主营业务为高端包装印刷品和包装材料的研发生产，主要产品是烟标、酒盒、高端电子产品和生活用品的包装及相关配套材料。

深圳莱宝高科技股份有限公司

Shēnzhèn Láibǎogāo Kējì Gǔfèn Yǒuxiàn Gōngsī

[地名代码] 44030500727400000022

属企业。1992年创立。位于粤海街道高新北二道29号。主要从事中小尺寸平板显示上游材料的研发和生产。

深圳日海通讯技术股份有限公司

Shēnzhèn Rìhǎi Tōngxùn Jìshù Gǔfèn Yǒuxiàn Gōngsī

[地名代码] 44030500727400000023

属企业。1994年创立。位于南头街道大新路198号。占地面积1920.90平方米，建筑面积10317平方米。从事5G&AI物联网终端、AI物联网大中台、AI边缘计算设备、智能化通信设备、相关综合解决方案及工程服务。

深圳市同洲电子股份有限公司

Shēnzhèn Shì Tóngzhōu Diànzǐ Gǔfèn Yǒuxiàn Gōngsī

[地名代码] 44030500727400000024

属企业。1994年创立。位于粤海街道高新科技园北区六道36号。主要从事数字视讯的开发及设备生产。

雅昌文化（集团）有限公司

Yǎchāng Wénhuà（Jítuán）Yǒuxiàn Gōngsī

[地名代码] 44030500326100000003

属企业。1993年创立。位于沙河街道深云路9号北侧。占地面积7935.10平方米，建筑面积47610平方米。主要从事数字资产管理、艺术家个人数字资产管理系统、雅昌艺术网、艺术摄影、艺术图书装帧设计、艺术影像产品、艺术展览策划、艺术衍生品的经营与开发、艺术印刷等经营活动。

天虹商场股份有限公司

Tiānhóng Shāngchǎng Gǔfèn Yǒuxiàn Gōngsī

[地名代码] 44030500727400000026

属企业。1984年创立。位于南山区中心路（深圳湾段）3019号。从事百货、购物中心、超市、便利店四大业态线上线下融合的数字化、体验式新零售。

东鹏饮料（集团）股份有限公司

Dōngpéng Yǐnliào（Jítuán）Gǔfèn Yǒuxiàn Gōngsī

[地名代码] 44030500827400000005

属企业。1994年创立。位于桃源街道珠光北路142号。主要从事饮料生产。

前海人寿保险股份有限公司

Qiánhǎi Rénshòu Bǎoxiǎn Gǔfèn Yǒuxiàn Gōngsī

[地名代码] 44030500227400000012

属企业。2012年创立。位于前海深港合作区临海大道59号。主要从事全国性的金融保险业务。

深圳市华信天线技术有限公司

Shēnzhèn Shì Huáxìn Tiānxiàn Jìshù Yǒuxiàn Gōngsī

[地名代码] 44030500127400000004

属企业。2008年创立。位于南头街道中山园路1001号。主要从事卫星定位及通信、无线通信、移动通信核心产品部件的研发。

科立讯通信股份有限公司

Kēlìxùn Tōngxìn Gǔfèn Yǒuxiàn Gōngsī

[地名代码] 44030500927400000013

属企业。2001年创立。位于科技园朗山路11号，属西丽街道。主要从事为公共安全、应急管理、消防救援、能源化工、林业水利、交通物流、工商业等政府及行业客户提供智慧融合的专业通信解决方案及服务。

深圳市奥拓电子股份有限公司

Shēnzhèn Shì Àotuò Diànzǐ Gǔfèn Yǒuxiàn Gōngsī

[地名代码] 44030500727400000027

属企业。1993年创立。位于粤海街道学府路63号。主要从事LED应用产品和金融电子产品的研发、生产、销售及相应专业服务。

彩讯科技股份有限公司

Cǎixùn Kējì Gǔfèn Yǒuxiàn Gōngsī

[地名代码] 44030500727400000028

属企业。2004年创立。位于粤海街道高新南区科苑南路3176号。主营业务是为大中型企业和政府部门提供邮件系统、云存储、协同办公、大数据平台及应用、电子渠道建设和运营支撑、数字营销等互联网应用平台建设及运营支撑服务。

深圳招商房地产有限公司

Shēnzhèn Zhāoshāng Fángdìchǎn Yǒuxiàn Gōngsī

[地名代码] 44030500527400000003

属企业。1979年创立。曾用名"招商局蛇口工业区房地产公司"。位于蛇口街道兴华路6号南海意库3号楼。主营社区开发与运营、园区开发与运营、邮轮产业建设与运营三大业务板块。

深信服科技股份有限公司

Shēnxìnfú Kējì Gǔfèn Yǒuxiàn Gōngsī

[地名代码] 44030500727400000029

属企业。2000年创立。位于粤海街道学苑大道1001号。主营计算机软硬件的技术开发、销售及相关技术服务。

深圳市北科生物科技有限公司
Shēnzhèn Shì Běikē Shēngwù Kējì Yǒuxiàn Gōngsī

[地名代码] 44030500727400000030

　　属企业。2005年创立。位于粤海街道高新南九道59号。主营生物治疗技术临床转化及技术服务。

华润置地(深圳)有限公司
Huárùn Zhìdì (Shēnzhèn) Yǒuxiàn Gōngsī

[地名代码] 44030500727400000031

　　属企业。2008年创立。位于粤海街道大冲一路华润置地大厦E座。主营业务包括房地产开发、商业地产开发及运营、物业服务等。

深圳妈湾电力有限公司
Shēnzhèn Māwān Diànlì Yǒuxiàn Gōngsī

[地名代码] 44030500227400000001

　　属企业。1989年创立。2003年7月投产。位于妈湾大道3号，属南山街道。占地面积448500平方米，建筑面积22100平方米。主要从事电力开发建设及电厂生产经营。

深圳拓邦股份有限公司
Shēnzhèn Tuòbāng Gǔfèn Yǒuxiàn Gōngsī

[地名代码] 44030500727400000033

　　属企业。1996年创立。位于粤海街道高新技术产业园清华大学研究院B区。主要从事智能控制器的研发与生产。

深圳新飞通光电子技术有限公司
Shēnzhèn Xīnfēitōng Guāngdiànzǐ Jìshù Yǒuxiàn Gōngsī

[地名代码] 44030500726100000037

　　属企业。1993年创立。位于粤海街道科技南十二路8号。占地面积1912.35平方米，建筑面积22946.95平方米。主要从事光电产品研发

与生产。

精量电子（深圳）有限公司
Jīngliàng Diànzǐ (Shēnzhèn) Yǒuxiàn Gōngsī

[地名代码] 44030500926100000019

　　属企业。1995年创立。位于粤海街道高新技术产业园北区朗山路26号。占地面积4198.05平方米，建筑面积25187.71平方米。主要从事各类传感器的生产。

深圳市瑞辉钟表有限公司
Shēnzhèn Shì Ruìhuī Zhōngbiǎo Yǒuxiàn Gōngsī

[地名代码] 44030500327400000006

　　属企业。2005年创立。位于沙河街道华侨城东部工业区B4栋二楼东。主要从事时尚高档手表的研发、设计、生产与销售。

深圳市国人射频通信有限公司
Shēnzhèn Shì Guórén Shèpín Tōngxìn Yǒuxiàn Gōngsī

[地名代码] 44030500727400000034

　　属企业。2008年创立。位于粤海街道高新区中区科技中三路5号。主要经营通信、射频产品及相关电子元器件的技术开发与销售。

东江环保股份有限公司
Dōngjiāng Huánbǎo Gǔfèn Yǒuxiàn Gōngsī

[地名代码] 44030500926100000015

　　属企业。1999年创立。位于西丽街道松坪山朗山路9号。占地面积1705.83平方米，建筑面积18763平方米。专业从事废物资源化与无害化处理。

深圳翰宇药业股份有限公司
Shēnzhèn Hànyǔ Yàoyè Gǔfèn Yǒuxiàn Gōngsī

[地名代码] 44030500727400000035

　　属企业。2003年创立。位于粤海街道高

新区科技中二路37号。主要从事多肽药物的研发、生产和销售。

深圳奥特迅电力设备股份有限公司
Shēnzhèn Àotèxùn Diànlì Shèbèi Gǔfèn Yǒuxiàn Gōngsī

[地名代码] 44030500727400000036

属企业。1998年创立。位于粤海街道高新技术产业园北区松坪山路3号。业务涵盖工业电源、电动汽车充电设施、电能质量治理、智能微网及储能、充电站投资建设运营、氟材料研究及应用等领域。

深圳市凯达尔科技实业有限公司
Shēnzhèn Shì Kǎidá'ěr Kējì Shíyè Yǒuxiàn Gōngsī

[地名代码] 44030500926100000026

属企业。1999年创立。位于西丽街道同沙路168号。占地面积4981.18平方米,建筑面积86179.88平方米。主要从事智能交通领域（ITS）的自主创新研发。

国民技术股份有限公司
Guómín Jìshù Gǔfèn Yǒuxiàn Gōngsī

[地名代码] 44030500727400000037

属企业。2000年创立。位于粤海街道高新区北区宝深路109号国民技术大厦。占地面积0.08平方千米。主要产品为各类国密安全芯片、高安全蓝牙SIM卡、安全智能门锁及主板方案、安全智能表计主板方案、物联网中台系统、工业物联网安全云及SaaS服务、政府保障性住房智能化管理系统及云SaaS服务、公寓智能化管理系统及云SaaS服务、智慧社区整体产品及方案等。

深圳波顿香料有限公司
Shēnzhèn Bōdùn Xiāngliào Yǒuxiàn Gōngsī

[地名代码] 44030500921732000004

属企业。1991年创办。位于西丽街道茶光大道。东起乾丰三路,西至南光高速,南起西丽火车站,北至茶光大道。占地面积0.08平方千米。从事食品、日化香料香精的研发、生产和销售。

深圳雷曼光电科技股份有限公司
Shēnzhèn Léimàn Guāngdiàn Kējì Gǔfèn Yǒuxiàn Gōngsī

[地名代码] 44030500927400000014

属企业。2004年创办。位于西丽街道白芒百旺信高科技工业园二区八栋雷曼大厦。主要从事LED的研发和生产。

深圳市英唐智能控制股份有限公司
Shēnzhèn Shì Yīngtáng Zhìnéng Kòngzhì Gǔfèn Yǒuxiàn Gōngsī

[地名代码] 44030500726100000093

属企业。2001年创办。位于粤海街道高新南四道28号。占地面积1961.57平方米,建筑面积15268.26平方米。主要提供小型生活电器智能化服务。

附录

一、旧地名

南头检查站
Nántóu Jiǎncházhàn

[地名代码] 44030500123640000000

　　属检查站。原在宝安区安乐村附近，为深圳经济特区管理线沿途公路道口检查站。1983年9月建成启用。主要负责查验经由107国道进入特区的人员、车辆。验证大厅验证通道12条，日常开通6条；车检通道12条，日常全部开通；出口道12条，日常全部开通。现已拆除，恢复为道路设施。

白芒检查站
Báimáng Jiǎncházhàn

[地名代码] 44030500923640000002

　　属检查站。原在南山区白芒村附近，为深圳经济特区管理线沿途公路道口检查站。1983年9月建成启用。主要负责查验经由松白公路、机荷高速公路进入特区的人员、车辆。验证大厅验证通道6条，日常开通2条；车检通道6条，日常全部开通；出口道6条，日常全部开通。现已拆除，恢复为道路设施。

深圳云浮联合石矿场
Shēnzhèn Yúnfú Liánhé Shíkuàngchǎng

[地名代码] 44030500821710000000

　　属矿区。原在南山区桃源街道。占地面积0.19平方千米。20世纪90年代因城市建设拆除，名称不再使用。

越华石场
Yuèhuá Shíchǎng

[地名代码] 44030500921710000000

　　属矿区。原在南山区西丽街道。占地面积0.13平方千米。20世纪90年代因城市建设拆除，名称不再使用。

沙河华侨农场
Shāhé Huáqiáo Nóngchǎng

[地名代码] 44030500321721000000

　　属农区。原在南山区沙河街道。占地面积0.03平方千米。20世纪90年代因城市建设拆除，名称不再使用。

太子山
Tàizǐ Shān

[地名代码] 44030500213450000004

　　属山。原在南山区南山街道。长0.30千米，宽0.20千米，海拔12米。已推平，名称不再使用。

凹仔
Āozǎi

[地名代码] 44030500913450000025

　　属山。原在南山区西丽街道。长0.23千米，宽0.19千米，海拔100米。已推平，名称不再使用。现为环旭电子园。

猫头山
Māotóu Shān

[地名代码] 44030500313450000007

　　属山。原在南山区沙河街道。长0.39千米，宽0.20千米，海拔40米。已推平，名称不再使用。

簸箕坑
Bǒjī Kēng

[地名代码] 44030500813420000022

　　属山谷、谷地。原在南山区桃源街道。长836米，宽419米。已填平，名称不再使用。

南头革命烈士纪念亭

Nántóu Gémìng Lièshì Jìniàntíng

[地名代码] 44030500125110000002

属纪念地。原在南山区南头街道。原为南头革命烈士纪念碑，1980年纪念碑迁移，建成革命烈士纪念亭。1987年修建中山公园，将解放内伶仃岛纪念碑移入，原革命烈士纪念亭拆除，名称不再使用。

叠石庙

Diéshí Miào

[地名代码] 44030500925132000000

属宗教设施。原在南山区西丽街道。20世纪90年代已拆除，名称不再使用。

阮屋

Ruǎnwū

[地名代码] 44030500722100000001

属居民点。原在南山区粤海街道。20世纪90年代因城市建设拆除，名称不再使用，现为大冲城市花园。

吴屋

Wúwū

[地名代码] 44030500722100000040

属居民点。原在南山区粤海街道。20世纪90年代因城市建设拆除，名称不再使用，现为大冲城市花园。

西丽湖度假村

Xīlìhú Dùjiàcūn

[地名代码] 44030500925300000001

属风景区。原名"西沥水库度假村"，1983年改为"西丽湖度假村"。1979年8月25日建成，1982年4月对外开放。位于南山区西丽街道。东靠麒麟山，西邻西丽水库，南起沁园路，北至麒麟山疗养院。占地面积0.35平方千米，设有365间客房和各类运动休闲场所。是我国改革开放后建立的第一家旅游度假村，曾被评为广东"岭南八景"之一，享有深圳"五湖四海"之首的盛誉。

南山汽车客运站

Nánshān Qìchē Kèyùnzhàn

[地名代码] 44030500123220000000

属长途汽车站。1989年建成投入运营。在南山区南头街道。占地面积35360平方米。现运营线路91条，年客运量约120万人次。为三级客运站。

二、普查存目地名

1. 自然实体

且山头
Qiěshān Tóu

[地名代码] 44030500813450000001

老鼠尾
Lǎoshǔ Wěi

[地名代码] 44030500913450000001

黄牛勘尾
Huángniúkān Wěi

[地名代码] 44030500813450000002

象公
Xiànggōng

[地名代码] 44030500813450000003

鱼尾山
Yúwěi Shān

[地名代码] 44030500313450000001

交椅山
Jiāoyǐ Shān

[地名代码] 44030500813450000004

烂头龟
Làntóuguī

[地名代码] 44030500813450000005

黄狗横
Huánggǒuhéng

[地名代码] 44030500813450000006

鸡公头顶
Jīgōngtóu Dǐng

[地名代码] 44030500813450000007

红坭尖
Hóngní Jiān

[地名代码] 44030500813450000009

尖峰山
Jiānfēng Shān

[地名代码] 44030500513450000001

山塘岭
Shāntáng Lǐng

[地名代码] 44030500813450000010

菠萝山
Bōluó Shān

[地名代码] 44030500813450000011

红朱岭
Hóngzhū Lǐng

[地名代码] 44030500713450000001

蕉坜山
Jiāolì Shān

[地名代码] 44030500813450000012

松山仔
Sōngshānzǎi

[地名代码] 44030500613450000003

木棉头
Mùmián Tóu

[地名代码] 44030500313450000002

龟山

Guī Shān

[地名代码]　44030599913450000001

大岾

Dà Kǎn

[地名代码]　44030500913450000003

大布塅

Dàbù Duàn

[地名代码]　44030500813450000014

下高凹

Xiàgāo Āo

[地名代码]　44030500813450000015

蚊帐背

Wénzhàng Bèi

[地名代码]　44030500913450000004

铁屎岭

Tiěshǐ Lǐng

[地名代码]　44030500913450000006

三宝石

Sānbǎo Shí

[地名代码]　44030500713450000002

牛羊山

Niúyáng Shān

[地名代码]　44030500213450000002

东湾咀

Dōngwānzuǐ

[地名代码]　44030500513450000002

咸仔埂

Xiánzǎi Gěng

[地名代码]　44030500313450000003

香山

Xiāng Shān

[地名代码]　44030500313450000004

扑船岗

Pūchuán Gǎng

[地名代码]　44030500913450000008

茶山

Chá Shān

[地名代码]　44030599913450000002

赤董

Chìdǒng

[地名代码]　44030599913450000003

莺仔岭

Yīngzǎi Lǐng

[地名代码]　44030500913450000009

白石岭

Báishí Lǐng

[地名代码]　44030500813450000045

山脚岾

Shānjiǎo Kǎn

[地名代码]　44030500813450000016

尖峰

Jiānfēng

[地名代码]　44030500913450000010

竹山
Zhú Shān

[地名代码] 44030500813450000017

珠山顶
Zhūshān Dǐng

[地名代码] 44030500913450000011

石鼓湾
Shígǔ Wān

[地名代码] 44030500913450000013

围仔西
Wéizǎi Xī

[地名代码] 44030500513450000003

背带石
Bèidài Shí

[地名代码] 44030500913450000014

众山
Zhòng Shān

[地名代码] 44030500213450000005

东背角
Dōngbèi Jiǎo

[地名代码] 44030500513450000005

大鼓石
Dàgǔ Shí

[地名代码] 44030500813450000018

蟾蜍山
Chánchú Shān

[地名代码] 44030500913450000015

牛腿山
Niútuǐ Shān

[地名代码] 44030500813450000019

亚浪山
Yàlàng Shān

[地名代码] 44030500813450000020

缺牙岜
Quēyá Bā

[地名代码] 44030500813450000021

大冚山
Dàkǎn Shān

[地名代码] 44030500813450000022

羊马埔
Yángmǎ Pǔ

[地名代码] 44030500813450000023

打石山
Dǎshí Shān

[地名代码] 44030500913450000016

围下栋
Wéixià Dòng

[地名代码] 44030500913450000017

老虎岩
Lǎohǔ Yán

[地名代码] 44030500813450000024

双丫山
Shuāngyā Shān

[地名代码] 44030500813450000025

虎地岭

Hǔdì Lǐng

[地名代码]　44030500813450000026

虎叨牛

Hǔdiāoniú

[地名代码]　44030500813450000027

背夫山

Bèifū Shān

[地名代码]　44030500813450000028

白石光

Báishíguāng

[地名代码]　44030500913450000018

竹筒尾山

Zhútǒngwěi Shān

[地名代码]　44030500813450000030

虎地峒

Hǔdì Dòng

[地名代码]　44030500913450000020

乌石堽

Wūshíbì

[地名代码]　44030500913450000038

屋背里

Wūbèilǐ

[地名代码]　44030500813450000031

新嘴塘

Xīnzuǐ Táng

[地名代码]　44030500813450000032

担谷顶

Dāngǔ Dǐng

[地名代码]　44030500913450000021

洞尾山

Dòngwěi Shān

[地名代码]　44030500913450000023

鲤鱼墩

Lǐyú Dūn

[地名代码]　44030500813450000033

鹞婆石

Yàopó Shí

[地名代码]　44030500913450000024

七指洞山

Qīzhǐdòng Shān

[地名代码]　44030500913450000026

白坑山

Báikēng Shān

[地名代码]　44030500913450000027

斜尾

Xiéwěi

[地名代码]　44030500813450000035

捕狗仔

Bǔgǒuzǎi

[地名代码]　44030500513450000007

吊鱼石

Diàoyú Shí

[地名代码]　44030500913450000028

上面光
Shàngmiànguāng

[地名代码]　44030500813450000036

尖死佬
Jiānsǐlǎo

[地名代码]　44030500913450000029

求雨墩
Qiúyǔ Dūn

[地名代码]　44030500813450000037

雷劈石
Léipī Shí

[地名代码]　44030500813450000038

塘鹅石
Táng'é Shí

[地名代码]　44030500713450000003

铜锣排
Tóngluó Pái

[地名代码]　44030500513450000008

石树顶
Shíshù Dǐng

[地名代码]　44030500913450000030

松仔山
Sōngzǎi Shān

[地名代码]　44030500913450000031

瓦窑头
Wǎyáo Tóu

[地名代码]　44030500313450000010

湾心
Wānxīn

[地名代码]　44030500213450000007

花林
Huālín

[地名代码]　44030500213450000008

南山基
Nánshānjī

[地名代码]　44030500213450000009

坑尾山
Kēngwěi Shān

[地名代码]　44030500213450000010

鹤前排
Hèqián Pái

[地名代码]　44030500913450000032

海龙王
Hǎilóngwáng

[地名代码]　44030500913450000034

棺材石
Guāncái Shí

[地名代码]　44030500913450000035

崎山
Qí Shān

[地名代码]　44030500213450000011

丫髻山
Yājì Shān

[地名代码]　44030500813450000040

满公朗

Mǎngōnglǎng

[地名代码] 44030500813450000041

跌死狗

Diēsǐgǒu

[地名代码] 44030500913450000036

牛脷角

Niúlì Jiǎo

[地名代码] 44030500513450000009

上高凹

Shànggāo Āo

[地名代码] 44030500813450000042

斑鸠石

Bānjiū Shí

[地名代码] 44030500913450000037

打石岭

Dǎshí Lǐng

[地名代码] 44030500813450000043

树木寨

Shùmù Zhài

[地名代码] 44030500813450000044

马骝

Mǎliú

[地名代码] 44030500913420000001

氹嬶

Dàngnǎ

[地名代码] 44030500913420000002

猪叼坑

Zhūdiāo Kēng

[地名代码] 44030500813420000005

割藤窝

Gēténg Wō

[地名代码] 44030500913420000003

横排路

Héngpái Lù

[地名代码] 44030500813420000006

氹公

Dànggōng

[地名代码] 44030500913420000005

上寨

Shàng Zhài

[地名代码] 44030500913420000006

蚊坜仔

Wénlìzǎi

[地名代码] 44030500913420000009

小坑

Xiǎo Kēng

[地名代码] 44030500913420000010

虎坑

Hǔ Kēng

[地名代码] 44030500813420000010

珠山吓

Zhūshān Xià

[地名代码] 44030500913420000011

长坑仔

Zhǎngkēngzǎi

[地名代码] 44030500913420000012

禾叉坜

Héchā Lì

[地名代码] 44030500813420000014

伯公坳

Bógōng Ào

[地名代码] 44030500913420000013

大园

Dà Yuán

[地名代码] 44030500813420000015

南峰坳

Nánfēng Ào

[地名代码] 44030500513420000002

米桶坑

Mǐtǒng Kēng

[地名代码] 44030500913420000014

溜石马

Liūshí Mǎ

[地名代码] 44030500913420000015

石排

Shí Pái

[地名代码] 44030500913420000016

山猪窝

Shānzhū Wō

[地名代码] 44030500913420000017

塘坳

Táng Ào

[地名代码] 44030500913420000020

水窝坳

Shuǐwō Ào

[地名代码] 44030500913420000021

横坑

Héng Kēng

[地名代码] 44030500813420000019

牛栏窝

Niúlán Wō

[地名代码] 44030500913420000022

背夫坳

Bèifū Ào

[地名代码] 44030500913420000023

旱窝

Hàn Wō

[地名代码] 44030500913420000024

门坜坳

Ménlì Ào

[地名代码] 44030500913420000025

鹧鸪坑

Zhègū Kēng

[地名代码] 44030500913420000026

冬瓜坑

Dōngguā Kēng

[地名代码] 44030500913420000028

下寨

Xià Zhài

[地名代码] 44030500913420000029

猪庵

Zhū Ān

[地名代码] 44030500813420000023

下圻仓

Xiàlì Cāng

[地名代码] 44030500813420000024

青山搭坳

Qīngshāndā Ào

[地名代码] 44030599913420000000

石坑尾

Shíkēng Wěi

[地名代码] 44030500813420000025

转坑

Zhuǎn Kēng

[地名代码] 44030500913420000032

石塘

Shí Táng

[地名代码] 44030500813420000026

米坑

Mǐ Kēng

[地名代码] 44030500913420000033

石坑

Shí Kēng

[地名代码] 44030500813420000028

竹山凹

Zhúshān Āo

[地名代码] 44030500813420000030

坑尾

Kēng Wěi

[地名代码] 44030500813420000032

2. 居民点

馨荔苑

Xīnlì Yuàn

[地名代码] 44030500122100000001

绿茵丰和家园

Lǜyīn Fēnghé Jiāyuán

[地名代码] 44030500122100000004

蓝虹雅苑

Lánhóng Yǎyuàn

[地名代码] 44030500122100000005

桃苑公寓

Táoyuàn Gōngyù

[地名代码] 44030500122100000007

英达钰龙园

Yīngdá Yùlóng Yuán

[地名代码] 44030500122100000008

荟芳园

Huìfāng Yuán

[地名代码] 44030500122100000009

玉泉花园
Yùquán Huāyuán

[地名代码] 44030500122100000010

园丁楼
Yuándīng Lóu

[地名代码] 44030500122100000011

麒麟花园英麒苑
Qílín Huāyuán Yīngqí Yuàn

[地名代码] 44030500122100000012

大新（龙屋）
Dàxīn（Lóngwū）

[地名代码] 44030500122100000013

港湾丽都花园
Gǎngwān Lìdū Huāyuán

[地名代码] 44030500122100000014

方卉园
Fānghuì Yuán

[地名代码] 44030500122100000015

秀林新居
Xiùlín Xīnjū

[地名代码] 44030500122100000016

中山颐景花园
Zhōngshān Yíjǐng Huāyuán

[地名代码] 44030500122100000017

丽乐美居
Lìlè Měijū

[地名代码] 44030500122100000019

嘉隆公寓
Jiālóng Gōngyù

[地名代码] 44030500122100000020

兰丽苑
Lánlì Yuàn

[地名代码] 44030500122100000023

前海豪苑
Qiánhǎi Háoyuàn

[地名代码] 44030500122100000025

麒鳞花园金麟阁
Qílín Huāyuán Jīnlín Gé

[地名代码] 44030500122100000027

民政公寓
Mínzhèng Gōngyù

[地名代码] 44030500122100000028

宏华苑
Hónghuá Yuàn

[地名代码] 44030500122100000029

华府苑
Huáfǔ Yuàn

[地名代码] 44030500122100000030

田厦翡翠明珠花园
Tiánxià Fěicuì Míngzhū Huāyuán

[地名代码] 44030500122100000031

金宝花园
Jīnbǎo Huāyuán

[地名代码] 44030500122100000033

兴围
Xīngwéi
[地名代码] 44030500122100000034

祥泰公寓
Xiángtài Gōngyù
[地名代码] 44030500122100000035

西海明珠花园
Xīhǎi Míngzhū Huāyuán
[地名代码] 44030500122100000036

金海花园
Jīnhǎi Huāyuán
[地名代码] 44030500122100000039

南龙苑
Nánlóng Yuàn
[地名代码] 44030500122100000040

财税苑
Cáishuì Yuàn
[地名代码] 44030500122100000043

新德家园
Xīndé Jiāyuán
[地名代码] 44030500122100000044

邦达苑
Bāngdá Yuàn
[地名代码] 44030500122100000045

嘉庭苑
Jiātíng Yuàn
[地名代码] 44030500122100000048

常丰花园
Chángfēng Huāyuán
[地名代码] 44030500122100000050

彩虹居
Cǎihóng Jū
[地名代码] 44030500122100000052

南富苑
Nánfù Yuàn
[地名代码] 44030500122100000053

旺海怡苑
Wànghǎi Yíyuàn
[地名代码] 44030500122100000054

如意家园
Rúyì Jiāyuán
[地名代码] 44030500122100000061

名家富居
Míngjiā Fùjū
[地名代码] 44030500122100000062

南头花园
Nántóu Huāyuán
[地名代码] 44030500122100000064

荔秀华庭
Lìxiù Huátíng
[地名代码] 44030500122100000065

御海新苑
Yùhǎi Xīnyuàn
[地名代码] 44030500122100000067

田下
Tiánxià
[地名代码] 44030500122100000068

嘉南美地
Jiānánměidì
[地名代码] 44030500122100000069

阳光雅苑
Yángguāng Yǎyuàn
[地名代码] 44030500122100000070

御林华府
Yùlín Huáfǔ
[地名代码] 44030500122100000074

前海桃李花园
Qiánhǎi Táolǐ Huāyuán
[地名代码] 44030500122100000077

国兴苑
Guóxīng Yuàn
[地名代码] 44030500122100000078

南苑小区
Nányuàn Xiǎoqū
[地名代码] 44030500122100000080

阳光荔景
Yángguāng Lìjǐng
[地名代码] 44030500122100000081

荔香源
Lìxiāngyuán
[地名代码] 44030500122100000082

荔香居
Lìxiāng Jū
[地名代码] 44030500122100000084

新铺花园
Xīnpù Huāyuán
[地名代码] 44030500122100000085

巷头新村
Xiàngtóu Xīncūn
[地名代码] 44030500122100000088

莲城花园
Liánchéng Huāyuán
[地名代码] 44030500122100000089

前海华庭
Qiánhǎi Huátíng
[地名代码] 44030500122100000090

荔林春晓小区
Lìlín Chūnxiǎo Xiǎoqū
[地名代码] 44030500122100000091

南侨花园
Nánqiáo Huāyuán
[地名代码] 44030500122100000092

明珠荔景
Míngzhūlìjǐng
[地名代码] 44030500122100000093

常兴苑
Chángxīng Yuàn
[地名代码] 44030500122100000094

豪园

Háo Yuán

[地名代码] 44030500122100000096

云栖西岸阁

Yúnqī Xī'àn Gé

[地名代码] 44030500122100000097

田厦新村

Tiánxiàxīncūn

[地名代码] 44030500122100000098

城乐居

Chénglè Jū

[地名代码] 44030500122100000099

荔馨村

Lìxīncūn

[地名代码] 44030500122100000100

嘉隆苑

Jiālóng Yuàn

[地名代码] 44030500122100000101

南景苑

Nánjǐng Yuàn

[地名代码] 44030500122100000102

华府花园

Huáfǔ Huāyuán

[地名代码] 44030500122100000103

吉祥花园

Jíxiáng Huāyuán

[地名代码] 44030500122100000107

南山汇金家园

Nánshān Huìjīn Jiāyuán

[地名代码] 44030500122100000108

艺华花园

Yìhuá Huāyuán

[地名代码] 44030500122100000109

华泰南山小区

Huátài Nánshān Xiǎoqū

[地名代码] 44030500122100000110

通海苑

Tōnghǎi Yuàn

[地名代码] 44030500122100000111

鸿洲新都

Hóngzhōu Xīndū

[地名代码] 44030500122100000112

友邻公寓

Yǒulín Gōngyù

[地名代码] 44030500122100000116

明舍御园

Míngshè Yùyuán

[地名代码] 44030500122100000117

建安大院

Jiàn'ān Dàyuàn

[地名代码] 44030500122100000118

德馨花园

Déxīn Huāyuán

[地名代码] 44030500222100000001

怡海广场
Yíhǎi Guǎngchǎng
[地名代码] 44030500222100000002

观峰阁
Guānfēng Gé
[地名代码] 44030500222100000021

惠中名苑
Huìzhōng Míngyuàn
[地名代码] 44030500222100000003

南油福庭苑
Nányóu Fútíng Yuàn
[地名代码] 44030500222100000024

龙泰轩
Lóngtài Xuān
[地名代码] 44030500222100000004

西海花城杜鹃阁
Xīhǎi Huāchéng Dùjuān Gé
[地名代码] 44030500222100000028

光彩新天地公寓
Guāngcǎi Xīntiāndì Gōngyù
[地名代码] 44030500222100000005

光彩新世纪家园
Guāngcǎi Xīnshìjì Jiāyuán
[地名代码] 44030500222100000030

心语家园
Xīnyǔ Jiāyuán
[地名代码] 44030500222100000012

泛海城市广场
Fànhǎi Chéngshì Guǎngchǎng
[地名代码] 44030500222100000031

银兴苑
Yínxīng Yuàn
[地名代码] 44030500222100000013

向南西苑
Xiàngnán Xīyuàn
[地名代码] 44030500222100000033

荔湾太子苑
Lìwān Tàizǐ Yuàn
[地名代码] 44030500222100000016

万象新园
Wànxiàng Xīnyuán
[地名代码] 44030500222100000034

荔庭园
Lìtíng Yuán
[地名代码] 44030500222100000018

丽湾商务公寓
Lìwān Shāngwù Gōngyù
[地名代码] 44030500222100000035

龙坤居
Lóngkūn Jū
[地名代码] 44030500222100000019

深意公寓
Shēnyì Gōngyù
[地名代码] 44030500222100000036

福海苑
Fúhǎi Yuàn
[地名代码] 44030500222100000037

光大村
Guāngdàcūn
[地名代码] 44030500222100000040

北头豪苑
Běitóu Háoyuàn
[地名代码] 44030500222100000041

龙海家园
Lónghǎi Jiāyuán
[地名代码] 44030500122100000022

深华园
Shēnhuá Yuán
[地名代码] 44030500222100000042

巷头
Xiàngtóu
[地名代码] 44030500222100000043

鸿瑞花园
Hóngruì Huāyuán
[地名代码] 44030500222100000044

大南山紫园
Dànánshān Zǐyuán
[地名代码] 44030500222100000046

福园公寓
Fúyuán Gōngyù
[地名代码] 44030500222100000047

荔雅居
Lìyǎ Jū
[地名代码] 44030500222100000048

中海丽苑
Zhōnghǎi Lìyuàn
[地名代码] 44030500222100000049

雷圳碧榕湾名苑
Léizhèn Bìróngwān Míngyuàn
[地名代码] 44030500222100000051

中建荔香家园
Zhōngjiàn Lìxiāng Jiāyuán
[地名代码] 44030500222100000052

南兴公寓
Nánxīng Gōngyù
[地名代码] 44030500222100000053

康达苑
Kāngdá Yuàn
[地名代码] 44030500222100000054

白田
Báitián
[地名代码] 44030500222100000055

山水情家园
Shānshuǐqíng Jiāyuán
[地名代码] 44030500222100000056

鲤鱼门
Lǐyúmén
[地名代码] 44030500222100000057

飞行员公寓

Fēixíngyuán Gōngyù

[地名代码] 44030500222100000058

德源花园

Déyuán Huāyuán

[地名代码] 44030500222100000059

南海明珠

Nánhǎi Míngzhū

[地名代码] 44030500222100000060

白领公寓

Báilǐng Gōngyù

[地名代码] 44030500222100000061

恒立心海湾花园

Hénglì Xīnhǎiwān Huāyuán

[地名代码] 44030500222100000063

北头西苑

Běitóu Xīyuàn

[地名代码] 44030500222100000065

康达园

Kāngdá Yuán

[地名代码] 44030500222100000066

瑞景华庭

Ruìjǐng Huátíng

[地名代码] 44030500222100000067

学府花园

Xuéfǔ Huāyuán

[地名代码] 44030500222100000068

康乐村公寓

Kānglècūn Gōngyù

[地名代码] 44030500222100000071

怡华苑小区

Yíhuáyuàn Xiǎoqū

[地名代码] 44030500222100000072

前海明珠

Qiánhǎimíngzhū

[地名代码] 44030500222100000073

怡苑阁

Yíyuàn Gé

[地名代码] 44030500222100000074

龙佳园

Lóngjiā Yuán

[地名代码] 44030500222100000076

向南瑞峰花园

Xiàngnán Ruìfēng Huāyuán

[地名代码] 44030500222100000077

中兴之家

Zhōngxīngzhījiā

[地名代码] 44030500222100000078

阳光花地苑

Yángguāng Huādìyuàn

[地名代码] 44030500222100000079

亿利达村

Yìlìdácūn

[地名代码] 44030500222100000080

跃华园

Yuèhuá Yuán

[地名代码] 44030500222100000082

汉京湾雅居

Hànjīngwān Yǎjū

[地名代码] 44030500222100000083

向南西海花园

Xiàngnán Xīhǎi Huāyuán

[地名代码] 44030500222100000084

现代城华庭

Xiàndàichéng Huátíng

[地名代码] 44030500222100000085

常兴花园

Chángxīng Huāyuán

[地名代码] 44030500222100000086

康乐村

Kānglècūn

[地名代码] 44030500222100000087

汉京半山公馆

Hànjīng Bànshān Gōngguǎn

[地名代码] 44030500222100000088

香格名苑

Xiānggé Míngyuàn

[地名代码] 44030500222100000089

南荔苑

Nánlì Yuàn

[地名代码] 44030500222100000091

荔苑小区

Lìyuàn Xiǎoqū

[地名代码] 44030500222100000092

泛海拉菲花园

Fànhǎi Lāfēi Huāyuán

[地名代码] 44030500222100000093

丰泽园

Fēngzé Yuán

[地名代码] 44030500222100000094

太子山庄

Tàizǐ Shānzhuāng

[地名代码] 44030500222100000095

德尚世家花园

Déshàng Shìjiā Huāyuán

[地名代码] 44030500222100000096

康乐花园

Kānglè Huāyuán

[地名代码] 44030500222100000097

阳光里雅居

Yángguānglǐ Yǎjū

[地名代码] 44030500222100000098

南海城中心

Nánhǎi Chéng Zhōngxīn

[地名代码] 44030500222100000099

桂花苑商务公寓

Guìhuā Yuàn Shāngwù Gōngyù

[地名代码] 44030500222100000101

向南茗轩
Xiàngnán Míngxuān

[地名代码] 44030500222100000102

半岛登良花园
Bàndǎo Dēngliáng Huāyuán

[地名代码] 44030500222100000103

金山花园
Jīnshān Huāyuán

[地名代码] 44030500222100000104

荔海春城花园
Lìhǎi Chūnchéng Huāyuán

[地名代码] 44030500222100000105

汉京峰景苑
Hànjīngfēng Jǐngyuàn

[地名代码] 44030500222100000106

中海阳光玫瑰园
Zhōnghǎi Yángguāng Méiguī Yuán

[地名代码] 44030500222100000107

山海翠庐
Shānhǎi Cuìlú

[地名代码] 44030500222100000108

金田花园
Jīntián Huāyuán

[地名代码] 44030500222100000109

黄金豪庭
Huángjīn Háotíng

[地名代码] 44030500222100000110

前海湾花园
Qiánhǎiwān Huāyuán

[地名代码] 44030500222100000111

桂珠苑
Guìzhū Yuàn

[地名代码] 44030500222100000112

南光城市花园
Nánguāng Chéngshì Huāyuán

[地名代码] 44030500222100000114

缤纷假日豪园
Bīnfēnjiàrì Háoyuán

[地名代码] 44030500222100000115

雷圳碧榕湾海景花园
Léizhèn Bìróngwān Hǎijǐng Huāyuán

[地名代码] 44030500222100000116

海典居
Hǎidiǎn Jū

[地名代码] 44030500222100000117

福满园
Fúmǎn Yuàn

[地名代码] 44030500222100000119

龙城新苑
Lóngchéng Xīnyuàn

[地名代码] 44030500222100000120

永安公寓
Yǒng'ān Gōngyù

[地名代码] 44030500222100000121

鼎太风华

Dǐngtài Fēnghuá

[地名代码] 44030500222100000123

荔芳村

Lìfāngcūn

[地名代码] 44030500222100000124

光彩山居岁月家园

Guāngcǎi Shānjū Suìyuè Jiāyuán

[地名代码] 44030500222100000126

瑞景阁

Ruìjǐng Gé

[地名代码] 44030500222100000127

南新苑

Nánxīn Yuàn

[地名代码] 44030500222100000128

白石牌

Báishípái

[地名代码] 44030500122100000113

铭筑荔苑

Míngzhù Lìyuàn

[地名代码] 44030500222100000130

汇宾广场

Huìbīn Guǎngchǎng

[地名代码] 44030500222100000131

东方海雅居

Dōngfāng Hǎiyǎ Jū

[地名代码] 44030500222100000132

心语雅园

Xīnyǔ Yǎyuán

[地名代码] 44030500222100000133

金盛苑

Jīnshèng Yuàn

[地名代码] 44030500922100000001

腾飞苑

Téngfēi Yuàn

[地名代码] 44030500922100000002

浸月山庄

Jìnyuè Shānzhuāng

[地名代码] 44030500922100000003

丽苑村

Lìyuàncūn

[地名代码] 44030500922100000005

众冠西郡园

Zhòngguàn Xījùn Yuán

[地名代码] 44030500922100000006

深丽苑阁

Shēnlì Yuàngé

[地名代码] 44030500922100000007

高职院学生公寓

Gāozhíyuàn Xuéshēng Gōngyù

[地名代码] 44030500922100000008

天悦南湾花园

Tiānyuè Nánwān Huāyuán

[地名代码] 44030500922100000009

下王里
Xiàwánglǐ

[地名代码] 44030500922100000012

学子荔园
Xuézǐ Lìyuán

[地名代码] 44030500922100000013

石景湾花园
Shíjǐngwān Huāyuán

[地名代码] 44030500922100000014

城市公寓
Chéngshì Gōngyù

[地名代码] 44030500922100000016

西丽蓝天
Xīlìlántiān

[地名代码] 44030500922100000018

丽新小区
Lìxīn Xiǎoqū

[地名代码] 44030500922100000019

雅丽阁
Yǎlì Gé

[地名代码] 44030500922100000021

松坪山东部公寓
Sōngpíngshān Dōngbù Gōngyù

[地名代码] 44030500922100000024

安居苑小区
Ānjūyuàn Xiǎoqū

[地名代码] 44030500922100000025

丽雅苑
Lìyǎ Yuàn

[地名代码] 44030500922100000026

松坪水居
Sōngpíng Shuǐjū

[地名代码] 44030500922100000027

丽福苑
Lìfú Yuàn

[地名代码] 44030500922100000031

丽仙阁
Lìxiān Gé

[地名代码] 44030500922100000032

平丽花园
Pínglì Huāyuán

[地名代码] 44030500922100000035

松坪山高新宿舍
Sōngpíngshān Gāoxīn Sùshè

[地名代码] 44030500922100000038

丽新花园
Lìxīn Huāyuán

[地名代码] 44030500922100000039

平山村民别墅区
Píngshān Cūnmín Biéshùqū

[地名代码] 44030500922100000040

留仙苑
Liúxiān Yuàn

[地名代码] 44030500922100000041

文康苑

Wénkāng Yuàn

[地名代码] 44030500922100000042

上王里

Shàngwánglǐ

[地名代码] 44030500922100000043

松坪村兰苑

Sōngpíngcūn Lányuàn

[地名代码] 44030500922100000045

得利园

Délì Yuán

[地名代码] 44030500922100000046

聚源山庄

Jùyuán Shānzhuāng

[地名代码] 44030500922100000047

众冠花园

Zhòngguàn Huāyuán

[地名代码] 44030500922100000048

鹤祥苑

Hèxiáng Yuàn

[地名代码] 44030500922100000049

松林别墅

Sōnglín Biéshù

[地名代码] 44030500922100000050

十六冶小区

Shíliùyě Xiǎoqū

[地名代码] 44030500922100000051

嘉兴苑

Jiāxīng Yuàn

[地名代码] 44030500922100000052

南国丽城花园

Nánguólìchéng Huāyuán

[地名代码] 44030500922100000054

疗养院雅居苑

Liáoyǎngyuàn Yǎjū Yuàn

[地名代码] 44030500922100000061

官龙名苑

Guānlóng Míngyuàn

[地名代码] 44030500922100000064

丽兰苑

Lìlán Yuàn

[地名代码] 44030500922100000066

海景花园

Hǎijǐng Huāyuán

[地名代码] 44030500322100000001

明珠花园

Míngzhū Huāyuán

[地名代码] 44030500322100000002

盛德苑

Shèngdé Yuàn

[地名代码] 44030500322100000004

华侨城香山村住宅楼

Huáqiáochéng Xiāngshāncūn Zhùzháilóu

[地名代码] 44030500322100000006

美庐锦园

Měilú Jǐnyuán

[地名代码] 44030500322100000007

燕晗山居

Yànhán Shānjū

[地名代码] 44030500322100000008

海景花园海韵阁

Hǎijǐng Huāyuán Hǎiyùn Gé

[地名代码] 44030500322100000009

名商园

Míngshāng Yuán

[地名代码] 44030500322100000012

御景东方花园

Yùjǐng Dōngfāng Huāyuán

[地名代码] 44030500322100000013

香山美墅花园

Xiāngshān Měishù Huāyuán

[地名代码] 44030500322100000014

荣超侨香诺园

Róngchāo Qiáoxiāng Nuòyuán

[地名代码] 44030500322100000015

美加广场

Měijiā Guǎngchǎng

[地名代码] 44030500322100000016

倚海阁

Yǐhǎi Gé

[地名代码] 44030500322100000017

沙河观景阁

Shāhé Guānjǐnggé

[地名代码] 44030500322100000018

佛山街住宅区

Fóshānjiē Zhùzháiqū

[地名代码] 44030500322100000019

京基东堤园

Jīngjī Dōngdī Yuán

[地名代码] 44030500322100000020

果岭国际公寓

Guǒlǐng Guójì Gōngyù

[地名代码] 44030500322100000021

碧茵苑

Bìyīn Yuàn

[地名代码] 44030500322100000022

华侨城华山村住宅楼

Huáqiáochéng Huáshāncūn Zhùzháilóu

[地名代码] 44030500322100000025

侨州花园

Qiáozhōu Huāyuán

[地名代码] 44030500322100000027

深圳湾畔花园

Shēnzhènwānpàn Huāyuán

[地名代码] 44030500322100000029

一辉花园

Yīhuī Huāyuán

[地名代码] 44030500322100000030

假日湾华庭
Jiàrìwān Huátíng

[地名代码] 44030500322100000033

芳华苑
Fānghuá Yuàn

[地名代码] 44030500322100000034

首地容御花园
Shǒudìróngyù Huāyuán

[地名代码] 44030500322100000035

侨香居
Qiáoxiāng Jū

[地名代码] 44030500322100000036

荔湖苑
Lìhú Yuàn

[地名代码] 44030500322100000038

湖滨花园
Húbīn Huāyuán

[地名代码] 44030500322100000040

滨海阁
Bīnhǎi Gé

[地名代码] 44030500322100000041

欢乐海岸度假公寓
Huānlè Hǎi'àn Dùjià Gōngyù

[地名代码] 44030500322100000042

丹霞阁
Dānxiá Gé

[地名代码] 44030500322100000043

汀兰鹭榭花园
Tīnglánlùxiè Huāyuán

[地名代码] 44030500322100000044

荔枝苑
Lìzhī Yuàn

[地名代码] 44030500322100000045

新堂花园
Xīntáng Huāyuán

[地名代码] 44030500322100000046

世界花园
Shìjiè Huāyuán

[地名代码] 44030500322100000047

光侨街住宅区
Guāngqiáojiē Zhùzháiqū

[地名代码] 44030500322100000048

景翠苑
Jǐngcuì Yuàn

[地名代码] 44030500322100000049

新宝侨单身公寓
Xīnbǎoqiáo Dānshēn Gōngyù

[地名代码] 44030500322100000050

懿德轩
Yìdé Xuān

[地名代码] 44030500322100000051

天河花园
Tiānhé Huāyuán

[地名代码] 44030500322100000052

香山里花园
Xiāngshānlǐ Huāyuán

[地名代码] 44030500322100000053

世纪村
Shìjìcūn

[地名代码] 44030500322100000054

汇雅苑
Huìyǎ Yuàn

[地名代码] 44030500322100000055

侨城馨苑
Qiáochéng Xīnyuàn

[地名代码] 44030500322100000056

鹏飞苑
Péngfēi Yuàn

[地名代码] 44030500322100000057

康佳苑
Kāngjiā Yuàn

[地名代码] 44030500322100000058

华侨城翡翠郡
Huáqiáochéng Fěicuì Jùn

[地名代码] 44030500322100000059

观海阁
Guānhǎi Gé

[地名代码] 44030500322100000061

松山村
Sōngshāncūn

[地名代码] 44030500322100000062

华侨城锦绣花园
Huáqiáochéng Jǐnxiù Huāyuán

[地名代码] 44030500322100000063

祥龙阁
Xiánglóng Gé

[地名代码] 44030500322100000065

锦绣公寓
Jǐnxiù Gōngyù

[地名代码] 44030500322100000066

玉蕊阁
Yùruǐ Gé

[地名代码] 44030500322100000067

下白石新村
Xiàbáishí Xīncūn

[地名代码] 44030500322100000068

祥祺花园
Xiángqí Huāyuán

[地名代码] 44030500322100000069

雅都苑
Yǎdū Yuàn

[地名代码] 44030500322100000070

绿景公寓
Lǜjǐng Gōngyù

[地名代码] 44030500322100000071

桂苑小区
Guìyuàn Xiǎoqū

[地名代码] 44030500322100000072

沙河高尔夫别墅
Shāhé Gāo'ěrfū Biéshù
[地名代码] 44030500322100000074

侨城豪苑
Qiáochéng Háoyuàn
[地名代码] 44030500322100000075

金辉阁
Jīnhuī Gé
[地名代码] 44030500322100000076

香年广场
Xiāngnián Guǎngchǎng
[地名代码] 44030500322100000077

华达雅园
Huádá Yǎyuán
[地名代码] 44030500522100000002

海湾广场
Hǎiwān Guǎngchǎng
[地名代码] 44030500522100000003

米兰第二季公寓
Mǐlán Dì'èrjì Gōngyù
[地名代码] 44030500522100000004

雷岭苑
Léilǐng Yuàn
[地名代码] 44030500522100000005

雍景轩
Yōngjǐng Xuān
[地名代码] 44030500522100000007

曦湾天馥名苑
Xīwān Tiānfù Míngyuàn
[地名代码] 44030500622100000009

四海公寓
Sìhǎi Gōngyù
[地名代码] 44030500522100000009

海欣花园
Hǎixīn Huāyuán
[地名代码] 44030500522100000011

百花苑
Bǎihuā Yuàn
[地名代码] 44030500522100000013

鸿威海怡湾畔花园
Hóngwēi Hǎiyí Wānpàn Huāyuán
[地名代码] 44030500522100000015

海宁阁
Hǎiníng Gé
[地名代码] 44030500522100000016

园景园名苑
Yuánjǐngyuán Míngyuàn
[地名代码] 44030500522100000017

海境界家园
Hǎijìngjiè Jiāyuán
[地名代码] 44030500522100000018

海湾小区
Hǎiwān Xiǎoqū
[地名代码] 44030500522100000020

望海汇景苑
Wànghǎihuì Jǐngyuàn
[地名代码] 44030500522100000021

千叶苑
Qiānyè Yuàn
[地名代码] 44030500522100000032

金色阳光雅居
Jīnsè Yángguāng Yǎjū
[地名代码] 44030500522100000022

阳光海滨花园
Yángguāng Hǎibīn Huāyuán
[地名代码] 44030500522100000033

南山区政府机关住宅楼
Nánshān Qū Zhèngfǔ Jīguān Zhùzháilóu
[地名代码] 44030500522100000024

湾厦凯宁阁
Wānxià Kǎiníng Gé
[地名代码] 44030500522100000034

蛇口南苑小区
Shékǒu Nányuàn Xiǎoqū
[地名代码] 44030500522100000025

海莉园
Hǎilì Yuán
[地名代码] 44030500522100000035

海湾花园
Hǎiwān Huāyuán
[地名代码] 44030500522100000027

映月湾花园
Yìngyuèwān Huāyuán
[地名代码] 44030500522100000036

湾厦玉竹苑
Wānxià Yùzhú Yuàn
[地名代码] 44030500522100000028

润尔雅园
Rùn'ěr Yǎyuán
[地名代码] 44030500522100000037

盛海花园
Shènghǎi Huāyuán
[地名代码] 44030500522100000029

永乐新村
Yǒnglè Xīncūn
[地名代码] 44030500522100000038

湾厦花园
Wānxià Huāyuán
[地名代码] 44030500522100000030

浩宇单身公寓
Hàoyǔ Dānshēn Gōngyù
[地名代码] 44030500522100000039

海明苑
Hǎimíng Yuàn
[地名代码] 44030500522100000031

广博星海华庭
Guǎngbó Xīnghǎi Huátíng
[地名代码] 44030500522100000040

南山石化大院
Nánshān Shíhuà Dàyuàn
[地名代码] 44030500522100000042

招南小区
Zhāonán Xiǎoqū
[地名代码] 44030500522100000044

澳城花园
Àochéng Huāyuán
[地名代码] 44030500522100000045

邮电局住宅楼
Yóudiànjú Zhùzháilóu
[地名代码] 44030500522100000046

翡翠海岸花园
Fěicuì Hǎi'àn Huāyuán
[地名代码] 44030500522100000049

金色海琴苑
Jīnsè Hǎiqín Yuàn
[地名代码] 44030500522100000050

湾厦泰福苑
Wānxià Tàifú Yuàn
[地名代码] 44030500522100000051

翠苑小区
Cuìyuàn Xiǎoqū
[地名代码] 44030500522100000052

蓝虹豪苑
Lánhóng Háoyuàn
[地名代码] 44030500522100000053

米兰公寓
Mǐlán Gōngyù
[地名代码] 44030500522100000054

曙光花园
Shǔguāng Huāyuán
[地名代码] 44030500522100000055

万丰园
Wànfēng Yuán
[地名代码] 44030500522100000056

税务小区
Shuìwù Xiǎoqū
[地名代码] 44030500522100000057

颐安阅海台
Yí'ān Yuèhǎitái
[地名代码] 44030500622100000041

广物花园
Guǎngwù Huāyuán
[地名代码] 44030500522100000058

蓝漪花园
Lányī Huāyuán
[地名代码] 44030500522100000059

海润小区
Hǎirùn Xiǎoqū
[地名代码] 44030500522100000060

湾厦福园
Wānxià Fúyuán
[地名代码] 44030500522100000061

曦湾华府
Xīwān Huáfǔ
[地名代码] 44030500622100000049

百丽湾花园
Bǎilìwān Huāyuán
[地名代码] 44030500622100000067

明海苑
Mínghǎi Yuàn
[地名代码] 44030500522100000062

海虹苑
Hǎihóng Yuàn
[地名代码] 44030500522100000071

石云苑
Shíyún Yuàn
[地名代码] 44030500522100000063

中交水规院
Zhōngjiāo Shuǐguī Yuàn
[地名代码] 44030500522100000072

港湾花园
Gǎngwān Huāyuán
[地名代码] 44030500522100000064

弘都世纪公寓
Hóngdū Shìjì Gōngyù
[地名代码] 44030500522100000073

海润楼
Hǎirùn Lóu
[地名代码] 44030500522100000065

湾厦德园
Wānxià Déyuán
[地名代码] 44030500522100000074

皇庭港湾花园
Huángtíng Gǎngwān Huāyuán
[地名代码] 44030500522100000066

南海水警苑
Nánhǎi Shuǐjǐng Yuàn
[地名代码] 44030500522100000076

海韵嘉园
Hǎiyùn Jiāyuán
[地名代码] 44030500522100000067

石云村
Shíyúncūn
[地名代码] 44030500522100000077

滨海苑
Bīnhǎi Yuàn
[地名代码] 44030500522100000068

大铲新村
Dàchǎnxīncūn
[地名代码] 44030500522100000078

招东小区
Zhāodōng Xiǎoqū
[地名代码] 44030500522100000069

围仔山花园
Wéizǎishān Huāyuán
[地名代码] 44030500522100000079

春树里小区

Chūnshùlǐ Xiǎoqū

[地名代码] 44030500522100000080

卓越维港名苑

Zhuóyuè Wéigǎng Míngyuàn

[地名代码] 44030500522100000081

宏宝花园

Hóngbǎo Huāyuán

[地名代码] 44030500522100000082

蛇口春天商住楼

Shékǒu Chūntiān Shāngzhù Lóu

[地名代码] 44030500522100000083

绿海湾花园

Lǜhǎiwān Huāyuán

[地名代码] 44030500522100000084

君汇新天花园

Jūnhuì Xīntiān Huāyuán

[地名代码] 44030500622100000074

华龙阁

Huálóng Gé

[地名代码] 44030500622100000001

鸿隆公寓

Hónglóng Gōngyù

[地名代码] 44030500622100000007

伍兹公寓

Wǔzī Gōngyù

[地名代码] 44030500622100000008

海滨花园

Hǎibīn Huāyuán

[地名代码] 44030500622100000010

碧涛苑别墅

Bìtāoyuàn Biéshù

[地名代码] 44030500622100000011

龙尾村

Lóngwěicūn

[地名代码] 44030500622100000012

蛇口高山花园

Shékǒu Gāoshān Huāyuán

[地名代码] 44030500622100000013

蓬莱花园

Pénglái Huāyuán

[地名代码] 44030500622100000014

海上世界双星

Hǎishàngshìjiè Shuāngxīng

[地名代码] 44030500622100000015

工贸佳园

Gōngmào Jiāyuán

[地名代码] 44030500622100000016

天海豪景苑

Tiānhǎi Háojǐng Yuàn

[地名代码] 44030500622100000019

怡庭园

Yítíng Yuán

[地名代码] 44030500622100000020

东滨华苑
Dōngbīn Huáyuàn
[地名代码] 44030500722100000034

半山海景兰溪谷
Bànshān Hǎijǐng Lánxīgǔ
[地名代码] 44030500622100000021

泰格公寓
Tàigé Gōngyù
[地名代码] 44030500622100000022

振兴小区
Zhènxīng Xiǎoqū
[地名代码] 44030500622100000023

水湾源华公寓
Shuǐwān Yuánhuá Gōngyù
[地名代码] 44030500622100000026

雍华府
Yōnghuá Fǔ
[地名代码] 44030500622100000027

半山海景别墅
Bànshān Hǎijǐng Biéshù
[地名代码] 44030500622100000028

龙电生活小区
Lóngdiàn Shēnghuó Xiǎoqū
[地名代码] 44030500622100000029

海林阁
Hǎilín Gé
[地名代码] 44030500222100000070

金竹园小区
Jīnzhúyuán Xiǎoqū
[地名代码] 44030500622100000031

招商美伦公寓
Zhāoshāng Měilún Gōngyù
[地名代码] 44030500622100000033

翠竹园小区
Cuìzhúyuán Xiǎoqū
[地名代码] 44030500622100000034

花果山电业楼
Huāguǒshān Diànyè Lóu
[地名代码] 44030500622100000036

赤湾海景公寓
Chìwān Hǎijǐng Gōngyù
[地名代码] 44030500622100000037

龟山花园
Guīshān Huāyuán
[地名代码] 44030500622100000039

万豪御景苑
Wànháo Yùjǐng Yuàn
[地名代码] 44030500222100000090

桂园小区
Guìyuán Xiǎoqū
[地名代码] 44030500622100000040

兰园小区
Lányuán Xiǎoqū
[地名代码] 44030500622100000042

榆园

Yú Yuán

[地名代码] 44030500622100000043

水湾小区

Shuǐwān Xiǎoqū

[地名代码] 44030500622100000044

松湖公寓

Sōnghú Gōngyù

[地名代码] 44030500622100000045

翠谷居

Cuìgǔ Jū

[地名代码] 44030500622100000046

蛇口花园城

Shékǒu Huāyuán Chéng

[地名代码] 44030500622100000047

玫瑰园

Méiguī Yuán

[地名代码] 44030500622100000048

海洋星苑

Hǎiyáng Xīngyuàn

[地名代码] 44030500622100000050

蛇口边检生活区

Shékǒu Biānjiǎn Shēnghuóqū

[地名代码] 44030500622100000051

海琴苑

Hǎiqín Yuàn

[地名代码] 44030500622100000052

龟山别墅

Guīshān Biéshù

[地名代码] 44030500622100000053

招商桃花园

Zhāoshāng Táohuā Yuán

[地名代码] 44030500622100000054

爱榕园小区

Àiróngyuán Xiǎoqū

[地名代码] 44030500622100000055

蓝月湾畔

Lányuèwānpàn

[地名代码] 44030500622100000056

雍景湾花园

Yōngjǐngwān Huāyuán

[地名代码] 44030500622100000057

安南花园

Ānnán Huāyuán

[地名代码] 44030500622100000058

碧涛苑

Bìtāo Yuàn

[地名代码] 44030500622100000059

边检依山居

Biānjiǎn Yīshān Jū

[地名代码] 44030500622100000060

赤湾花园

Chìwān Huāyuán

[地名代码] 44030500622100000061

紫竹园小区
Zǐzhúyuán Xiǎoqū

[地名代码] 44030500622100000062

南园欣荔苑
Nányuán Xīnlì Yuàn

[地名代码] 44030500622100000063

海泽阁
Hǎizé Gé

[地名代码] 44030500622100000064

鲸山花园
Jīngshān Huāyuán

[地名代码] 44030500622100000065

荔园小区
Lìyuán Xiǎoqū

[地名代码] 44030500622100000066

海润阁
Hǎirùn Gé

[地名代码] 44030500222100000118

鲸山别墅
Jīngshān Biéshù

[地名代码] 44030500622100000068

海鲲阁
Hǎikūn Gé

[地名代码] 44030500222100000122

四海宜家大厦
Sìhǎiyíjiā Dàshà

[地名代码] 44030500622100000069

天骄华庭
Tiānjiāo Huátíng

[地名代码] 44030500622100000070

华彩花园
Huácǎi Huāyuán

[地名代码] 44030500622100000072

华丰苑
Huáfēng Yuàn

[地名代码] 44030500622100000073

招商港务生活楼
Zhāoshāng Gǎngwù Shēnghuó Lóu

[地名代码] 44030500622100000075

后海花半里雅居
Hòuhǎi Huābànlǐ Yǎjū

[地名代码] 44030500622100000076

龙电花园
Lóngdiàn Huāyuán

[地名代码] 44030500622100000077

海月华庭
Hǎiyuè Huátíng

[地名代码] 44030500622100000078

高新富悦公寓
Gāoxīn Fùyuè Gōngyù

[地名代码] 44030500722100000003

学林雅院
Xuélín Yǎyuàn

[地名代码] 44030500722100000004

东海万豪广场

Dōnghǎi Wànháo Guǎngchǎng

[地名代码] 44030500722100000005

浪琴屿花园

Làngqínyǔ Huāyuán

[地名代码] 44030500722100000006

南粤明珠

Nányuè Míngzhū

[地名代码] 44030500722100000007

浅水湾花园

Qiǎnshuǐwān Huāyuán

[地名代码] 44030500722100000008

南油生活小区

Nányóu Shēnghuó Xiǎoqū

[地名代码] 44030500722100000009

麒麟警察花园

Qílín Jǐngchá Huāyuán

[地名代码] 44030500722100000010

海岸明珠园

Hǎi'àn Míngzhū Yuán

[地名代码] 44030500722100000011

爱华科技园住宅小区

Àihuá Kējìyuán Zhùzhái Xiǎoqū

[地名代码] 44030500722100000012

深圳大学海滨小区

Shēnzhèn Dàxué Hǎibīn Xiǎoqū

[地名代码] 44030500722100000015

西海湾花园

Xīhǎiwān Huāyuán

[地名代码] 44030500722100000016

宏观苑

Hóngguān Yuàn

[地名代码] 44030500722100000017

高新公寓

Gāoxīn Gōngyù

[地名代码] 44030500722100000018

英伦名苑

Yīnglún Míngyuàn

[地名代码] 44030500722100000019

美墅蓝山家园

Měishù Lánshān Jiāyuán

[地名代码] 44030500722100000020

金达小区

Jīndá Xiǎoqū

[地名代码] 44030500722100000021

海逸苑

Hǎiyì Yuàn

[地名代码] 44030500722100000022

南油电力苑

Nányóu Diànlì Yuàn

[地名代码] 44030500722100000023

南油别墅

Nányóu Biéshù

[地名代码] 44030500722100000024

硅谷别墅
Guīgǔ Biéshù

[地名代码] 44030500722100000025

香洲区
Xiāngzhōu Qū

[地名代码] 44030500522100000023

厚德品园
Hòudépǐn Yuán

[地名代码] 44030500722100000026

后海名苑居
Hòuhǎi Míngyuàn Jū

[地名代码] 44030500722100000027

天悦园
Tiānyuè Yuán

[地名代码] 44030500722100000028

黄坭塘
Huángnítáng

[地名代码] 44030500722100000029

汇景花园
Huìjǐng Huāyuán

[地名代码] 44030500722100000031

大涌
Dàchōng

[地名代码] 44030500722100000032

文德福花园
Wéndéfú Huāyuán

[地名代码] 44030500722100000033

深圳湾1号
Shēnzhènwān yi Hào

[地名代码] 44030500722100000035

龙滨花园
Lóngbīn Huāyuán

[地名代码] 44030500722100000036

大洋公寓
Dàyáng Gōngyù

[地名代码] 44030500722100000037

海阔天空雅居
Hǎikuòtiānkōng Yǎjū

[地名代码] 44030500722100000038

云海天城世家
Yúnhǎi Tiānchéng Shìjiā

[地名代码] 44030500722100000039

华彩天成居
Huácǎi Tiānchéng Jū

[地名代码] 44030500722100000041

浪琴半岛花园
Làngqín Bàndǎo Huāyuán

[地名代码] 44030500722100000042

滨福庭园
Bīnfútíng Yuán

[地名代码] 44030500722100000044

深蓝公寓
Shēnlán Gōngyù

[地名代码] 44030500722100000045

科苑山庄
Kēyuàn Shānzhuāng

[地名代码] 44030500722100000046

海印长城
Hǎiyìn Chángchéng

[地名代码] 44030500722100000047

创世纪滨海花园
Chuàngshìjì Bīnhǎi Huāyuán

[地名代码] 44030500722100000048

帝景园
Dìjǐng Yuán

[地名代码] 44030500722100000049

莱英花园
Láiyīng Huāyuán

[地名代码] 44030500722100000051

滨海之窗花园
Bīnhǎizhīchuāng Huāyuán

[地名代码] 44030500722100000052

保利城花园
Bǎolìchéng Huāyuán

[地名代码] 44030500722100000053

恒立听海花园
Hénglì Tīnghǎi Huāyuán

[地名代码] 44030500722100000054

博海名苑
Bóhǎi Míngyuàn

[地名代码] 44030500722100000055

桑达苑
Sāngdá Yuàn

[地名代码] 44030500722100000056

纯海岸雅居
Chúnhǎi'àn Yǎjū

[地名代码] 44030500722100000057

南油二区
Nányóu Èrqū

[地名代码] 44030500722100000058

阳光海景豪苑
Yángguāng Hǎijǐng Háoyuàn

[地名代码] 44030500722100000059

科苑学里揽翠居
Kēyuànxuélǐ Lǎncuìjū

[地名代码] 44030500722100000060

现代城梦想家园
Xiàndàichéng Mèngxiǎng Jiāyuán

[地名代码] 44030500722100000061

南海花园
Nánhǎi Huāyuán

[地名代码] 44030500722100000063

粤海小区
Yuèhǎi Xiǎoqū

[地名代码] 44030500722100000064

后海花园别墅
Hòuhǎi Huāyuán Biéshù

[地名代码] 44030500722100000065

科技园34区
Kējìyuán 34 Qū
[地名代码] 44030500722100000066

怡海花园
Yíhǎi Huāyuán
[地名代码] 44030500722100000067

锦隆花园
Jǐnlóng Huāyuán
[地名代码] 44030500722100000068

郎景园
Lángjǐng Yuán
[地名代码] 44030500722100000069

科技园58区
Kējìyuán 58 Qū
[地名代码] 44030500722100000070

深圳湾锦缎之滨
Shēnzhènwān Jǐnduànzhībīn
[地名代码] 44030500722100000071

岸芷汀兰花园
Ànzhǐtīnglán Huāyuán
[地名代码] 44030500722100000072

佳嘉豪苑
Jiājiā Háoyuàn
[地名代码] 44030500722100000073

漾日湾畔
Yàngrì Wānpàn
[地名代码] 44030500722100000074

南乐雅苑
Nánlè Yǎyuàn
[地名代码] 44030500722100000075

海文花园
Hǎiwén Huāyuán
[地名代码] 44030500722100000076

碧海天家园
Bìhǎitiān Jiāyuán
[地名代码] 44030500722100000077

海怡东方花园
Hǎiyí Dōngfāng Huāyuán
[地名代码] 44030500722100000078

育德佳园
Yùdé Jiāyuán
[地名代码] 44030500722100000080

瑞铧苑
Ruìhuá Yuàn
[地名代码] 44030500722100000081

翠岭居
Cuìlǐng Jū
[地名代码] 44030500722100000082

电力花园
Diànlì Huāyuán
[地名代码] 44030500722100000083

科技园48区
Kējìyuán 48 Qū
[地名代码] 44030500722100000084

汇园雅居

Huìyuán Yǎjū

[地名代码] 44030500722100000085

东湾村

Dōngwāncūn

[地名代码] 44030500522100000070

熙湾俊庭

Xīwān Jùntíng

[地名代码] 44030500722100000087

观海台花园

Guānhǎitái Huāyuán

[地名代码] 44030500722100000089

海珠城

Hǎizhū Chéng

[地名代码] 44030500722100000090

南油一区

Nányóu Yīqū

[地名代码] 44030500722100000091

后海花园

Hòuhǎi Huāyuán

[地名代码] 44030500722100000092

龙城公寓

Lóngchéng Gōngyù

[地名代码] 44030500722100000094

龙城花园

Lóngchéng Huāyuán

[地名代码] 44030500722100000095

科技园36区

Kējìyuán 36 Qū

[地名代码] 44030500722100000096

海映山庄

Hǎiyìng Shānzhuāng

[地名代码] 44030500722100000097

青春家园

Qīngchūn Jiāyuán

[地名代码] 44030500722100000099

城市印象家园

Chéngshì Yìnxiàng Jiāyuán

[地名代码] 44030500722100000100

晶品居

Jīngpǐn Jū

[地名代码] 44030500722100000101

天海花园

Tiānhǎi Huāyuán

[地名代码] 44030500722100000102

豪方花园

Háofāng Huāyuán

[地名代码] 44030500722100000103

缘来居

Yuánlái Jū

[地名代码] 44030500722100000104

京光海景花园

Jīngguāng Hǎijǐng Huāyuán

[地名代码] 44030500722100000105

雅仕荔景苑
Yǎshì Lìjǐngyuàn

[地名代码] 44030500722100000106

城市山谷花园
Chéngshì Shāngǔ Huāyuán

[地名代码] 44030500722100000107

大冲城市花园
Dàchōng Chéngshì Huāyuán

[地名代码] 44030500722100000108

聚宁山庄
Jùníng Shānzhuāng

[地名代码] 44030500822100000001

高发公寓
Gāofā Gōngyù

[地名代码] 44030500822100000002

龙都花园
Lóngdū Huāyuán

[地名代码] 44030500822100000004

皇庭香格里花园
Huángtíng Xiānggélǐ Huāyuán

[地名代码] 44030500822100000006

半山语林公寓
Bànshān Yǔlín Gōngyù

[地名代码] 44030500822100000007

西湖林语名苑
Xīhúlínyǔ Míngyuàn

[地名代码] 44030500822100000008

田寮仔
Tiánliáozǎi

[地名代码] 44030500822100000009

珠光花半里欣苑
Zhūguāng Huābànlǐ Xīnyuàn

[地名代码] 44030500822100000011

欧陆经典花园
Ōulù Jīngdiǎn Huāyuán

[地名代码] 44030500822100000012

湖彬苑
Húbīn Yuàn

[地名代码] 44030500822100000013

龙祥苑
Lóngxiáng Yuàn

[地名代码] 44030500822100000014

郁金香家园
Yùjīnxiāng Jiāyuán

[地名代码] 44030500822100000016

半山翠林花园
Bànshān Cuìlín Huāyuán

[地名代码] 44030500822100000017

龙福苑
Lóngfú Yuàn

[地名代码] 44030500822100000018

海龙苑
Hǎilóng Yuàn

[地名代码] 44030500822100000019

德意名居

Déyì Míngjū

[地名代码] 44030500822100000020

东明花园

Dōngmíng Huāyuán

[地名代码] 44030500822100000024

福林村

Fúlíncūn

[地名代码] 44030500822100000025

桑泰丹华园

Sāngtài Dānhuáyuán

[地名代码] 44030500822100000026

宝珠花园

Bǎozhū Huāyuán

[地名代码] 44030500822100000027

杨屋村

Yángwūcūn

[地名代码] 44030500822100000028

学城绿园

Xuéchéng Lǜyuán

[地名代码] 44030500822100000029

香瑞园

Xiāngruì Yuán

[地名代码] 44030500822100000030

桃源小区

Táoyuán Xiǎoqū

[地名代码] 44030500822100000031

鼎胜山邻居

Dǐngshèng Shānlín Jū

[地名代码] 44030500822100000032

丽岛茗园

Lìdǎo Míngyuán

[地名代码] 44030500822100000034

麦地巷

Màidìxiàng

[地名代码] 44030500822100000035

大马村

Dàmǎcūn

[地名代码] 44030500822100000036

天地碧岭居

Tiāndì Bìlǐngjū

[地名代码] 44030500822100000037

中爱花园

Zhōng'ài Huāyuán

[地名代码] 44030500822100000038

明珠雅庭

Míngzhū Yǎtíng

[地名代码] 44030500822100000039

硅谷公寓

Guīgǔ Gōngyù

[地名代码] 44030500822100000040

龙都名园

Lóngdū Míngyuán

[地名代码] 44030500822100000041

平福苑
Píngfú Yuàn
[地名代码] 44030500822100000043

天地峰景园
Tiāndìfēng Jǐngyuán
[地名代码] 44030500822100000053

城市假日花园
Chéngshì Jiàrì Huāyuán
[地名代码] 44030500822100000044

俊峰丽舍花园
Jùnfēnglìshè Huāyuán
[地名代码] 44030500822100000054

怡然天地居
Yírán Tiāndì Jū
[地名代码] 44030500822100000045

东方世纪园
Dōngfāngshìjì Yuán
[地名代码] 44030500822100000055

朗苑
Lǎng Yuàn
[地名代码] 44030500822100000047

十五峰花园
Shíwǔfēng Huāyuán
[地名代码] 44030500822100000057

军休苑
Jūnxiū Yuàn
[地名代码] 44030500822100000048

水木华庭
Shuǐmù Huátíng
[地名代码] 44030500822100000058

香榭峰景苑
Xiāngxièfēng Jǐngyuàn
[地名代码] 44030500822100000049

十九冶新村
Shíjiǔyě Xīncūn
[地名代码] 44030500822100000059

丽珠花园
Lìzhū Huāyuán
[地名代码] 44030500822100000050

木运
Mùyùn
[地名代码] 44030500822100000060

三坑村
Sānkēngcūn
[地名代码] 44030500822100000051

润城花园
Rùnchéng Huāyuán
[地名代码] 44030500822100000061

长岭皮
Chánglǐngpí
[地名代码] 44030500822100000052

圳宝花园
Zhènbǎo Huāyuán
[地名代码] 44030500822100000063

鼎胜林栖园

Dǐngshènglín Qīyuán

[地名代码]　44030500822100000064

莲城

Lián Chéng

[地名代码]　44030500122100000055

留仙居

Liúxiān Jū

[地名代码]　44030500922100000055

西组团

Xīzǔtuán

[地名代码]　44030500322100000023

东角头

Dōngjiǎotóu

[地名代码]　44030500522100000008

索引

第一编
行政区域及其他区域

第三编
交通设施

一、城镇交通运输 050

第四编
城市公共空间

2. 商业

第七编
其他

1. 党政机关

2. 事业单位

3. 企业

2. 居民点

《深圳市南山区标准地名词典》图书制作团队

项目执行	深圳市越众文化传播有限公司
总 监 制	南兆旭
编　　写	胡学文
项目统筹	颜海琴
设计总监	李尚斌
美　　编	吴圳龙

项目执行	深圳市规划和自然资源数据管理中心
总 监 制	陈学业
总 统 筹	李春阳　袁靖峰　陈美云
项目协调	张　伟
技术支持	俞　晖　阮依香

学术指导	深圳市地名学会

航 空 摄 影	深圳市越众文化传播有限公司航拍团队
VR 地名校准	陶　礼
地 图 绘 制	深圳市易图资讯股份有限公司

如对本书内容存有疑问，请联系深圳市规划和自然资源局南山管理局
（邮箱地址：nsglj@pnr.sz.gov.cn），敬请读者指正！